행복이란

일로 지음

이길 수 없는 것
질 수 없는 것

문경출판사

머리말

　세상은 정답을 찾아 숨 가쁘게 움직이고 있고 누구나가 바른길이라며 방향을 제시하고 있다. 그러나 나는 모른다. 어느 것이 바른길인지… 세상의 흐름대로 흘러가며 몸을 맡길 뿐이다.

　생각해보면 세상의 이치를 꿰뚫지도 못하고 내 앞을 보지도 못하는 처지인데 나도 모르는 사이에 책이 나온다고 한다. 꿈속에서 이루어진 일 같다. 오랜 세월을 두고 하나씩 돌아다니는 말에다가 의견을 조금 낸 것인데 부끄러운 일이다.

　行住坐臥語默動靜에서 불현듯 영감이 생기면 하나씩 옮기거나 적어놓은 것들이다.
　우연히 떠오르는 생각들은 우리가 인생을 살아가면서 느끼는 사고가 갑자기 튀어나오는 것이 아닐까?

　나에게 있어서 특별한 요령은 어느 때는 필요하지만 잘 느끼지 못하고 지나가곤 한다.
　나는 지식도 짧고 아는 것도 없다. 누구나 아는 이야기를 그냥 쓴 것 뿐이다.

지금의 세상은 매우 혼란한 상황에 빠져있다. 대통령의 계엄과 그것을 반대하는 세력 속에서 설왕설래가 사회의 이슈가 되어 있는 기이한 현상 속에 있다.

하긴 언제나 우리의 인생은 한편의 드라마로 연출되고 있다.

메시지의 역할이 없으면 글의 생명력이 짧아진다는데 그런 것도 안중에 없다. 민중에 녹아있는 이야기를 소재로 삼고 있기 때문이다.

나는 승려의 신분으로 신앙의 불균형을 해소하고 내적치유를 목적으로 하고 있는 것이 아니라 내 경험을 토대로 쓴 것이기 때문에 글이 이상한 방향으로 흘러 갈수도 있고 그것을 이해하지 못하는 부분도 있다는 것을 충분히 알고 있다. 새가 두 날개가 없으면 날 수가 없고 수레도 두 바퀴가 건재해야 짐을 싣고 갈 수가 있는 것이다.

신앙이라고 하는 것은 하나에 하나를 더하면 둘이 되는 것이 아니라 둘 열 백 천 억 등 무한대로 뻗어나가는 것을 우리는 기도를 통하여 알 수가 있었다.

인생이 불안하기 때문에 초월적인 것에 심취하고 열광하며, 섬뜩한 이야기에 마음 졸이며 이상한 대안에 숨죽이고 긍정하고 있다.

불안한 것은 과연 무엇이고 두려운 것은 어느 놈의 장난인가? 모든 것이 마음의 평안이 있다면 행복이 오는 것이고 마음의 불안은 절망을 잉태하는 것이다.

돈이 많고 성공했다는 사람들은 절망함이 없고 돈 없고 노숙자로 사는 사람들은 하늘이 무너지는 절망 속에서 살고 있는가?

미로 찾기 같은 게임을 하다보면 나가는 곳에서 역으로 가면 쉽게 가는 길을 찾는 경우가 있다.

인생도 뜻밖의 장소에서 평안함을 찾을 수도 있고 위안을 받을 때도 있다. 내 편이라 생각했던 사람이 나의 뒤를 노릴 수도 있고 반대의 길을 간다고 생각했던 사람이 나에게 도움의 손길을 내미는 경우도 있다.

그야말로 세상은 요지경이다. 무엇이 옳고 무엇이 그른지를 어느 잣대로 잴 수 있을 것인가? 내 신앙으로 조건이 맞는다면 무조건 옳고 반대면 무조건 틀리다고 하는 것은 이제는 식상한 것이다.
아! 백락이 아니고서는 천리마를 구별하지 못한다고 하니 우리 스스로 길을 찾아가는 것이라 할 수 있다.
자기 자신을 굳게 믿고 의지하면 길이 나타날 것인가? 여러분의 생각은 어떠하신가?

'내려갈 때 보았네. 올라갈 때 보지 못한 그 꽃.'
고은시인은 '그 꽃'에서 인생이 잘 나갈 때는 보지 못하던 문제점들을 인생의 내리막에서는 여유를 가지고 둘러볼 수 있기 때문에 비로소 문제점이 발견된다고 본 것일까?
우리가 지나쳐온 소홀했던 인간관계를 다시 한 번 생각하는 계기를 가져야겠다.

2025년 5월

차 례

■ 머리말 · 007

017 · 나는 모른다
019 · 천수관음보살 만세
021 · 잃어야 얻는다
022 · 진리가 별거더냐?
024 · 세상에서 가장 좋은 소리, 엄마!
026 · 진리는 평범한 속에 있는 것을
030 · 믿음이 최고여!
032 · 니들이 오관게(五觀揭)를 알어?
035 · 세상의 이기심
038 · 이태백과 술 이야기
040 · 이상과 실제
043 · 최고의 영약
045 · 생각을 바꿔라
047 · 절대적인 것은 없다
049 · 기초가 튼튼해야
052 · 가득 찬 것은 조용하다
054 · 세상사가 다 그런 겨

056 · 삶이란
058 · 벗어버려라
060 · 암자 밖은 왜 그리는가
062 · 동방, 서방 헷갈리네
064 · 봉사가 제일 좋은 것이야
066 · 이것이 있으면 저것도 있지
068 · 집착을 버리면
070 · 욕심이 잉태하면
072 · 믿음이 확실해야
074 · 죽음이 어디 있어?
077 · 나무를 쓰러뜨리는 바람
079 · 행복은 가까이 있다네
081 · 죽음이 별거더냐
084 · 꿈은 이루어진다
086 · 선하게 살아야지
088 · 집착하지 말아야지
090 · 천국이 어디 있나 검색해 봐요
092 · 아! 어머니의 은혜

행복이란

- 094 · 남을 때리는 일은 자신을 때리는 일이랍니다
- 096 · 어디로 갈까?
- 098 · 밤새 그린 세계지도
- 100 · 두 갠디유
- 102 · 궤변
- 104 · 고(苦)
- 106 · 하늘에 찔러
- 109 · 먼저 네 몸의 구억충을 제도하라
- 111 · 별꼴이 반쪽!
- 113 · 나는 어디에 있는가?
- 116 · 세상의 빛이 되어라
- 118 · 하루살이에게 내일은 없다
- 120 · 평등공양 차등보시
- 122 · 소는 어디에 있는가?
- 124 · 인생이 모두 아름다운 깃민은 아니야
- 126 · 리더란?
- 128 · 사랑이 최고여
- 130 · 스~
- 132 · 나룻배와 행인
- 134 · 살아있는 자는 반드시 죽는다
- 136 · 사법과 정법
- 138 · 지혜가 제일이라네
- 140 · 화가 승하면 쇠가 녹는다
- 142 · 어떻게 살아야 하는가
- 144 · 결국은 마음의 문제
- 146 · 모든 사람은 행복할 권리가 있다
- 148 · 견우와 직녀
- 150 · 대통으로 하늘을 보면
- 152 · 무엇이 중생을 살리는가?
- 154 · 흐르는 물에 발을 담그면
- 156 · 집착을 버려야 해
- 158 · 인연 따라가는겨
- 160 · 큰 인물이 되는 법
- 162 · 은인이란?
- 164 · 모든 것은 스스로의 업에 따라
- 166 · 단장의 슬픔

차례

168 · 내 허물을 봐야 해
170 · 법은 평범한 진리
172 · 보는 이에 따라 다른 생각
174 · 나를 용서하는 것처럼 남을 용서하자
176 · 인생을 정리하자면
178 · 알면 실천해야
180 · 마음먹기 나름이지
182 · 결국 다 내 문제
184 · 싸움의 끝은
186 · 여기가 극락이라네
188 · 내 거시기는 매일 부활한다네
190 · 도척의 도
192 · 행복의 문
194 · 인생은 연극이야
196 · 비 갠 후 더 아름다운 세상
199 · 태어나지 않았으니 죽지도 않지
201 · 목불에서 사리 찾기
203 · 멋진 대화와 인생

205 · 창문을 열면
207 · 약속
210 · 입을 조심!
212 · 넘쳐도 탈, 모자라도 탈
214 · 하늘에 침을 뱉으면
216 · 진정으로 국민을 위한 정치는
218 · 오안(五眼)
221 · 인생이란?
223 · 눈치를 왜 봐!
225 · 그려, 다시 시작하는겨
227 · 장님 코끼리 만지기
229 · 욕망을 버리고, 나이야 가라!
231 · 억지로라도 행복하라
233 · 너는 말이라도 하지~~
235 · 돌아보면 별것 아닌 것을
238 · 사랑을 하면 예뻐져요
240 · 함께 가자! 우리
243 · 웬만하면 주지 그려
246 · 천 개의 달

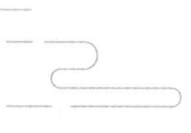

행복이란

248 · 풍남이와 곰순이
250 · 다른 것과 틀린 것
253 · 너는 너대로, 나는 나대로
256 · 높이 올라가야 멀리 보지
259 · 내가 대신 꼽추가 되리
262 · 꿈을 깨라
264 · 똥이나 핥아라
267 · 나는 누구인가?
270 · 사랑은 서로 이해하는 것
272 · 아, 유관순 열사!
274 · 포기하지 말라
276 · 우리나라 좋은 나라!
278 · 힘이 없으면 모아서 하라
280 · 찢어진 눈으로 자세히 보라
283 · 천안 삼거리 흥!
286 · 어디로 가시나요?
289 · 누구를 신택하는지
292 · 사랑은 붙어 있다
294 · 변하는 것은 내 탓
297 · 경산 화상 행장

300 · 여자의 미모는 무죄
303 · 틈
306 · 틀렸다고 하지 마라
309 · 동기감응
312 · 요구하지 말라
315 · 엄마의 가슴으로 사는 것
318 · 눈을 굴리면 커진다
320 · 너나 잘 하세요
323 · 파격적인 인생
326 · 놓친 고기가 크더라
329 · 고수는 인생을 바꾼다
331 · 늙은 조개가 진주를 토한다
334 · 착각 속에서 사는 것
337 · 입을 벌리면 사랑이 오는데
340 · 입만 열면 거짓말
343 · 가다가 멈추는 곳
346 · 니 밌대로 해
349 · 내 자식은 그러지 않겠지
352 · 공짜 좋아하지 말라니까
355 · 희한한 인생

차례

- 359 · 삶은 씨앗에서 꽃이 피네
- 362 · 도로아미타불
- 366 · 말, 말, 말
- 370 · 아직도 잔칫집에 있는가
- 373 · 사랑은 지독한 것
- 377 · 죽비만 치면 왕생극락이네
- 380 · 꿔다 놓은 보릿자루
- 383 · 자신만이 아는구나!
- 387 · 청개구리
- 390 · 날개가 있는 것은 추락한다
- 393 · 내 멋대로 사는 인생
- 397 · 인생은 속임수
- 402 · 뼈 가리고 하는 일
- 406 · 희생으로 꽃 피시이다
- 410 · 거룩하신 어머니
- 414 · 인생은 각본이 없네

일로큰스님

행복이란

나는 모른다

여기 등불 하나가
심지도 없이 타고 있네
까비르

나는 황홀한 저 피리
소리를 알고 있다.
그러나 나는 모른다.
그것이 누구의 피리인지는

여기 등불 하나가 타고 있다.
불꽃의 심지도 기름도 없이
수초 한 포기가 피어난다.

물 밑바닥에 뿌리내림도 없이
한 송이 꽃이 열릴 때면 대개
수천수만의 꽃이 열린다.

달새의 머리는 온통
달에 대한 생각으로만
가득 차 있다.

그리고 비의 새의 생각은
온통
다음 비가 언제쯤
내릴까 하는 것

우리가 온 생애를 바쳐
사랑하는 그는
누굴까?

달이 내 몸속에 빛나고 있다.
그러나 먼 내 눈은
그것을 보지 못한다.
달이, 해가 내 속에 있다.

울리지 않는 영원의 북이
내 속에서 울리고 있다.
그러나 먼 내 귀는
그 소리를 듣지 못한다.

천수관음보살 만세

경덕왕 때에 한기리에 사는 여자 희명의 아이가 태어난 지 오 년 만에 갑자기 눈이 멀었다. 어느 날 그 어머니는 이 아이를 안고 분황사 좌전 북쪽 벽에 그린 천수관음 앞에 나가서 아이를 시켜 노래를 지어 빌게 했더니, 드디어 멀었던 눈이 떠졌다
 그 노래는 이러하다

무릎을 세우고 두 손바닥 모아
천수관음 앞에 비옵나이다.
일천 손과 일천 눈 하나를 내어 하나를 덜기를,
둘 다 없는 이 몸이오니 하나만이라도 주시옵소서.
아아!
나에게 주시오면, 그 자비 얼마나 클 것인가

─〈삼국유사〉

부처님의 자비 광대무변하시어라
아니 들어 주시는 일 없으시네
난

무릎 꿇고 합장하며
관세음보살님 명호를
부르리
나무 대자대비 구고구난 관세음보살

잃어야 얻는다

일요일에는 제사가 있어서 아미타불을 불렀다 모든 이가 그렇듯이 목적을 같고 열심히 정진을 하면, 그 목적하는 바를 이룰 수가 있다.

左丘明(좌구명)은 失明하고 나서 거대한 저서인 〈국어〉를 남기게 되었고, 손자(손빈)는 두 다리가 잘리게 됐지만 〈손자병법〉을 저술해 내었으며, 태사공(사마천)은 궁형을 받은 이후에 〈사기 史記〉라는 저서를 남기게 되었다.

죽는 것은 쉬운 일이나 역경을 헤치고서 정정당당히 살아가는 것이 더욱더 올바른 삶이다.
아침이 밝았다 오늘은 어떠한 이변이 있을 것인가? 아무도 알 수 없는 것이 5분 후의 나이다. 오직 주어진 일에 충실을 다 할 뿐이다.
자 힘을 내자!
살아있는 것이 축복이다.

진리가 별거더냐?

하루 종일 오락가락하는 빗님 때문에 더위는 한결 가신 것 같지만, 아침부터 생각이 어긋난 사람들을 화합시키는 작업을 하는데 너무나 어려움이 크다.

서로의 생각이 다르기 때문이다. 누가 잘못했고 누가 잘했는지는 주장하는 바가 각각 다르기 때문에 옳고 그름을 따질 수 없다. 의견이 좁혀지지를 않는다.

법구경에
'잠 못 이루는 사람에게 밤은 깊어라.
피곤한 사람에게 길은 멀어라.
바른 법 모르는 어리석은 사람에게
아아, 생사의 밤길은 길고 멀어라.'라는 글이 있듯이

사랑하는 사람과, 뜻이 맞는 동지들과의 시간은 한없이 짧은데, 통하지 않는 사람과 있는 시간은 지루하고 길기 마련이다.

배움에도 요령이 있는가?
인간관계에도 요령이 있는가?

지혜로 자본을 삼고
사상의 자유로 법칙을 삼고
진리로 목적을 삼음이 그것이다.

세상에서 가장 좋은 소리, 엄마!

　인도에 가면 '아소조'라는 새가 있는데 '아소조'는 무엇이든 내 것이라고 생각하는 새이다. 때문에 과일이 열릴 때쯤이면 그 과일나무가 내 것이라고 생각하여 과일을 따는 사람들을 쫓아다니며 울부짖다가 결국은 피를 토하며 죽는 것이다.
　내 것이라고 울부짖지만 사람들은 아랑곳 하지 않고 열매를 따가며 그 새의(아소조) 울음소리를 즐겁게 우는 소리로 안다. 새의 목청이 좋다고 말을 한다. 착각이란 사람들을 위험하게 만든다. 바르게 보는 눈을 가져야 할 것이다.
　아! 내가 그런가?

　모든 사물의 원리는 닿지 못할 먼 곳에 있는 것이 아니라 우리의 마음속에 있다. 속으로 반성하고 사욕을 없앨 수 있다면 문밖을 나서지 않아도 천하의 사리를 능히 알며 창밖을 바라보지 않아도 자연의 법칙을 파악하리라.
　만물은 베풀어 주지 않아도 자라난다.
　그 속에서 엄마의 정이 있는 것이다. 역시 아이들은 엄마가 있어야 하나 보다.

아무리 불러도 물리지 않는 소리

"엄마!' 엄마!!"
"엄마!!!"

정치인들이 엄마가 될 수 있는 날이 언젠가는 올 것이다.
새들이 날아가는 것은 그곳에 길이 있기 때문이다.
물결이 일고 쓰러지는 것도 한생이다.

진리는 평범한 속에 있는 것을

욕지전생사欲知前生事 전생 일을 알고자 할진댄
금생수자시今生受者是 금생에 받는 것이 이것이요
욕지래생사欲知來生事 내생 일을 알고자 할진댄
금생작자시今生作者是 금생에 짓는 것이 이것이라

현재 잘 살지 못하여 원망하는 이웃이 많은 우리 중생들에게 빛이 되어 줄 수 있는 소리는 무엇이겠는가? 우리는 원망을 빼고는 살아갈 수 없는 구조를 가지고 있는가? 못 하는 사람이 원망을 많이 한다고 하는데 이유는 무엇인가?

아함경阿含經 증지부경전增支部經典 三四에 지옥에 떨어진 악인과 염라대왕의 대화가 소개되어 있다. 간략하게 소개하면 염라대왕이 끌려온 죄인에게 물어보는 장면이다.

"너는 왜 인간 세상에 살아 있을 때 악한 일을 많이 저질렀느냐? 너희들을 위하여 세 명의 천사도 보냈건만 그것도 모르고 죄만 짓더구나."

"저는 세 명의 천사가 아니라 한 명도 못 보았습니다."
"너는 인간 세상에서 천사를 보지 못했느냐?"
"본 적이 없습니다."
"그렇다면 묻겠는데 너는 나이가 많아서 허리가 구부러지고 걸을 때도 비척거리며, 머리는 백발이 되고, 주름살과 검버섯이 핀 사람을 보지 못했느냐?"
"많이 보았습니다."
"너는 그런 천사를 만났으면서도 나도 필경에는 저렇게 늙을 것인 즉 열심히 잘 살아야겠다는 생각을 하지 않고 인생을 잘 못산 결과로 오늘의 과보를 받게 된 것이다."

다시 말하기를

"너는 두 번째의 천사를 보지 못했느냐?"
"못 보았습니다."
"너는 병에 걸려서 신음하거나 아파서 어쩔 줄을 모르고 혹은 움직이지도 못하여 이러지도 저러지도 못하는 사람을 보지 못했느냐?"
"보았습니다."
"너는 그 천사를 만났으면서 자신도 언젠가는 병이 들것임을 생각하여 일을 하여야 할 것인대 몸이 성할 때 노력할 생각은 하지 않고 시기와 질투 등을 일삼아서 지금의 결과를 받는 것이니라."

"다시 묻거니와 너는 셋째 천사를 보았느냐?"
"못 보았습니다."

"너는 죽는 사람을 보지 못하였느냐?"

"보았습니다."

"너는 천사를 보았음에도 불구하고 네 자신은 영원히 죽지 않을 것이라고 생각하였기 때문에 (우리 모두는 현재의 삶에서 자신은 아직은 죽지 않을 것으로 생각한다) 삶을 등한히 하여 현재의 보를 받게 되는 것이다. 네 자신이 한 일에 대하여는 네 자신이 책임질 수밖에 없지 않겠느냐?"

부처님은 이런 문답을 소개하신 후 제자들을 향하여

"제자들이여, 이 老 病 死가 이 세상에 보내진 세 명의 천사다. 천사의 모습을 보고 인생을 등한치 않는 자는 행복하겠지만, 천사를 보고도 알지 못하여 세월을 허송하는 사람은 비극을 동반할 것이다."

우리들의 현실은 매일 신문 방송에 보도되는 사건들로 채워져 있고 집값은 얼마 올랐는가? 물가는 떨어지나? 등을 현실로 생각하고 사후세계나 영원한 삶, 등을 말하면 현실과 동떨어진 말이라 하여 비웃고 (거지가 왔을 때 동냥은 못 주더래도 쪽박은 깨지 말랬는데……) 비현실적인 사람이라고 비아냥거리기도 한다.

그러면 현실이란 무엇인가? 사회 경제 정치 등 우리들의 피부에 직접 전달되는 사항일까? 물론 그것은 현실이다. 또 사람이 나고, 늙고, 병들고, 죽는 것도 현실임에는 틀림없다.

수불리파파시수水不離波波是水
물은 파도를 여의지 않는다. 파도가 곧 물이다.
바다 위에서 물결이 인다. 우리는 그것을 파도라 한다. 그렇지만 파도는 물 위에서 부수적인 작용으로 인하여 일어나는 현상인 것이다.

그런 것과 같이 일상적인 사건의 밑바닥에 깔려있는 근본적인 문제가 그냥 파도처럼 지나가고 있는 것은 아닐까?
근본적인 문제의 해결 없는 현실에 우리의 비극이 탄생한다.

비새는 비만 생각하고, 달새는 달만 생각한다는 평범한 진리!
실제의 체는 말로써 표현할 수가 없는 것이다.
생각하는 시간이 길었다.

믿음이 최고여!

 비가 올 듯 말듯 어제 하루 종일 씨름을 하면서 끝내는 비가 안 왔다.
 마당에 묶여 있는 풍남이와 곰순이는 주인의 얼굴을 보면서 꼬리를 흔든다.
 변을 치워주지 않아서 여기저기 파리떼들이 기승을 부리고 있다.

 인오미충人惡尾蟲이 불변정예不辨淨穢인달하야
 성증사문聖憎沙門이 불변정예不辨淨穢니라
 사람이 미충(꼬리 달린 벌레 중에 가장 작은 것이 구더기라 함)을 미워하는(밉다고 하는 것은 불쌍함도 포함되는 것이다) 것은 깨끗하고 더러운 것을 분별하지 못하는 것처럼, 성인들이 사문을 미워하는(불쌍하게 여기는) 것도 깨끗하고 더러운 것을 분별하지 못하기 때문이다.

 우리가 옛날 여름에 변소에 가면 그 밑에는 구더기가 오글거리는 것을 볼 수가 있었는데 굉장히 지저분하고 더럽다고 생각했을 것이다. 그것은 우리들 자신에 비교하여 더럽고 깨끗함을 판단하였기에 생각한 것인데, 성인들이 우리 중생들을 보는 눈도 그와 같기 때문에 시시비비가 분분한 우리를 불쌍하게 여기시는 것이다.

그러나 우리들은 기본적인 문제에 대하여는 의식이건 무의식이건 외면하고 있다. 모든 것을 알고 있지만 알고 있기 때문에 눈을 돌리는 것이다. 그것은 너무나 절박한 문제이기 때문이지만 막상 어떠한 상황이 돌출되면 어쩔 줄을 몰라 몸부림친다.

그것은 학력이 부족해서도 아니고 능력이 부족해서도 아니다. 학력이라고 하면 어릴 때부터 자랑하는 치맛바람이 아이들을 그냥 두지 않고, 능력도 출중하여 못하는 것이 없다. 사막에서도 살아갈 수 있는 배움이 있다.

그러나 옛말에
學歷是銅牌학력시동패 能力是銀牌능력시은패
人際關係是金牌인제관계시금패 思惟是王牌사유시왕패
라고 했다.
학력은 동패, 능력은 은패, 인간관계는 금패, 모든 문제를 사유하는 것이 왕패라 하지 않았는가?

법구경에
어리석은 사람은 캄캄한 어둠에 갇혀
헤어나지 못하고 살아가나니
차라리 홀로 굳센 믿음의 길을 가라.
그들과 더불어 어울리지 말라.

니들이 오관게(五觀揭)를 알어?

어제는 원성천을 두 시간 정도 산책을 하고 오전 10시경 포항 일도사로 출발하여 오후 2시경 늦은 점심 공양을 하였다. 행복이라는 것이 별거 아닌 것 같다. 배고플 때 사랑하는 사람들과 모여앉아 도란도란 세상 돌아가는 이야기를 하면서 음식이 즐겁고 분위기가 좋으면 큰 행복으로 여기고 있으니 말이다.

모든 종교에서 공양할 때 올리는 기도문이 많이 있지만 불교에서는 오관게五觀偈가 있는데 이것을 잠시 소개하면

1. 계공다소양피래처計功多少量彼來處 이 음식이 얼마만한 공덕이 들었고 어떻게 해서 여기까지 왔는가?
2. 촌기덕행전결응공忖己德行全缺應供 내 도덕과 행실이 이 공양을 받을 만한 자격이 있는가?
3. 방심리과탐등위종防心離過貪等爲宗 나쁜 마음을 끊기 위하여 이 밥을 먹는다.
4. 정사양약위료형고正思良藥爲療形枯 약을 먹는 것과 같이 내 몸이 병들고 약해지는 것을 방지하기 위

하여 밥을 먹는다.
5. 위성도업응수차식爲成道業應受此食 도업을 이루기 위해 이 음식을 먹는다.

우리는 돈만 있으면 무엇이든 살 수 있다라는 안일한 사고방식에 젖어 보다 큰 것을 잃어버리는 우愚를 범하곤 한다.

米(쌀 미) 하나를 놓고 보더라도 팔십팔 번의 손이 들어가 우리의 입에 씹히는 것이다. 그러니 모든 음식을 먹으매 어찌 이 음식이 어디에서 왔으며, 내가 이 음식을 받아먹을 수 있는지의 여부와,

내가 이 음식을 먹는 것은 도업을 이루기 위하여 먹는다는 약속을 하고 감사한 마음을 갖는 것이다. 어찌 거칠고 나쁜 음식이라고 불평불만을 할 것인가? 시야를 가까이 잡지 말고 먼 곳으로 눈을 돌려라. 눈을 크게 떠야 한다.

니이체는 인생이 왜 나서 왜 사느냐의 문제로 고민을 했다고 하는데 이것은 니이체만의 고민이 아닌 우리 모두의 고민인 것이다. 그리고 그는 말한다.

"인생이란, 긴 다리를 건너가는 것과 같다. 그 다리는 안개가 자욱이 끼어 지척을 분간할 수 없는 다리다. 그 앞에 무엇이 있는 줄 알지 못한다. 그러나 우리는 그 다리를 건너기 위해 무작정 앞으로 나아갈 뿐이다."

세상은 철저히 홀로 걸어가는 홀로서기의 연속이다. 처자권속이 많다고 하여도 어느 누가 내 인생을 대신하여줄 이는 아무리 찾아 헤매도 없다.

"아아, 빈궁해지면 부모도 자식으로 여기지 않고 부귀해지면 친척도 두려워한다. 인간이 세상에 태어나 대저 부귀 권세를 소홀히 할쏘냐." 이 말은 중국의 소진蘇秦이 한 말이다. 무서운 말인 것 같으면서도 우리의 가슴을 뭉클하게 하여준다.

옛사람이 한 말이 오늘날에 와서도 통용되는 까닭이 무엇인가? 세상에서 가장 가까운 부모자식 사이인데도 사는 것에 따라서 차별이 있는 것이다.

명사가우불가구 明師可遇不可求(明師 : 明眼宗師)
명사는 만나는 것이지 구하는 것이 아니다.

세상의 이기심

　어제는 서울 종단사편찬회 회의에 참석하고 기차를 타고 10시가 넘어서야 숙소로 돌아올 수 있었다. 사람 사는 사바세계이다 보니 언쟁도 가끔은 있을 수 있다.

　그러나 싸움의 폐해는 심각한 것이다. 일방적인 싸움은 하나도 없는 것 같다. 격투기를 잘하는 사람도 일방적으로 상대를 몰아붙이며 이길 수는 없다. 치고받고 싸우다가 이기기도 하고 지기도 하는 것 아니겠는가? 한 가지 예를 들어보자.

　어느 무더운 여름날 두 마리의 양들이 무더운 날씨임에도 꼭 붙어서 사랑을 속삭이고 있다. 지나가는 사람들은 부러운 듯이 쳐다보고는 한숨을 내쉬고 들이쉬고 한다.

　우리들이 살고 있는 세상보다 더한 행복을 누리고 있는 양들을 생각하고 자신의 처지를 생각하니 괜한 눈물도 찔끔찔끔 짤만도 하다. 오만가지 단상들이 주마등처럼 지나간다.

불행하지 만은 않았다. 생각해보니 즐거웠던 기억도 있고 쓰라렸던 경험도 있다. 이런저런 일을 생각해보고는 양들에게 축복의 말을 전한다. 너희들이 부럽다. 너희들은 부디 추악한 인간들처럼 이쪽에 붙고 저쪽에 붙으면서 시기 질투 속에 살지 말고 부디 행복하게 살아 네 명을 다하라고…… 그리고 나서 시간은 흘러 어느 추운 겨울이 되었다.

그 사람은 너무나 우연히 여름에 보았던 사이좋은 양들을 보았는데 그 모양이 이상했다. 둘은 서로 붙어 있는 것이 아니라 서로 멀찍이 떨어져 있었기 때문이다. 왜 사이가 좋던 양 부부가 이렇게 추운 날 서로 붙어 있어도 추울 텐데 어째서 떨어져 있을까 생각하여 용기를 가지고 양에게 다가가서 물어보았다.

"너희들은 이렇게 추운 날에 왜 떨어져 있느냐?"
그 양의 대답이 걸작이었다.
"붙어 있으면 저 양이 따뜻할 것 아닙니까?"

어이가 없어진 그 사람은 다시 물어보았다.
"그러면 저번 여름에 둘이 꼭 붙어 있었던 것은 무엇 때문이었느냐?" 다시 그 양이 말하기를 "더운 날에 내가 떨어져 있으면 저 양이 시원하지 않겠습니까? 그래서 내가 덥더라도 참고 저 양이 시원하지 못하도록 붙어 있었던거죠."

알았는가? 사촌이 땅을 사면 괜한 배가 아프다는 사실을……

그 겨울에 양 두 마리가 얼어 죽었다. 둘이 포개져서 얼어 죽은 것이 아니라 멀찍이 떨어져서 얼어 죽어 있었다. 그 사람은 얼어 죽은 양들의 시체를 묻어 주지 않고 쓰레기더미에 갖다 버렸다. 귀찮은 물건을 치우듯이……

음악의 천재 모차르트는 무덤이 없다고 한다. 무덤이 없는 것에 대해서는 많은 이설이 있지만 현재까지도 그의 무덤이 현존하지 않는다는 사실에는 변함이 없다. 어째서 그는 자신의 무덤조차 챙기지 못하였을까? 이것은 우리들의 숙제다.

활도노活到老
학도노學到老

이태백과 술 이야기

하늘이 만약 술을 좋아하지 않는다면
술별이 하늘에 있지 않을 테고
땅이 만약 술을 좋아하지 않는다면
술샘이 땅에 없어야만 하리라.

하늘과 땅도 술을 좋아하니
술 좋아하는 것은 하늘에 부끄러울 것 없네
예부터 맑은 술은 성인에 비겼고
또 탁주는 어진 사람 같다고 일러왔네

어진 것과 성인 같은 것을 이미 마셔 왔으니
꼭 신선되기 바랄 게 무엇 있으리
석 잔을 마시면 위대한 도에 통하고
한 말을 마시면 자연과 합치되네

다만 취중에 취미를 얻은 것이니
술 안 먹는 자에겐 전할 것도 없는 거네
이태백의 "독작"이다.

술!
여기에는 너무도 많은 이야기들이 진을 치고 있다.
한 잔 술엔 청탁불문이고, 두 잔 술엔 노소불문이고, 석 잔 술엔 생사불문이다. 애주가는 한 잔 술은 좋고 나쁜 것을 가리지 않고 마시며, 두 잔 술을 마시게 될 때는 대작하는 사람이 젊고 늙음을 가리지 않고 마시며, 세 잔이 넘게 되면 죽고 사는 것을 돌보지 않고 마신다는 뜻이다.

술에 대한 이야기는 엄청나게 많이 있다.
일고一呱, 이단二單, 삼품三品, 사기四器
이것은 입구자를 넣어서 식자가 있는 사람들이 즐겨 애용하는 것이다.

일고는 呱입구자가 하난데 술을 혼자 먹으면 괴로운 것이고,
이단은 單입구자가 둘, 둘이 먹으면 단출하고,
삼품은 品입구자가 셋, 셋이 먹으면 품위가 있고,
사기는 器입구자가 넷, 넷이 먹으면 무엇이든 이룰 수 있다는 것인데 물론 재미있자고 하는 말이다. 그러나 잘 먹으면 건강과 평화를 이룩할 것이지만, 잘못 먹으면 패가망신의 지름길이다.

법구경에
새로 짠 우유는 상하지 않듯
재에 덮인 불씨는 그대로 있듯
지어진 업이 당장에는 안 보이나
죄는 그늘에 있어도 언제나 몸을 살핀다.

이상과 실제

어제 이수포럼에서 '인문학콘서트2'의 '한국인이 놀다'라는 주제로 토론을 하였는데 어떻게 노는 것이 잘 노는 것인가? 중에서 여러 가지 의견들이 나왔지만 각 나라에서 중산층의 조건에 대한 재미있는 이야기를 들었다.

대한민국은 1. 빚이 없는 아파트 30평, 2. 월급여 500만 원 이상, 3. 2,000cc급 중형차, 4. 예금잔고 1억 원 이상, 5. 1년에 한 번 해외여행이고

영국에서는(옥스퍼드대에서 제시) 1. 페어플레이를 할 것, 2. 자신의 주장과 신념을 가질 것, 3. 나만의 독선을 지니지 말 것, 4. 약자를 두둔하고 강자에 대응할 것, 5. 불의·불법에 의연히 대처할 것

또 프랑스에서는 1. 외국어 하나 정도 구사하기, 2. 눈으로 보는 것이 아닌 몸으로 즐기는 스포츠나 악기를 하나 이상 다룰 것, 3. 특별한 음식 만들기 비법 하나 보유, 4. 봉사단체에 참여하여 활동, 5. 사회 불의에 공분할 줄 알아야 하는 것인데 우리의 기준하고는

많이 달랐다.

우리는 전부 돈의 기준으로 이루어져 있는데 다른 나라는 정신적인 면으로 이루어져 있다는 것이 한 번 생각할 만한 일이다.

용을 좋아한 葉公子高섭공자고 신서 : 잡사5[葉公好龍]에서

용을 좋아한 섭공이 용을 얼마나 좋아했는지, 당신의 집에는 온통 용 그림으로 꽉 차 있었다. 벽에도 용! 거실에도 용! 방에도 용! 화장실에도 용! 냉장고 옆에도 용! 아이구 얼룩덜룩 멋있는 용의 그림들! 안 붙어 있는 곳이 어딜까?

자나 깨나 용을 부르고 있는데 그 부름이 처절하기까지 하다.
우리가 관세음보살님의 명호와, 온갖 불보살님의 명호를 부르듯 섭공이 용을 부르는(생각하는) 수준은 한참 높은 것이겠지? 그 사실을 진짜 용이 알고 하루는 자기를 간절하게 부르는 섭공이에게 가 보려고 큰 작심을 하고는 그 집 문 밖에 서서 섭공이를 불렀다.

"계시는가" "누구요?" "나! 용이닷!"
이 말에 섭공은 맨발로 뛰쳐나와서는 문을 열고 용님을 영접한다. 그리고 용의 얼굴을 보는 순간 섭공은 깜짝 놀라 문을 닫고는 소리를 버럭 지른다.

"가라 가! 네 놈이 무슨 용이냐? 빨리 가!"
이게 무슨 소린가?

하하하!!!
섭공이 생각하는 용하고, 진짜 용하고는 차이가 있었다.

가짜용은 참으로 멋있었는데 진짜 용은 왜 이리 멋이 없고 밋밋하냐?
용을 좋아한 섭공이 진짜 용을 보고 문 밖에서 내쫓는구나 이것이 현실인가?

우리는 다 이렇게 살지?
나는 말한다. 악은 무엇이고, 선은 무엇인가?
악한 벗은 누구이고, 선한 벗은 누구인가?
여기에 대한 것을 열거해 보라고……
내가 좋아하는 것은 무얼까?

최고의 영약

관음보살대의왕 觀音菩薩大醫王
감로병중법수향 甘露甁中法水香

관세음보살님은 의사 중에서도 큰 의사이시니 못 고치는 병이 없으시다.

관세음보살님께서 들고 계시는 감로병 안에는 모든 병에 필요한 약이 들어 있어 병을 치료해 줄 것인즉 관음보살님이 주시는 약을 먹으면 일만 사천의 번뇌 병이 사라질 것이니 그것은 기도의 영약이다.

'보살의 병'은 중생이 앓기 때문에 나도 앓는다는 그런 증상이다, 왜냐하면 보살은 중생으로 인해서 자비심을 일으키고, 자비심으로 인해 보리심을 발하고, 보리심으로 인해 마침내 깨달음을 이루기 때문이다. 그러므로 중생이 없다면 보살은 구도의 꽃을 피울 수도 그 열매를 맺을 수도 없다. 중생이 곧 복받인 셈이다.

운명은 여신과 같아서 난폭하게 다루어야만 자신의 것으로 만들 수 있는 것 아닐까?

일단 운명에 이끌려 다니기 시작하면 걷잡을 수 없이 휩쓸릴 수밖에 없다.

여성들이 첫 아이를 출산하고는 그 고통 때문에 다시는 아이를 안 낳겠다고 하다가도 어느 날 둘째를 가지려는 마음의 준비를 하듯

"화엄경 보현행원품"에는 보살행에 대해서 다음과 같이 서술하고 있다.
'허공계가 다하고 중생계가 다하고 중생의 업이 다하고 중생의 번뇌가 다할지라도 나의 행원은 다할 수 없습니다.'

아! 거룩하시다. 관세음보살의 자비원력은 모든 중생들의 복받이 되어 주시는구나!
오늘부터 2014년 브라질월드컵이 브라질 대 크로아티아의 대결로 막이 오른다.
2002년 대한민국월드컵에서 울려 퍼진 대한민국~ 짝짝짝 짝짝~ 의 함성과 박수소리가 귀에 들린다.
대한민국~ 짝짝짝 짝짝~

생각을 바꿔라

　어젯밤 이 세상의 모든 사람들! 가난한 사람과 굉장한 부자, 여자와 남자, 청년과 장년, 老와 少, 그대와 나, 이 세상 누구나 다 잠을 잔다.

　그러나 오늘 아침에 일어나지 못한, 아니 다시는 깨어나지 못한 사람들……
　오늘 아침에 일어나야지 생각하고 잠자리에 들었지만 침대는 차디찬 관이 되어 버렸고,
　그들이 덮은 이불은 수의가 되어 버렸다.

　그렇게 죽은 사람들은, 우리가 잔뜩 불만을 털어놓은 더운 여름 날씨를
　가장 추운 겨울 날씨를 단 오 분이라도 즐기고 싶어 했을 것이고, 땀을 뻘뻘 흘리며 일을 했던 것을 단 십 분만이라도 할 수 있다면 하고 간절히 바라는 것이다.

　우리가 어찌 하는 일이 마음에 들지 않는다고 불평할 수 있겠는가?

정 마음에 내키지 않으면 다른 일을 하라! 그것마저 불가능하면 생각을 바꿔라.

절대 불평하지 마라.
보라! 사랑을 하는 사람은 세상의 모든 것을 아름답다 여기거늘 이 세상은 결코 불행하지 않은 것이다.

그대들은 각성하라!
힘껏 사랑하라!
숨이 다할 때까지!
알아보기 어렵고 아주 미묘하고
욕망에 따라 흔들리는 마음을
지혜로운 이는 지켜야 한다.
잘 지켜진 마음이 평화를 가져오기 때문에

의미난견意微難見 수욕이행隨欲而行
혜상자호慧常自護 능수칙안能守則安.

절대적인 것은 없다

프로크라스테스의 침대는 절대적 기준을 놓고 모든 현실을 획일적으로 맞추는 것을 이른다.

사람을 잡아서 침대에 누여놓고 작으면 잡아 빼서 늘리고 침대보다 크면 남은 부분만큼 자른다. 아! 이래저래 죽는구나! 이 세상에 생명을 부여받고 똑같은 것은 없는 것 같다.

재미있는 사람이 있었는데 얼굴 왼쪽에 밥풀이 붙어있으면 오른손을 뒤로 돌려서 밥풀을 뜯어먹는다. 오른쪽 얼굴에 밥풀이 묻어있으면 어떻게 뜯어먹을까?

생각하는 대로 밥풀을 뜯어 먹겠지?

삼복도 안 되었는데 왜 이렇게 날이 더운가? 가만히 있어도 땀이 줄줄!

몸을 움직이면 더 줄줄!! 어제 점심때 쯤 시작했던 짐 나르기를 너무 더워서 포기했다.

우리 선조들은 이열치열以熱治熱이라는 말을 종종 썼다.

더위를 참는 생활의 지혜로 열을 다스리는 것이 관습이 되어 있는데 더운 날에도 불을 피워 놓고 고행을 하며 더위를 이겨 나간다고 한다. 더위 타령이라는 속어에

'불두덩이 같은 각시 품에서 /비지땀 서 되만 흘리면/불볕 삼복도 양풍추월凉風秋月이지/' 하는 가사도 있듯이 더위 속에서 더위를 잊는 슬기가 필요할 것이다.

어느 한의사의 말을 인용할 것 같으면 사람의 몸이 뜨거워지면 몸속에서 열을 발산하기 때문에 몸속은 반대로 차가워진다고 하여 여름철 음식으로 뜨거운 종류를 권하고 있으며,

반대로 겨울에는 몸이 차가워지므로 몸속은 뜨겁게 하려 하는 작용이 생긴다던가 하여 겨울철 음식으로 냉면 등 차가운 음식을 권하고 있는 것을 들은 적이 있다.

더위 때문인지는 몰라도 짜증스러운 일들이 괜히 많이 생기는 것 같고 실제로 은근히 화도 난다. 너무나도 나 자신을 모르기 때문이 아닐까?

이 세상에서 원한은
원한에 위해서는 결코 사라지지 않는다.
원한을 버릴 때에만 사라지나니
이것은 변치 않을 영원한 진리다.
不可怨以怨불가원이원 終以得休息종이득휴식
行忍得息怨행인득식원 此名如來法차명여래법

기초가 튼튼해야

백유경에 '3층집부터 짓기'라는 이야기가 있다. 내용은 무식해서 아는 것이라고는 아무 것도 없는 부자가 다른 부잣집으로 놀러 갔다가 3층으로 된 누각을 보았다. 그 누각은 화려하고 웅장하고 아름답게 지은 것이었다.

그는 그 누각을 부러워하면서 "내 재물이 저 부자보다 결코 적지 않다. 그렇다면 나도 얼마든지 3층 누각을 가질 수 있다." 생각하고는 목수를 불러 물었다. "저 집의 3층 누각처럼 화려하고 웅장한 누각을 지을 수 있겠는가."

"걱정하지 마십시오. 저 3층 누각은 제가 지은 것입니다. 어려울 것이 없습니다." 부자는 기뻐하며 목수에게 부탁했다. "참 잘 됐군. 당신은 이제부터 나를 위해 저 집 것보다 더 멋있는 누각을 지어 주게."

목수는 곧 땅을 고른 뒤 벽돌을 깔고 누각을 짓기 시작했지만, 무식한 부자는 목수의 집 짓는 방법이 이해되지 않았다. 그래서 목수에게 물었다. "어떤 집을 짓고 있는가." "3층 누각을 짓고 있습니다."

"아니 이것은 3층이 아니고 1층이 아닌가." "1층을 먼저 짓고, 그 다음에 2층, 그리고 3층을 짓는 것이지요." 목수의 대답에 부자는 역정을 내며 말했다. "이 사람아, 나는 3층 누각이 필요하지 1층, 2층은 필요없네. 그러니 아래 두 층은 빼고 3층부터 짓게."

"어찌 그렇게 할 수 있겠습니까. 아래층을 짓지 않고는 위층을 지을 수가 없습니다. 그러니 조금만 참고 기다리십시오. 곧 3층을 짓겠습니다." 부자는 목수의 말을 듣고도 이해가 되지 않았다.

"어허, 나는 아래 두 층은 필요없대두. 두말 말고 3층부터 지어 내게." 목수와 부자의 이 같은 실랑이가 계속되자 사람들은 배꼽을 잡고 웃음을 참지 못했다. "어떻게 아래층을 짓지 않고 위층을 짓겠단 말인가. 저 부자는 무식하고 어리석은 사람이다."

사랑을 쓰려거든 연필로 쓰라던 노래가 생각난다. 연필로 쓴 것은 지우개로 지울 수 있다고 생각하는 것이다. 아무런 흔적도 남기지 않고 깨끗하게 지울 수 있기 때문에 연필로 쓰라고 한 것일까?

그러나 세상은 그렇지 않다. 1~2층을 빼고 3층만 지을 수 없듯이 모든 것이 과정을 통해서 이루어지는 것이다. 아무리 급해도 바늘허리에 실 매어 쓰지 못하는 것이다.

사랑이라는 것도 뜬금없이 생겨난 것이 아니다. 나는 그것을 쉽게 생각하지 않는다. 생략하면 원하는 성과를 거둘 수 없다. 세월호 사건처럼 부실공사와 무리한 적재는 많은 인명피해를 몰고 오는 것이다. 3층집을 1층부터 짓듯이 우리 인생은 튼튼하게 기도로 기초하고 염불로 업장을 녹이는 것이다.

가득 찬 것은 조용하다

　연꽃이 피는 계절이다. 천왕사에 있는 연통마다 수련들이 자태를 자랑이라도 하는 듯이 빨강연꽃 노랑연꽃 갖가지 연꽃들이 피어난다. 비가 오려 하면 밤마다 개구리들이 합창을 하는 모습이 정겹다.

　'우리가 모르는 지식'에서 남미의 아마존 지역에 자생하고 있는 빅토리아라고 불리는 수련은 그 잎이 어른들 3명이 올라타도 가라앉지 않는다고 하는데, 인터넷으로 보았지만 그 잎이 무척 크다. 모양이 큰 방석같이 생겼다.

　세상은 넓다. 어느 구석에 무엇이 있는지 모르는 세상이다.
　하나 더하기 하나는 둘인가? 인생은 공식대로 풀려나가는 것은 하나도 없는 것 같다.
　하나 더하기 하나는 둘, 셋, 넷, 다섯, 여섯, 열, 백, 천, 만……
　때에 따라서는 무한대로 퍼져 나간다.

　우리는 간혹 아는 것도 모르는 척하며 살아가기도 하고, 슬픈 것

도, 괴로움도, 사랑하는 것도
　외면하면서 살아가는 수도 있다.

　톨스토이의 우화 속에
　재산을 다 잃어버린 일리아스는 거지가 되어서 다른 집일을 할 때 가장 행복하다고 했다,

　모자라는 것은 소리를 내지만
　가득 찬 것은 조용하다.
　어리석은 자는
　반쯤 채운 물항아리와 같이
　철렁거리며 쉬지 않고 흔들리지만
　지혜로운 이는
　물이 가득 찬 연못과 같이 평화롭고 고요하다.
　　　　　　　　　　　　　－〈숫타니파타〉에서

세상사가 다 그런 겨

오늘은 한국과 러시아가 아침 6시에 멋진 승부가 이루어지는 날이다. 어제 서울에 올라갔는데 광화문에 대형 아치를 세우고 대대적인 응원 준비를 하는 것을 보았다. 얼마나 많은 사람들이 이곳에서 절규와 함성을 보낼 것인가? 바야흐로 전 세계는 월드컵의 열기에 빠져버렸다.

s로 시작하는 단어 중에 speed스피드가 있다. 엄청난 속도로 질주하는 자동차들. 청년, 장년 할 것 없이 모든 생활이 스피드하게 전개되고 있다.

그리고 sex 전 세계인의 정신적 스승 틱낫한 스님이 말하는 '섹스 그리고 사랑' 인스턴트 사랑이 넘쳐나는 현대사회에서 우리는 어떻게 대처해야 하는가?

screen스크린 잘 사는 나라의 문화침투로 스크린의 주인공이 이 사회의 진정한 영웅으로 각광을 받는다. 현실의 슬픔은 외면한 채 스크린의 주인공이 슬프면 사회 전체가 슬픔에 빠지는 기현상의 문화screen! 그리고 sport스포츠! 야구 축구 농구 골프 아이스하키 체조 피겨스케이팅 스케이팅 유도 레슬링 격투기…… 엄청난 스타들! 열광하는 사람들, 모든 일을 잊어버리고 열중하고 있다.

우리의 내면은 어디로 갔는지도 모르는 체 소리 지르고 환호하고 있다.

열광할 땐 하더라도 자신을 찾자. 건망증이 심한 영감님이 손에 쥔 곰방대를 어디 있지? 하고 찾아 헤매듯 우리는 축복이 넘치는 자아를 찾아내야 한다.

법구경에
비록 백 년을 살지라도 죽음이 없는 도를 모른다면 죽음이 없는 도(열반)를 아는 이가 하루를 사는 편이 더 뛰어난 것이다.

삶이란

브라질 월드컵에서 한국과 러시아가 1:1로 비겼다. 강팀과 비긴 것은 상당히 잘한 일이라고 이구동성이다. 사람들이 살아가는 데에 있어서 잘하는 것과 못하는 것의 차이점을 실력이라는 말로 통용한다. 모든 전력을 비교할 때 우리의 실력이 러시아에 뒤떨어진 다는 것이다.

아함경에 나이에 대한 이야기가 있다.
붓다의 제자 중에 칠십이 거의 다 된 비구가 한 분 있었다. 어느 날 부처님은 비구에게 묻기를 "비구여! 그대는 몇 살인가?" "다섯 살입니다." "다섯 살이라고? 그대는 적어도 칠십은 되보이는데, 그게 무슨 대답인가?"

비구는 말했다.
"5년 전에 명상의 빛이 저의 삶 속에 들어왔기 때문에 그렇게 말한 것입니다. 저의 삶에 사랑이 쏟아진 것은 이 5년 동안뿐입니다. 그전의 제 삶은 꿈과 같았습니다. 저는 잠 속에 있었습니다. 저는 제 나이를 셀 때 그런 세월은 고려하지 않습니다. 저의 진짜 삶은 5년 전에 시작되었을 뿐입니다. 저는 이제 다섯 살에 불과합니다."

나는 전적으로 동의한다. 내가 살았던 삶, 사랑의 기간, 무미건조하지는 않았지만 세상에는 눈을 뜬 삶도 있는 것을 알겠다.

삶!
비껴갈 수 없는 것이라면 어떠한 형식이든지 부딪칠 수밖에 없다.
현명하게 대처하라!

현명하다는 것은, 가슴을 열고 대지의 공기를 마음껏 들이키는 사랑을 담는 것이다.
사랑이 말로 되는 것은 분명 아니다.
간절한 사랑! 큰 사랑! 절실한 것!
자존심은 자기 인격을 가지런히 하고, 체통을 지킨다.

벗어버려라

언어도단言語道斷이로구만, 말로서는 표현할 수 없는 이심전심의 세계!

예전에 태국 방콕 황금사원에 간 적이 있다. 황금불상이 이 세상에 나오시려고 했는지 큰 토불을 옮기는 과정에서 겉을 통째로 씌웠던 벽토가 떨어져 나가며 황금불상이 발견되었다고 하기도 하며, 토불을 큰 천막에 넣고 절을 보수하는데 밤에 토불이 갈라진 틈으로 찬란한 빛이 새어나와 황금불상을 발견하였다고 하는 설이 있다.

그것도 상당히 중요한 문제지만 더욱 중요한 것은 모든 사람들은 불성을 갖고 있는데 황금부처님이 흙에 덮여 있듯이 번뇌 망상의 구름에 가리어 빛을 내지 못한다는 것이다. 자! 어떻게 벗길까?

어젯밤은 구름이 끼어서 달을 보지 못했네! 구름이 끼어서 달은 못 보았지만 여전히 달은 떠오른다네……
즐거움이 있으면 그곳에 행복이 깃들고, 영혼도 맑아지누나!!

괴로움과 번민은 어떻게 될까?
그것조차 행복의 물로 씻고 즐거움의 바람으로 날려 보내야 한다.
단, 한 방으로 말이야!!
너도 진흙에 덮인 황금불상!
나도 진흙에 덮인 황금불상!

신심명에
다만 증애가 없으면 모든 것이 통연하여 명백해진다.
단막증애但莫憎愛 통연명백洞然明白

암자 밖은 왜 그리는가

깨달음(覺)이라는 것은 미혹하지 않은 것이며, 바름(正)이라는 것은 삿되지 않은 것이고, 조촐함(淨)이라는 것은 물들지 않는 것이다. 우리들이 깨달았다 하더라도 금방 미혹해지기 쉬우며, 바르게 산다라고 하면서도 자기의 이익을 따라 금방 삿됨을 따른다.

맑게 사는 일은 연꽃이 진흙물에서 아름답게 피며, 연잎에 물이 떨어져도 물을 흡수하지 않듯 이세상의 불의에 물들지 않는 것인데 우리의 인생은 어느 곳으로 흘러가는가?

임제록 중에
"구름을 잡고 안개를 움켜쥐는 살아 있는 용이 어찌 썩은 물에 잠겨 있겠으며, 해를 쫓고 바람을 따르는 용맹스런 말이 어찌 마른 동백나무 밑에 엎드려 있겠는가?"

슬프다! 한갓 침묵만 지키는 어리석은 선정은 기왓장을 갈아 거울을 만들려는 격이고, 문자만을 찾는 미친 지혜는 바다에 들어가 모래를 세는 격이니, 그것은 모두 걸림 없는 기틀과 자재하고 미묘한 작용을 모르는 것이다.

종은 크게 치면 크게 울리고 작게 치면 작게 울린다. 거울은 되놈이 오면 되놈을 비추고 왜놈이 오면 왜놈을 비춘다.

그들은 이런 이치를 전혀 모르고 있다.
그러나 비록 그와 같이 엎치고 날치는 수단을 얻었다 할지라도 아직 생사의 기슭을 떠나지 못한 것이다. 그러면 말해 보라, 필경 어떤 것인가를.

"깊숙한 암자 안의 주인은 암자 밖의 일을 관계하지 않는다."

覺而不迷 正而不邪 淨而不染
산속의 메아리는 아하면 아하고 들리고 왜하면 왜로 들리는 것을

동방, 서방 헷갈리네

어제는 음력으로 24일 관음재일이다. 觀世音菩薩은 볼 관 세 소리 음자로 인간세상의 모든 소리를 관찰하시는 보살님이다.

중생들이 괴로움에 겨워 지르는 신음소리! 고통스러운 절규! 이 모든 소리를 들어주시고 구원해주시는 일생보처이시다. 전국의 절에서는 관음재일을 맞아 관세음보살님의 聖德을 기리기 위하여 관세음보살! 정근을 모신다.

어느 곳에 돈 안 쓰기로 유명한 부잣집이 있는데 아버지가 부처님을 좋아하여 절에 나가서 신앙생활을 했다. 49재도 알고 기도하는 법도 배웠는데 집에 와서는 아들에게 자랑을 한다.

'내가 죽으면 절에서 스님께 시달림과 49재를 해라'라는 유언을 했고 그 아들은 알겠다고 대답을 했다. 그리고 세월의 흐름에 따라서 그 아버지가 돌아가셨다. 아들은 대성통곡을 하며 울다가 아버지의 유언이 생각나서 스님께 시다림을 청하였다.

청을 받은 스님이 장례식장에 오셨는데 아들이 시다림비용을 물어본즉 스님이 얼마라고 하니까 아들이 비싸니까 깎자고 한다. 그러자고 한 스님이 염불을 시작했다. 그리고는 동방~ 동방~ 동방~ 하며 염불을 한다. 아들이 스님 염불을 가만히 들어보니 자기가 아는 서방이라는 소리가 안 들리는 것이다.

그래서 왜 서방은 안 찾느냐고 묻자 스님의 대답이 '그 돈 갖고는 서방에 못 간다'고 하여

아들이 값을 온전하게 쳐주자 동방만 불렀던 스님이 막 서방도 불러대니까 시체가 벌떡 일어나서 하는 말이 '네가 달라는 대로 다 주지 괜히 값을 깎아서 동방만 불러서 동방으로 가는데 이제는 온전히 값을 줘서 서방을 불러대니 내가 동방으로 가랴 서방으로 가랴 힘들다.' 하더란다.

번뇌본무煩惱本無 불수용제不須用除
보리본무菩提本無 불수용수不須用守
번뇌가 본래 없으니 제거하려 애쓸 필요 없고
보리도 본래 없으니 지키려고 애쓸 필요 없다.

봉사가 제일 좋은 것이야

어제 점심에 소리를 하시는 원장님께서 냉면 공양을 하여 주셔서 아주 맛있게 먹고, 바로 아산 시청에서 '나누우리 자선음악회'에 가서 지인분들을 만나서 입도 귀도 즐거운 하루였다.

봉사라고 하는 것은 아무리 생각해도 거룩한 사업인 것 같다. 불우한 사람들에게 여기에 이웃이 있으니 열심히 기죽지 말고 살아가세요라는 응원을 하고 용기를 주는 사랑의 행사가 아니겠는가?

봉사의 삶이야말로 거룩한 보살행인 것 같아서 혼자서도 웃음이 난다. 즐거운 행사에 동참했다는 사실만으로도 오늘하루가 아깝지 않은 여정이었다.

만일 천당과 지옥이 있다면 어떠한 형태로 있겠는가? 인생을 잘 산 사람은 천당 가고, 잘 못산 사람은 지옥에 가는 것일까?

일본에서 유명한 이야기 하나를 소개하는데 이것은 지옥과 극락의 이야기이다.

사무라이 한 명이 하꾸인 에까꾸 선사(白隱)를 찾아와서 물었다. '극락과 지옥이 있습니까?' 하꾸인이 대답한다. '당신은 사무라이라고 하는데 생긴 것은 꼭 쥐와 닮았고, 남과 싸울 때는 36계 줄행랑을 잘 할 것 같은데 사실이 그렇습니까?' 사무라이는 분노하여 시퍼런 칼을 뽑아 들어 하꾸인의 목에 대었다. 이때 조용한 음성으로 하꾸인이 대꾸한다.

'지금 지옥문이 열리는구나!'

사무라이가 칼을 갖다 댄 그 절체절명의 상태에서, 자칫하면 목이 떨어져나갈 순간적인 상태에서 터져 나온 일성 '그 때문에 지옥문이 열린다.' 우리는 이런 말을 할 수가 있었을까? 그 말에 사무라이는 칼을 칼집에 넣었다. 그때 하꾸인이 '극락문이 열리는구나'라고 말했다.

"극락이라는 것이 있으면 얼마에 살 수 있을까?
종교의 자유를 주지 않는 북한 주민들이 불쌍하다는 등등의 기사가 생각나는데 그 논평의 대상이 '죽어서 천당이 있다고 생각하느냐'의 질문이었는데 북쪽 주민이 말하기를 '살아서 천당에 가야지 왜 죽어서 천당에 가느냐?'로 대답한 것이 화젯거리가 된 것이었다. 어떻게 생각하는가?

염불일성복증무량 念佛一聲福增無量
예불일배죄멸하사 禮佛一拜罪滅河沙

행복이란 65

이것이 있으면 저것도 있지

많은 사람들이 살아가는 이 세상의 법칙은 어떤 것이 옳고 어떤 것이 그른 것인가?

치문緇門 위산대원선사경책에 보면
親附善者는 如霧露中行하야 雖不濕衣나 時時有潤이어니와
狎習惡者는 長惡知見하야 曉夕에 造惡하나니 하였으니

"어진 이를 가까이 따르는 자는 마치 안개와 이슬 속을 가는 것과 같아서 비록 옷은 적시지 않더라도 때때로 윤택함이 있고 악한 이를 가까이 하는 자는 나쁜 지견만 더하여 아침저녁으로 악을 짓는 것이다."라고 하였다.

푸에로토리코 미술관 입구에는 '노인과 여인'이라는 제목의 조각품이 전면에 있어 들어가는 사람들의 시선을 단박에 끌어드리는데 노인네가 젊은 여자의 젖꼭지를 애무하는 형상이다.
무슨 성인전시물인가 하고 다들 호기심으로 가보는데 안내자가 젖을 빨고 있는 배경을 설명하면 고개를 끄덕한다.

푸에로토리코 독립운동을 하다가 체포되어 옥중에 갇히게 된 여자의 아버지는 먹을 것을 주지 않아서 굶어 죽어가기 일보직전이었는데 그 아버지를 면회하러 온 딸은 아사직전의 아버지가 너무나 애처로운 나머지 방금 출산한 자신의 젖을 꺼내 아버지에 물렸다. 배 고품에 전후좌우를 가리지 못하는 아버지는 눈물을 흘리며 그 젖을 빨아 마시는 장면이다.

가족은 살피는 것이고, 이웃은 어울리는 것이다. 가족을 볼 수도 없고 부를 수도 없다면 그것은 불행자체가 아닐까? 그러나 우리는 가족의 소중함을 잊고 산다.

세상의 이치라는 것은 평범함에 있다.
"이것이 있으면 저것이 있고, 이것이 없으면 저것이 없다."
此有故彼有 此無故彼無

집착을 버리면

사십이장경 35장에 부처님께서 말씀하시되, "사람이 도를 닦는 것은 쇠를 단련하는 것과 같아서 불에 녹이고 망치로 때려서 그 잡철을 다 빼어 버린 후에야 비로소 좋은 그릇을 이루는 것이니 사람이 도를 배울 때에도 점점 그 마음 가운데 때를 제거하면 행실이 곧 청정하여 스스로 불과를 얻으리라." 하였다.

예전에는 자동차 사고가 나면 찌그러지고 움푹 들어가는 것을 불로 그 주변을 가열을 하여 망치로 두들겨서 찌그러진 것을 펴는 모습을 많이 보았다. 불로 가열하지 않고 두드리면 더 찌그러지지 펴지지가 않는다.

우리 인생의 모습은 어떠한가? 찌그러진 생 양철을 그대로 두드려 펴기만 하려고 하지 불을 가열하여 두드릴 줄을 모른다.

生我者는 父母요 成我者는 朋友라 한다. 나를 낳아준 분은 부모님이시지만 나를 성공으로 이끌어 주는 것은 친구라는 말이다. 어느 사람들은 내가 성공할 것 같으면 성공하기 전의 내 모습을 다 잃어버리고 현재의 성공에 자축하여 살아가는 사람들이 대부분이다.

　생떽쥐베리의 어린 왕자 속에 '어른들은 처음에는 다 어린이였는데, 그것을 기억하는 어른들은 많지 않다'라고 말을 한다.

　우리의 살아가는 본질은 어디에 있는가? 지금 어느 곳에 서 있는가?
　"내 것이라고 집착하여 욕심 부리는 사람은 걱정과 슬픔, 인색함을 버리지 못한다.
　그러므로 안온함을 얻은 성인들은 소유를 버리고 떠난 것이다."
　　　　　　　　　　　　　　　　　　　　　　　－〈숫타니파타〉

욕심이 잉태하면

어제는 6·25였다. 1950년 6월 25일 새벽 4시 북한 인민군이 남침한 뒤 4일 만에 서울이 함락되고 3개월만에 대구와 부산만 빼고 전국토가 유린 되었었다. 3년 간 지속된 전쟁으로 남북 양측이 150만 명의 사망자와 360만 명의 부상자가 났었다고 전해진다.

다시는 이 땅에 있어서는 안 될 전쟁이며, 참전용사의 고귀한 희생을 잊어서는 아니되리라. 싸움의 피해는 극심한 것이다.

부처님이 죽림정사에 있을 때의 일이다. 어느 날 데바닷타를 따르는 코카알랴가 부처님을 찾아왔다. 그는 데바닷타의 꼬임에 빠져 사리풋타와 목갈라나를 비난하며 다녔다.

부처님이 이를 알고 그를 나무랐다. "코카알야야, 너는 왜 사리풋타와 목라라나를 비난하는가, 그들은 훌륭한 아라한이다. 계속 그들을 비난하면 긴 밤 동안 이익되는 일이 없을 뿐더러 나중에 고통을 받게 될 것이다."

그러나 그는 '부처님에 대한 존경심에는 변함이 없지만 사라풋

타와 목갈라나는 나쁜 욕심이 있는 사람이라며 계속 헐뜯으려 했다.' 부처님이 두 번 세 번 타일렀으나 말을 듣지 않고 자리에서 일어나 떠나갔다.

그 뒤 그는 온몸에 부스럼이 생겨 고름을 흘리는 큰 고통을 받다가 끝내는 목숨을 거두었다. 이 소식을 들은 부처님이 안타까움을 감추지 못하면서 제자들에게 이렇게 말했다.

"사람이 이 세상에 태어나면 입 안에 도끼가 함께 생긴다. 그것을 잘 간수하지 않으면 도리어 제 몸을 찍나니 그것은 세치 혀를 잘못 놀리기 때문이다. 칭찬해야 할 것을 도리어 비난하면 그 죄는 바로 입에서 생기는 것이니 결국 죽어서 나쁜 곳에 떨어지게 된다.

장기와 바둑으로 재물을 잃는 것은 오히려 허물이 적다. 그러나 부처님과 아라한을 잃게 되는 것이야말로 큰 허물이다."
— 〈잡아함경〉 구가리경(瞿迦梨經)

말이란 모양도 흔적도 없다. 그러나 입 밖으로 나오면 주워 담을 수 없다.

믿음이 확실해야

중태기라는 물고기를 아시는가? 옛날 어느 스님에게 한 상좌가 있었는데 아주 어리석었다. 아무리 가르쳐 주어도 공부에 전혀 진보가 없자 하루는 스님이 상좌에게 화가 나서 '몸을 바꿔오라'고 했다.

스님이 몸을 바꾸는 방법은 일단 죽었다가 총명한 머리로 다시 태어나는 수밖에 없다고 생각하고, 물에 빠져 죽을 결심을 하였다. 높은 절벽 바닷가에 서서 '나무아미타불'을 지극정성으로 10만 번만 부르면 극락에 간다는 말에 이왕에 죽을 것이면 극락에 가서 태어나자 생각하고

"나무아미타불 나무아미타불 나무아미타불" 이렇게 한참 부르다가 물속으로 뛰어들려고 하는데 갑자기 무서운 생각이 들어서 차마 뛰어들지 못하고, 아미타불만을 되풀이해서 부르고 있었다.

그 때에 한 사냥꾼이 그 곁을 지나가다가 그 광경을 보고, 스님께 물었다. "스님은 무얼 중얼거리고 있습니까?" "예, 나는 워낙 머리가 나빠서 이 몸으로는 성불할 수 없으므로 죽어서 다시 태어나려고 하는데, 아미타불을 10만 번 부르면 죽어서 곧바로 극락세계에 태어난다기에 염불 중입니다."

이 말을 들은 사냥꾼은 혼자 생각하기를, '자기는 수없이 많은

살생을 했기 때문에 죽으면 지옥행이 분명한데 아미타불만 부르면 극락행이라니' 사냥꾼은 귀가 솔깃했습니다. 사냥꾼은 스님에게, "스님, 정말 아미타불만 부르면 극락에 가는 게 확실합니까?" "그렇습니다."

그러자 사냥꾼은 자기는 아미타불을 한 번씩 부르고 있을 시간이 없다면서 '천타불, 만타불, 억타불' 하더니 물속으로 풍덩 뛰어들었는데 절벽 밑에서 오색의 서기가 뻗쳐오르더니 연화대가 솟아올라 사냥꾼을 태워 하늘로 올라가는 것이었다.
이 모습을 본 행자스님은 그제서야 확신이 섰던지 결심을 하고는 눈을 꼭 감고 물속으로 뛰어들었다. 그런데 연화대가 솟아오르지 않고 그냥 물속에 빠져 죽었다.
그리고 물고기가 되었는데, 물고기 모양이 머리가 번질번질한 것이 삭발한 스님네의 머리를 닮았고, 몸에 붉은 줄이 있는 것은 스님들의 가사 색이 붉기 때문이란다. 이 물고기 이름이 중태기이다.
살생을 업으로 삼는 사냥꾼은 스님의 말 한마디를 확실히 믿은 공덕으로 극락세계에 태어났고, 절에서 비록 오래 생활을 하였지만, 확실한 믿음이 없었기에 그 행자스님은 물고기밖에 안 되었던 것이다. 無信不효!
사람의 마음은 생각하는 쪽으로 기울어지기 쉽다. 탐욕을 생각하면 탐욕의 마음이 생기고 성내는 마음을 생각하면 성내는 마음이 일어나고, 어리석은 마음을 생각하면 어리석은 마음이 일어난다.

―〈잡아함경〉

죽음이 어디 있어?

어제는 초하루 법회였고, 천왕사에서는 초하루에 신중기도를 한다. 법회가 끝나고 점심 공양을 하는데 신도 한 분이 찾아와서 49재를 의뢰하였다. 젊은 나이에 세상의 뜻과 맞지 않아 어린 아들을 홀로 두고 운명을 달리한 것이다.

'사자의 서'에서 죽을 때 보이는 징조들을 나타내는 글이 있다.
"사람이 죽을 때 스스로가 살아온 삶의 습기인 선과 악이 모두 눈앞에 나타난다. 착한 일을 많이 한 이는 아랫몸이 먼저 식고 나쁜 일을 많이 한 이는 윗몸이 먼저 식는다.

마지막으로 식는 곳이 얼굴인 사람은 하늘나라에, 심장이면 사람, 배면 굶주린 아귀, 무릎이면, 짐승으로 태어나고, 발이 마지막으로 식으면 지옥에 떨어진다. 그러나 윤회를 벗어난 사람은 온몸의 온도가 식어버리고 다만 머리 위에 따뜻한 기운이 남아 있다."

'너 자신을 알라' 하고 외친 소크라테스는 독배를 들고 인생을 하직하면서 유명한 일화를 남겼는데 소크라테스는 죽어가면서 제자들에게 말했다.

"이제 그만 울음을 그쳐라. 나를 방해하지 말라. 나는 곧 죽는다. 지금 바로 죽음이 무엇인지를 관찰할 수 있도록 해다오. 나는 이 순간을 위해 일생 동안 기다려 왔다." 그리고는 그는 제자들에게 말하였다.

"발이 마비되기 시작한다. 그러나 나는 그대로이다. 무엇 하나 없어진 것이 없다. 나의 존재에 대한 감각도 전과 조금도 다르지 않다…… 내 다리가 죽었다. 그러나 나는 그대로이다. 나 자신은 조금도 변하지 않았다. 나는 모두 다 그대로이다. 나의 위장이 마비되었다. 그리고 손에 감각이 없다." 그러나 그는 매우 흥분해 있었고 황홀해 보였다.

그는 또 말하였다. "나는 그대로이다. 무엇 하나 없어진 것이 없다. 잠시 후에는 나의 심장이 멈출 것이다. 그래도 나를 빼앗아 갈 수는 없다……내 손이 죽었다. 지금 심장이 약해지고 있다.

이것이 나의 마지막이 될 것이다. 혀가 마비되고 있다. 기억하라! 나는 아직도 그대로이다." 이렇게 외친 소크라테스는 제자들에게 간곡히 부탁하며 죽어갔다.

무엇이 죽었는가? 육체가 죽었는가? 마음이 죽었는가? 지금이 꿈인가? 생시인가?

法句經

'우리는 이 세상에서 언젠가 죽어야 할 존재'임을 깨닫지 못하는 이가 있다.

이것을 깨달으면 온갖 싸움이 사라질 것을

不好責彼 務自省身. 如有知此 永滅無患.

나무를 쓰러뜨리는 바람

　자기 자신을 믿으라. 굳게 믿으라. 그대는 부처님이 될 수 있는 소질을 타고났다. 모든 중생들은 부처님이 될 수 있고 부처님이시다.

　수피의 성자 만수르는 "내가 곧 神이다. 다른 神이 있지 않다"라고 주장하다가 돌에 맞아 죽는 현장에 그의 스승도 있었다고 한다. 다른 사람들은 돌을 던지고 스승은 차마 돌을 던질 수가 없어 장미꽃을 던졌는데 돌을 맞으면서도 울지 않던 만수르는 장미꽃에 맞자 슬프게 눈물을 흘렸다고 한다.

　사람들이 만수르에게 돌을 던지자 그 스승도 사람들의 눈치 때문에 뭔가를 던져야 했는데 차마 돌을 던지지 못하고 장미꽃을 던졌다. 그래서 돌로 치는 것보다 장미꽃으로 치는 것이 더 아프다는 이야기가 생겼다.

　스승과 제자! 사랑하는 사람들! 그 속에 피어나는 아름다운 이야기는 아무리 들어도 깊은 감동을 준다. 관계가 없는 사람들과의 이해관계는 풀어버리지만 믿는 사람에게 배신당하는 광경은 그리 통쾌한 것이 아니다.

　우리는 나이를 먹을수록 지혜는 점점 줄어드는 것인가?
　플라톤은 사람은 나이를 먹으면 먹을수록 현명해진다고 생각하였고, 그의 제자인 아리스토텔레스는 육체와 한가지로 정신도 나이를 먹으면 먹을수록 쇠약해진다고 하였으며, 진보는 고작 50세에서 멈춘다고 간주하였다. 어느 것이 옳고 그른지는 나는 모른다. 각자의 취향대로 생각하겠지……

　고릴라는 사람 몸무게의 2~3배 더 무게가 나가지만 뇌의 무게는 사람 뇌의 반밖에 나가지 않는다고 하는데 믿겠는가?

　　行見身淨 不攝諸根 飮食不節 漫墮怯弱 爲邪所制 如風靡草.
　　　　　　　　　　　　　　　　　　　　　　　　(法句經)
　더러운 것을 깨끗하게 보고 감각의 욕망을 억제하지 않으며
　먹고 마시는 일에 절제가 없고 게을러서 정진하지 않는 사람은
　악마가 그를 쉽게 정복한다. 바람이 연약한 나무를 넘어뜨리듯이

행복은 가까이 있다네

이웃을 보니 경사가 계속 있는 것 같다. 자식의 결혼을 준비하느라 예식장을 잡고 혼수를 준비하시는 분들과 손주를 보고 할아버지가 되었다며 기뻐하는 지인을 볼 때 나도 덩달아 기분이 좋아지는 것은 웃음이 전파되듯이 행복이라는 것도 전염이 되는 것 같다.

어제는 조카딸이 아기를 안고 방문하였다. 낳은 지 2개월이 되었는데 하루 종일 아기 얼굴만 바라보아도 지루하지도 않고 즐겁고 행복하다고 한다. 행복이라는 것은 멀리 있는 것이 아님을 증명하는 것이다. 그러나 이 세상이 행복만 있는 것이 아니고 불행도 있고 슬픔도 있다. 어떤 일을 성사하기 위하여 권모술수와 **中傷謀略**(중상모략)이 활개를 친다.

뻐꾸기, 꾀꼬리, 까마귀 셋이 서로가 목소리가 좋다고 우겼다. 그래서 산 중의 왕인 호랑이한테 누구의 목소리가 제일 아름다운지 심판을 받기로 했다. 호랑이를 찾아갔던 날, 호랑이는 모습이 피곤하고 기운이 빠져있던 터라 보름 후에 다시 오라고 하고는 세 마리를 돌려보냈다. 세 마리 중 까마귀는 생각했다.

'그래, 나는 아무리 그래도 목소리가 탁한데 호랑이님의 마음을 기쁘게 해 주어야지.'

생각을 하고는 보름 동안 매일 개구리 한 마리를 잡아서 호랑이에게 진상했다.

이윽고 보름이 다가오고 뻐꾸기와 꾀꼬리, 그리고 까마귀 세 마리가 호랑이 앞에서 자기의 목소리를 뽐냈다.

뻐꾸기는 뻐꾹 뻐꾹 중국에서는 부쿠, 부쿠 영어권에서는 쿠쿠, 쿠쿠……

아름다운 목소리를 뽐냈고, 꾀꼬리는 꾀꼴꾀꼴 하면서 자기의 목소리를 뽐내고 까마귀는 칵칵하며 소리를 뽐냈다. 이윽고 호랑이가 심사평을 한다.

뻐꾸기는 목소리가 너무나 아름답구나. 그러나 너무 처량하구나.
꾀꼬리는 옥구슬이 은쟁반에 구르듯 청아하구나. 그러나 너무 슬프다.
까마귀는 목소리가 너무 둔탁하지만 목소리에 힘이 있어서 장하다!
이것이 뇌물의 힘이다. 그래서 우리는 공평무사를 배우자고 노력을 한다.

현겁경에 "항상 부처님의 바른 법을 빛내는 길은 으뜸가는 지혜를 믿어 즐기고 수행은 무소와 같으며 '나'가 없어야 한다."

죽음이 별거더냐

어제 지인의 어머니가 운명하셨다. 사인은 더운 날에 밭에 나가 일하시다가 그곳에서 앉아서 돌아가신 것이다. 무더운 여름에 젊은 사람도 참기 어려운데 나이 드신 분들은 더욱 신경을 쓰셔야 된다.

['사자의 서'에서 사후 제1일에는 평화의 신들의 방문이 시작된다고 한다.
사자는 그의 업 때문에 중음의 상태로서 49일간을 방황하지 않으면 안 된다. 처음. 이 7일간 그에게 밀어 닥치는 환각을 극복하기 위하여 노력하지 않으면 안 되는 매일의 시련과 위험이 있다.

그가 죽어서 재탄생에로 여행하고 있는 도중이라는 사실을 알아차리기 시작하는 것은 死後 3~4일째부터이다. 서서히 사자에게 자신의 업에 따라 온갖 현상이 나타나는데 먼저 악한 자나 선한 자나 할 것 없이 생명의 본성의 빛이 나타나는데 녹색의 빛이 나타난다.

이 구원의 녹색빛은 투명하고 부시다. 이 빛은 사자를 관통하게 된다. 동시에 天界로부터 희미한 白光이 비친다. 나쁜 業力 때문에 法界의 눈부신 녹색광명은 사자에게 두려움을 주게 된다.

물론 선업을 지은 자는 이 빛을 환희로운 마음으로 받아들이게 되어 평안을 취한다. 반대로 악업이 두터우면 구렁텅이로 이끄는 희미한 백색광명을 보고 마음이 死後세계 두 번째 단계에서, 업으로 형성된 공포의 환각작용으로 원초의 빛이 인식되지 않더라도 제2의 중음, 원초의 빛이 인식되어 해탈을 얻을 수 있다.

그러나 여기에서도 아직 해탈을 얻지 못할 때에는 제3의 중음이 나타난다. 중음이 3단계에서는 업이 만들어 내는 환각이 보이기 시작한다. 이무렵 사자는 자기 앞에 음식상이 차려져 있고 자기가 누웠던 자리가 말끔히 치워져 있음을 보게 된다.

거기 그의 친척과 벗들이 우는 모습을 보게 된다. 그는 그 모습을 보며 그들이 그를 부르는 소리를 듣는다. 그러나 그들은 그가 그들을 부르는 소리를 듣지 못한다. 이때부터 그 사자는 두려움에 떨기 시작한다. 그때 소리, 빛, 방사선의 모든 것을 경험한다. 이 세 가지는 그에게 있어서 공포와 극심한 피로를 불러 온다.

사자여!!
죽음이라고 부르는 것이 오고 있다. 너는 이제 이 세상으로부터 떠나가려 하고 있다. 그러나 너 한 사람만이 이 세상을 떠나가는 것이 아니다. 죽음은 모든 사람에게 온다. 이 세상 삶에 매달리지 말라. 애착을 끊어라.

그대가 아무리 이 세상에 더 머무르려 하여도 너는 이 세상에 머물 힘이 없다. 이 세상에 미련이 있느냐!! 이 세상을 떠나가는 것이 그토록 두려운가!! 그 어떤 광경이 죽음의 세계에서 나타난다 할지라도 그것은 허상이요, 자신의 의식의 표출이라고 인식하라!!

사자여!!
너의 몸과 마음이 나누어지는 이때 너는 신기루가 나타나듯 예민하게 발광하는 듯한 두려운 빛을 경험할 것이다. 두려워 말아라. 그것은 너 자신의 참된 생명의 발광이다. 발광(發光)의 중심으로부터 몇 천의 우레소리가 일제히 울린다. 그것은 너 자신의 참된 소리이다. 사자는 이것을 꼭 경험하게 된다.]

'사자의 서'을 그대로 옮겼다. 죽음은 새로운 시작이다. 다시 한번 음미하시길
"인자(仁慈)하면 뜻에 혼란이 없나니 자비가 제일가는 행이라네. 중생들을 불쌍히 여기면 그 복은 한량없으리라."

― 〈法句經〉

꿈은 이루어진다

무사부등삼보전無事不登三寶前이라는 말은 '일 없이 삼보전에는 오르지 않는다'라는 말이다.

소식이 없던 사람이 불현듯 와서 이런저런 이야기를 한다. 어떻게 왔냐고 물어도 그냥 왔다고 대답을 하고는 좀 뜸을 들였다가 본론의 이야기를 꺼낼 때 '無事不登三寶前이지'라고 한다.

네가 일없이 왔을 리 없지! 그렇다. 세상에는 그냥이라는 말은 없는 것 같다. 어떠한 일을 하더라도 목적하는 바가 분명하게 있고 因果의 법칙은 예부터 변하지 않기 때문이다.

미국 부시 대통령의 영부인 부시 여사가 어느 대학 졸업식장에서 축사를 하는데
"이 자리에 앉아 계신 여러분 중에는 훗날 나처럼 백악관으로 가서 대통령의 배우자가 될 사람도 있을 것입니다." 그리고는 "그 남학생에게 행운을 빕니다."라고 말하자 졸업식장은 순식간에 엄청난 폭소와 박수갈채로 뒤덮였다.

우리는 누구나 희망이 있다. 목표가 있다. 목표를 달성하는 사람도 있고 혹은 기대에 못 미치는 사람도 있다. 그렇지만 각자가 이 세상을 열심히 살아간다.

사자는 새끼에게 먹이를 직접 주지 않고 사냥하는 법만 알려 준다고 한다. 단순한 사람은 돈을 찬양하고 운이 없다는 자들은 돈을 경멸하며 현명한 사람은 돈을 이용한다.

그렇게 되도록 교육하고 깨우치게 하는 스승이 가족이다. family 가족은 'father and mother I love you'의 앞머리 글자를 조합한 뜻이라 한다.

누군가 말했다. '지금 자면 꿈만 꾸지만 일어나 있다면 꿈은 이루어지고 있는 중이다.'

"선과 악은 제 갚음 받는 법, 자신이 닦은 선악의 과보는 사라지지 않는다. 전날에 그 사람이 무엇을 했는가는 지금 받는 과보로써 알 수 있느니라."

― 〈증일아함경〉

선하게 살아야지

음력으로 7월 7일은 七夕이고 7월 15일은 白衆이다. 칠석은 부모가 자식을 위하여 치성을 드리는 것이고 백중은 자식이 부모를 위하여 조상을 천도하는 날이다.

불교에서는 戒가 많이 있지만 그중 첫째가 불살생이다. 살생을 하지 말라는 계목이다.

이 대목은 부처님 당시 많은 老비구들이 수행을 하려고 하여도 몸이 아프고 정신이 쇠약해져 도저히 불과를 얻지 못할 것 같아. 어느 젊은 비구에게 부탁을 한다. '젊은이, 나를 죽여주게.' '그런 일은 하지 못하겠습니다.'

'부처님께서는 보시 덕목을 강조하셨는데 어째서 나를 죽여주지 못하는가? 나는 지금 성불을 하지 못하겠으니 죽어서 다른 몸을 받아 태어나서는 공부를 열심히 하여 성불을 하려고 하는 것이네.

나는 내 스스로 목숨을 끊는다고 하는 것이 어려운 상태이니 젊은이가 보시하는 마음으로 나의 몸을 해탈시켜 주기를 부탁하네.' 이러한 말을 들은 젊은 수행자는 노인이 하는 말이 진실한 말로 들렸다.

원효스님이 말씀하신 것처럼 파거불행破車不行 노인불수老人不修(깨진 수레는 갈 수 없고, 노인은 닦을 수 없다.) 노인의 몸으로 불과를 얻을 수 없으니 지금 죽어서 다시 몸을 받아 수행을 하면 좋다는 생각을 하고는 그 노인을 죽여주었다.

그 광경을 본 노인들은 서로 죽여달라고 하여 삽시간에 십여 명의 노수행자老修行者를 요새 말로 안락사安樂死시킨 것이고 그 말씀을 들으신 부처님께서는 '살인하지 말라'고 하셨다.

그러나 우리 어머니는 자식을 위해서라면 살생하지 말라는 사실도 잊어버리고 자식이 아프면 자식을 위하여 몸에 좋다고 하는 동물을 손수 잡아서 자손에게 먹이는 것이다.

우러러 생각해 보아도 우리 부모는 자식을 위하여 지옥 가는 것을 마다하지 않으시고 고통받아 허덕이는 우리에게 손을 선뜻 내어주시는 것이니 우리는 그들의 숭고한 정신에서 지옥에 가는 사람이 되지 말고, 스스로 지옥에 들어가서 고통받고 허덕이는 모든 중생들에게 한점 빛이 되어야 하는 당위성이 여기에 있는 것이니 부모님의 숭고한 정신을 이어받아야 하는 것이다.

선한 일은 서둘러 행하고, 악한 일에서는 마음을 멀리하라. 선한 일을 하는데 게으르면 그의 마음은 악을 즐긴다.

―〈법구경〉

집착하지 말아야지

　창문 밖으로 비가 내린다. 투명한 렉산지붕이기 때문에 후드득 거리는 빗소리가 너무 좋다. 한참을 듣고 있어도 지루하지 않다. 많은 생각들이 창문을 통해 들려온다.

　이 세상은 지금 초스피드 시대이다. 택시도 총알처럼 달려 나간다. 기업도 발 빠르게 대처해야 망하지 않고 돈을 벌수 있다.

　여름밤에 캠프파이어를 하면 불나방들이 날아와서 그 속으로 뛰어 들어가 자기 몸을 불태운다. 자기 죽는 줄 모르고!! 달리지 않으면 괜히 불안하고 손해를 보는 것 같아서 끊임없이 움직인다.

　정치인 사업가 모든 분야의 사람들이 바쁘게 뛰어다니지만 내면의 휴식을 모른다. 잘못된 것을 정상으로 생각한다.

　서장이라는 책에 외식제연外息諸緣하고 내심무천內心無喘하야 심여장벽心如墻壁이라사 가이입도可以入道라 했는데 이 뜻은 밖으로는 모든 인연을 쉬고 안으로 헐떡거리는 마음이 없고 내 마음이 장벽과 같아야 가히 도에 들어간다. 하였는데 지금의 사람들은 그림의 떡이다. 입으로만 할 수 있고 몸은 잊어 먹었다. 점점 망가져 가는 것은 무엇인가 잘못되면 나보다는 남의 탓을 먼저하고 툭하면 조상 탓으로 돌리는 버릇 때문이 아니겠는가?

마조스님이 젊어서 좌선에 열중하고 있을 때였다. 스승 회양선사가 그에게 다가와 물었다. "무엇하려고 좌선하느냐?" 마조가 대답했다. '부처가 되려고 합니다.' 그러자 선사가 갑자기 벽돌하나를 집어 가지고 와서 돌에다 갈기 시작했다.

마조가 물었다. '무엇하려고 그러십니까?' 선사가 대답했다. '거울을 만들려고' 마조가 픽 웃으며 말했다. '벽돌을 간다고 거울이 됩니까?' 선사가 물었다. '그러면 좌선만 한다고 부처가 된단 말이냐?'

마조가 문득 정신이 아득해지는 걸 느끼며 물었다. '그럼 어떻게 해야 합니까?' 선사는 또 다시 되물었다. '소가 수레를 끌고 가는데 수레가 움직이지 않으면 수레에 채찍질을 해야 할까, 소에게 해야 할까?' 마조가 대답을 못하자 선사는 친절하게도 일러 주었다.

'선이란 앉거나 눕는 것만이 아니고 부처란 꼭 앉아 있는 것만이 아니다. 앉아 있는 불상처럼 그저 앉아 있기만 하면 그것은 부처를 죽이는 짓이다. 앉아 있는 모양에만 집착하면 진리에 이르지 못하는 거야.'

外息諸緣 內心無喘 心如墻壁 可以入道

천국이 어디 있나 검색해 봐요

　실상實相은 리언離言이고, 진리眞理는 비동非動이다. 실제의 상은 말로 있는 것이 아니다.

　아무리 말을 잘해도 어떤 사물에 대한 표현을 한다는 것은 어려운 것 같다. 진리라는 것도 이 사람 말 따라 변하고, 저 사람 말 따라 변하는 것은 아닐 것이다. 누가 나를 추켜세운다고 해서 마냥 내가 잘하는 것처럼 우쭐댈 것도 없고 나를 비방하고 헐뜯는다고 해서 화를 낼 일도 못 된다.

　그건 모두가 동전의 한쪽 면만을 보고 성급하게 그 대목을 말해 버린 것 같기 때문이다. 난 어떻게 살고 있는가? 이것이 문제의 초점인 것 같다. 그러므로 우리는 지혜의 눈을 떠야한다. 정견은 지혜를 통해서만 가능할 것 같다.

　그러나 이 세상은 이심전심 **以心傳心**(마음으로 마음을 전하는) 세계가 아니다, 사랑하는 사람들이야 눈빛만 보고도 그대가 무엇을 말하려고 하며, 무슨 생각을 하고 있는지 알지만, 그 외에는 말을 해주어야 만이 그의 사상을 알 수 있는 것이다.(음성교체)

어제 청주 낭성을 가서 知人 어르신을 뵙고 이야기를 하는 중에 아드님이 외교쪽 일을 하여서 여러 나라를 돌아다니는데 이번에는 아프리카로 발령을 받아 내심으로는 후진국에 가니까 물가도 인건비도 모두 쌀 줄 알고 내심 "돈을 모으겠구나." 생각을 했다는데 그게 아니라면서 말씀하시는데

첫째가 치안이 불안하고 전염병이 많고(의료기관도 형편이 없다고 한다) 또 도둑이 많아서 살기가 불편하다고 하는데 그중에서 먹거리가 부족하다는 말을 들었다.

고도가 2500m 쯤에서 생활하니 숨쉬기도 불편하고 인건비는 싸지만 모든 물건을 수입해서 쓰다 보니 물가는 비싸고 어쩌다 입에 맞는 음식을 먹고자 식당에 가면 4식구 기준으로 한 끼 식사대가 약 이십 만 원이 나와 돈을 모으기가 어렵다는 말을 들었다. 후진국이라고 해서 모두 살기가 편하지만은 않은 것 같다.

세상은 요지경이라고 하더니 지금 우리가 살고 있는 이세상이 천국이 아닌가? 사랑하는 사람도 마음대로 만나고 먹고 싶은 음식도 눈만 돌리고 컴퓨터로 맛집만 검색하면 음식 잘하는 식당이 줄줄이 나온다. 그중에서 마음 맞는 사람만나 얼굴을 보며 대화하는 것이 최고의 행복 같아서 기분이 좋다. 마음 맞는 사람들아 마음 변치 말고 행복하게 사시게나!

잘 길들인 말처럼, 모든 감각이 잔잔하고, 교만이나 번뇌를 끊어 버린 사람은 신들조차 부러워한다.　　　　　－〈법구경〉

아! 어머니의 은혜

인삼의 고장으로 유명한 금산에 계신 최태호 교수의 초대로 우리는 한달음에 달려갔다. 눈에 스쳐가는 풍광들은 한결같이 새롭다.

들뜨고 즐거운 마음으로 도착한 집은 산기슭에 아담하게 지은 언덕 위에 하얀집! 우리는 맛난 점심 식사를 반가운 얼굴이 양념이 되고 꽃피는 대화가 반찬이 되어 시간 가는 줄도 모르고 심취해 있다.

금산은 유진산을 배출했다. 제2공화국과 박정희 정권의 야권 인사라고 하면 유진산을 빼놓을 수 없다. 그의 정치 이야기를 하려고 하는 것이 아니라 유진산의 어머니께서 아들에게 맛나는 음식을 해 주실 때마다 '아들아! 悅口之湯을 먹거라' 하셨다는데 열구는 입을 즐겁게 해주는 음식이란 뜻이다.

아! 어머니! 미운 일곱 살이라던가? 어찌나 개구쟁이 노릇을 했던지 아침에 입고 나간 옷은 진흙으로 얼룩져 있고, 청개구리를 닮았었나. 東으로 가라고 하면 西로 가고 하지 말라고 하신 것은 꼭 하고야 마는 그런 시절이 있었다.

어린 날 어느 장마철에 웅덩이에서 물을 막아 놓고 종이배를 띄우고 도랑에 고무신을 띄우며 놀다가 고무신을 잃어버리고 맨발로 집에 들어와 눈치를 보던 생각이 난다. 그러면 어머니는 아버지 모르게 옷을 벗겨서 새 옷으로 갈아입히시고 싫어하는 기색도 보이지 않으시며 그 옷을 세탁하시는 모습이 눈에 선하다.

지금처럼 세탁기가 있지 않았던 시절, 장마철에 옷이 빨리 마를 리는 없는 것이고 옷이 빨리 마르라고 방에 군불을 지피어 방바닥에다 그 옷들을 널려 놓으시고 말리시던 모습들…… 우리들에게는 사랑이 무엇인지를 가르쳐 주시는 것이다. 똥 걸레 오줌걸레를 마다하지 않으시고 세탁하여 주신 은혜가 여기에 있다. 어머니라고 하는 이름이 신앙이 되었다.

허공에 지나가는 바람을 그물로 가두고, 흐르는 물을 그물에 가둘 수 있어도 어머니 은혜를 어떻게 갚으리.

남을 때리는 일은 자신을 때리는 일이랍니다

청주시내에서 포교당을 운영하고 계신 비구니 스님께서 청주 외각 산속으로 법당을 이전하셨다고 연락이 와서 주소를 찍고 찾아갔다.

산길을 오르는 길은 위에서 차가 한 대 내려오면 비켜줄 곳도 없는 열악한 도로다. 도로 정리를 안 해 놓아서 그런지 승용차 밑바닥이 돌과 파인 홈으로 인하여 심하게 부딪친다. 한참을 오르다 보니 차가 못 올라가게 쇠사슬로 막아놓았다.

황당하여 주지스님께 전화하니 승용차는 못 올라오니 아래에 주차하고 걸어서 오라는 것이다. 왔던 길을 30m쯤 후진하여 가는데 도로는 좁고 자동차 밑바닥은 긁히는 소리가 계속 나고……, 짜증이 나려고 하지만 땀을 뻘뻘 흘리고 주차에 성공하고는 비가 오는 산길을 우산을 쓰고 걸어서 올라가는데 마침 밑에서 산길을 잘 올라가는 사륜구동차를 만나서 쇠사슬을 열고 사찰로 들어갔다.

주지 스님께 불편함을 이야기했더니 산길을 쓰는 댓가로 년 150만 원을 달라고 하는데 깎아서 100만 원을 주었다고 한다. 조건이 주지 스님의 차만 올라가라는 것이고 신도들의 차는 못 올라간다고 떼를 쓴다는 것이다.

그런데 길을 막은 일흔 살 된 아저씨의 아드님이 청주에서 교회를 운영하는 목사님이라고 하는 것이다. 참으로 아이러니한 일이다. 이럴 수가! 길을 쓰는 조건으로 돈까지 받은 분이 어떻게 길을 막고, 그것도 성직자의 아버지가!! 말문이 막힌다. 세상이 이렇게 살아야 하는 것인가?

문득 세월호 사건이 머리를 친다. 어떤 경찰관이 세월호 사건 전에 국가상황 정보 공유시스템인 한국형 911시스템을 소방방재청과 경찰청에 각각 제안하여 올렸고 이번 총기 난사 사건과 임병장 검거 과정에서 문제가 되었듯이 우군간 지휘체계 및 彼我구분의 문제를 통합방위 훈련결과 문제점을 발견하여 경찰청을 통하여 건의하였지만 훌륭한 계획이 받아드려지지 않고 사장되는 현실 속에서 어떠한 문제가 해결이 되겠는가?

힘없고 빽 없는 비구니 스님을 우격다짐으로 막무가내로 몰아붙이고 좋은 계획이 사장되어 미연에 방지할 수 있는 사건 사고들이 이제는 더 이상 일어나지 않았으면 하는 바람으로 기도를 올린다.

"남을 때리는 일은 자신을 때리는 일이다. 원수와 원수는 서로 만나니 남을 비방하는 일은 바로 스스로를 비방하는 일이요, 남에게 성내는 일은 자신에게 성내는 일이다."

-〈법집요송경〉

어디로 갈까?

월계관을 쓰신 스님을 보셨습니까? 마라톤을 잘해서 우승하여 쓰신 것이 아니고 월계수 나무아래에서 우연히 둥그렇게 말아서 머리에 쓰셨는데 파르스름한 머리 위에 월계수 잎의 관이 잘 어울린다는 생각을 했다.

천안 부근 사찰에서 소모임을 하고 난 뒤 맛있는 점심 공양을 했는데 무 장아찌와 간장으로 양념한 갓김치의 향기가 글을 쓰는 지금도 입안에 맴돈다.

오후 3시 기차로 서울에서 20년 간 불협화음 없이 승려들이 책도 연구하고 후배 스님들께 귀감이 될 만한 불사를 이룩하고자 하는 모임인 종단사간행회에 가서 반가운 도반의 모습을 보고 행복을 느낀다. 매 순간이 행복이다. 모임 자체가 거룩한 행사이다. 많은 것을 희생하시는 스님들의 행보는 분명히 시사하는 바가 있으리라.

萬法歸一 一歸何處란 화두가 있다. '만 가지 법이 하나로 돌아가는데 한 가지는 어디로 돌아가는가?'란 話頭다. 어디로 갈까? 어

디로 갈까? 우리들은 지금 어디로 가고 있는가?

玉不琢이면 不成器요 人不學이면 不知道니라. 아무리 좋은 옥이라 하더라도 쪼아서 노력을 해야지 그릇을 만들 수 있고 사람도 배우지 않으면 도리를 알지 못한다는 뜻이다.

이 말은 禮記 學記篇의 경전을 취문에서 인용한 글이다. 아무리 좋은 기회가 도래하더라도 그것을 수용할 자세가 되어 있는 것! 그것이 세상을 사는 훌륭한 법이다.

보라! 태양이 서산으로 넘어갈 때의 모습을! 황혼이라는 것! 지는 해가 더 이글거리고 뜨겁다고 하지 않는가?

중생이 미혹하여 차별상을 나타낼 뿐 참마음은 이 세상에 꽉 차 있다. 물을 둥근 그릇에 담으면 둥글고 네모진 그릇에 담으면 네모지게 변하지만, 물은 본래 둥글거나 네모나지 않다. 항상 그대로 있다.

밤새 그린 세계지도

태풍 너구리가 지나갔는가? 어제 저녁에는 꽤 많은 비가 내렸었는데 지금은 참새 때들의 합창소리가 요란하게 들려온다. 비가 내리면 예전에는 빨래 말리는 것이 고통스러웠다.

지금은 세월이 좋아져서인지 모든 아이들이 영악한 것을 피부로 느낄 수 있는 시절이지만 2~30년 전만 하더라도 영악한 아이보다는 어눌한 아이들이 더 많았다고 나는 생각한다.

그 시절의 아이들은 십여 살까지 잠자리에 오줌을 싸서 세계지도를 그려 놓고 아침이 되면 영락없이 머리에 '키'를 뒤집어쓰고 옆집 할머니 댁이나 아주머니 댁으로 소금을 얻으러 가면 소금을 주시고는 돌아가는 아이 뒤에서 고래고래 소리를 지르며 회초리 같은 것으로 키를 두들기던 할머니 모습을 생각하고 웃음을 띨 사람들이 꽤 많을 것이라고 생각드는데, 현재에 사는 아이들에게 이런 말을 하면 배꼽을 잡고 웃을 일이다.

그 시절에 '요'나 '이불'이 그리 흔하지 않았고 경제적으로 풍요한 시절이 아니었기 때문에 아침 햇살이 좋을 때면 집집마다 빨랫줄에는 세계지도로 얼룩진 '요'가 즐비하게 걸려 있었음을 우리는 알고 있다.

그러면 전날 저녁의 어머니는 어떻게 잠을 주무셨을까? 오줌을 싸서 축축하여진 그 자리는 당신이 누우시고 당신이 누웠던 마른 자리에는 사랑으로 가득한 당신의 자손을 눕혀 그 자손이 잠이 든 모습을 바라보는 것으로서 하루의 피로를 푸는 것이었다. 그 모습이 한편의 풍경화 같다. 너무나 아름다운 추억!

"뿌리가 깊은 나무는 아무리 센 바람에도 움직이지 아니하므로, 꽃이 좋고 열매도 많으니.
샘이 깊은 물은 가뭄에도 끊이지 않고 솟아나므로, 내가 되어서 바다에 이르니."

― 〈용비어천가〉 중에서

두 갠디유

충청도 사람들이 말이 느리다고 항간에 말들이 많다 어떤 유명인사는 충청도를 멍청도라고 공식석상에서 말을 하여 세간에서 주목받고 사과문까지 내는 해프닝이 벌어지기까지 하였다.

아버지와 아들이 산에서 나무를 했다든가…… 그때 높은 곳에서 돌이 굴러 내려오는 것을 아들이 발견하고는 아버지에게 '아버지 돌 굴러와유.' 하는 말이 떨어지기도 전에 그 돌이 아버지를 덮쳤다나? 그때 아버지가 '말을 좀 빨리 했으면 내가 다치지 않았잖아, 앞으로는 말을 좀 빨리해라.' 하였다고 한다.

또 어떤 때 전술前述한 대로의 상황이 벌어지고 산 위에서 돌이 떨어지자 아들은 재빨리 말하였다. '아버지 돌 굴러와요.' 아버지도 재빨리 돌을 피했다. 그리곤 득의만만하여 아들을 쳐다보려는 순간 또 하나의 돌이 아버지를 덮쳤다. 그때 옆에서 소리가 들려온다. '두 갠디!'

'두 갠디!' 우리는 이러한 상황을 자주 만나게 되어 있다.

계빈국의 국사는 옷이 허름하여 초청받은 장소에서 그곳에 들어가지 못하고 문 앞에서 문지기한테 거절당하고는 비단옷을 입고 갔더니 겨우 들어가서 자리에 앉을 수 있었는데 그곳에서 비단옷을 식탁 위에다 올려놓고 기름진 음식을 옷 위에다 수북이 쌓았더니 사람들이 놀래서 물어보았다.

'대사는 어찌하여 음식을 옷에 먹이십니까?'
'예, 내가 허름한 옷을 입고 이곳에 들어오려니까 문지기가 못 들어가게 합디다. 그래서 비단옷으로 갈아입고 들어오니까 이번에는 공손히 인사까지 하며 안내를 받았으니 사람이 초대되지 않고 옷이 초대를 받았으니 오늘 음식은 마땅히 이 비단옷의 차지가 아닙니까?'
우리의 기준은 어떠한 곳에 있는 것인지……

我先助人 人必助我 我若非人 人必非我
내가 먼 저 다른 이를 돕는다면
사람들이 반드시 나를 도울 것이고
내가 만약 사람들을 비방한다면
사람들은 반드시 나를 비방한다.

궤변

궤변이란 무엇인가? 진실을 밝히기 위해서가 아니라 딴 목적을 위해 비논리적인 것을 논리적인 것으로 꾸며대는 논법을 말한다. 예를 들면 "늙어 가는 사람은 젊은 사람들이다. 따라서 늙은 사람은 젊은 사람이다." "a는 사람이다. 그런데 b는 a가 아니다. 따라서 b는 사람이 아니다."

유명한 법률가가 굉장한 제자를 받아드렸다. 제자를 받아드린 조건은 그 제자가 대성하게 되면(스승의 경지를 뛰어넘으면) 그때에 많은 돈을 받기로 하고…… 스승은 온갖 정열을 다하여 제자를 가르쳤고, 제자도 스승의 은혜에 보답하는 뜻으로 열심히 공부하였다.

몇 년이 지나자 제자의 공부가 스승을 뛰어넘을 것 같은 경지에 이르러 스승은 한없이 기뻐하였다. 자기의 학문을 받아들여 대성(꽃 피워줄)케 하는 제자의 모습이 얼마나 보기 좋을 것이며, 제자도 스승의 은혜에 한없이 감격하였으니 말이다.

제자는 스승에게 말하였다. "스승님, 제가 스승님을 상대로 재판을 걸겠습니다." "왜.", "왜냐하면, 제가 스승님께 공부할 적에 스승님께서 말씀하시기를 학문이 완성되면 많은 돈을 받겠다 하시지 않으셨습니까?" "그랬지." "그런데 저는 스승님께 돈을 드리지 않겠습니다. 왜냐하면 재판을 해서 이기면 이겼으니까 돈을 안 드려도 되고 설령 지더라도 제가 스승님보다 학문이 떨어져서 진 것이니까 자연히 돈을 드리지 않아도 되지 않겠습니까?"

이 말을 들은 스승이 잠깐 생각하다가 말문을 열었다. "나도 재판할 것이다. 왜냐하면 내가 재판에서 이긴다면 이겼으니까 당연히 돈을 받을 것이고, 만약에 진다하여도 돈을 받을 수 있는 것이 너의 학문이 나보다 높아졌기 때문이다."

헷갈리는가? 어떤 사람에게 돈을 빌린 사람이 돈 갚기를 거절하면서
"돈을 빌렸을 때의 나는 지금의 내가 아니오, 나는 딴 사람으로 변했소."라고 말하자, 돈을 빌려준 사람(채권자)이 돈을 빌린 사람(채무자)을 반만 살 정도로 흠씬 두들겨 팼다.

그러자 채무자가 고발하여 법정에 선 채권자가 하는 말이 "때리던 나와 지금의 나는 다른 사람이요." 이렇게 궤변이란 고위로 행하는 허위적인 논법인 것이다. 오늘도 태양이 불끈 솟아올랐다. 많은 사람들이 희망을 먹고 사랑을 토로한다. 사랑을 말이다.

고(苦)

　인생을 잘 살 수 있는 방법을 특허로 내면 돈을 많이 벌 수 있을 텐데 왜? 아직까지 특허출원을 하지 못했을까?

　떠도는 이야기로는 페르시아 왕이 정치 경제 문화 사회의 모든 분야의 학자를 초빙하여 국민이 잘 살 수 있는 책을 저술하라고 명령했다. 모든 학자들은 고심 고심한 끝에 몇 년의 세월이 흐른 후 수십 권의 책을 완성하여 왕에게 가져갔다.

　왕은 많은 책을 보며 한탄하였다. "이렇게 많은 분량의 책을 어찌 국민들이 다 볼 수가 있겠느냐? 간단하게 써오거라." 하여서 다시 학자들이 머리를 짜내서 한 권의 책을 지어 올렸더니 그것도 많은 분량이라고 더 줄이라고 한다. 그때에 나온 말이 "이 세상엔 공짜가 없다." 또는 "고苦" 등이었다는 것이다.

　원인이 있으면 결과가 있는 법이다. 우리들은 이러한 문제로 얼마나 많이 골머리를 썩이는가? 종교적으로 사람들이 구분되는 중요한 점은, 예배를 드리는 사람이냐, 예배를 드리지 않는 사람이냐가 아니라, 사랑하는 사람이냐, 사랑하지 않는 사람이냐에 달렸다.

법화경 보문품에 "무량백천만억 중생이 어려움을 당해서 일심으로 관세음보살을 부른다면 관세음보살은 그 음성을 알아듣고 그 고뇌에서 풀려나게 하리라. 관세음보살의 명호를 마음에 간직하고 있는 자는 불에 들어가도 타지 않고 바다에서 태풍을 만나더라도 난파당하지 않고 처형을 당할 경우에도 칼이 부러지고 수갑을 차더라도 수갑이 끊어지고 도둑을 만나더라도 도둑이 침범하지 못하느니라.

음욕이 많거나 탐심이 많거나 진심이 많거나 우치심이 많아도 관세음보살을 생각하거나 공양 예배하면 그 모든 미혹을 여의리라. 여러 사람이 어려움을 당했을 때 그 중의 단 한 사람이라도 관세음보살을 염하면 모든 장애가 소멸되리라. 관세음보살은 방편력으로 무한의 몸을 나누어서 중생을 제도하나니, 왕의 몸, 장자의 몸, 관리의 몸, 여인의 몸, 소녀의 몸, 장군의 몸, 등으로 관세음보살을 부르는 이 앞에 나타나리라."

관세음보살을 일심으로 찾으면 어려움을 당했을 때에는 어려움이 없어지고, 마음이 삐뚤어지면 그것이 바로잡아지고 원하는 바가 있으면 원하는 대로 성취된다는 것이다. 오늘도 아침 해가 떠오르듯이 불보살님의 서원은 멈춤이 없다.

하늘에 찔러

교도관인 지인이 있다. 웃기는 이야기를 해주었는데 20년이 지난 지금 생각이 나서 한 자 적어 본다.

모 교도소에 사기전과로 수감된 어느 빵잽이가 종교인 흉내를 하면 그 속에서도 대접을 해준다는 이야기를 듣고 스님은 전문적인 염불이 있어 어렵고 목사는 쉬운 것 같아 목사 행세를 하는데 기도도 기가 막히게 하여 모두들 목사님인 줄 알았는데 몇 달을 버티지 못하고 사기전과로 들어왔다는 것이 밝혀지고, 그 빵잽이는 빵내에 있는 동료들에게 두들겨 맞으면서 눈물 콧물을 다 흘리며 용서해 달라고 빌었다고 한다.

그 뒤부터 별명이 '눈물! 하늘에 찔러!'가 되었다. 교도소 내에서 동료들의 재판이 있으면 기도를 하면서 하늘에 찌르기 때문이다. 죄를 사해달라고, 감형으로 인도하라고…… 그 시절 모 교도소의 명물이었다고 한다.

교도소를 가는 것은 누구나 갈 수 있다. 누구는 가고 누구는 안

가고 하는 법은 없다. 죄가 드러났기 때문에 교도소에 가고 죄를 지었는데 발각되지 않아서 안가는 사람들도 있다.

우리는 누구에게도 지고 싶지 않은 사람들이다. 서로가 다들 똑똑하기 때문에 추호도 머리를 숙여 자신이 초라해 지기를 원하지 않는다. 컴퓨터에서 맹사성을 치면 청백리 맹사성의 일화가 나온다. 열아홉에 장원 급제를 하여 스무 살에 파주 군수가 된 맹사성은 자만심으로 가득차 있었다.

어느 날 무명선사를 찾아가 물었다. "이 고을을 다스리는 사람으로서 최고로 삼아야할 좌우명이 무엇이라고 생각합니까?" "그건 어렵지 않지요. 나쁜 일을 하지 말고 착한 일을 많이 하시면 됩니다." "그런 건 삼척동자도 다 아는 이치인데 먼 길을 온 내게 해줄 말이 고작 그것뿐이오?" 맹사성은 거만하게 말하며 자리에서 일어나려 했다.

선사가 녹차나 한잔하고 가라며 붙잡아 못이기는 척 자리에 앉았다. 그런데 스님은 찻물이 넘치도록 자꾸만 차를 따르는 것이 아닌가? "스님, 찻물이 넘쳐 방바닥을 적십니다." 맹사성이 소리쳤다. 하지만 스님은 태연하게 계속 따르고 있었다.

그리고는 잔뜩 화가 나있는 맹사성을 물끄러미 쳐다보며 말했다. "찻물이 넘쳐 방바닥을 적시는 것은 아는데 지식이 넘쳐 인품을 망치는 것은 어찌 모르십니까?" 맹사성은 부끄러움으로 얼굴이 붉어졌고 황급히 일어나 나가려고 했다. 그런데 나가다가 머리가 문턱에 세게 부딪히고 말았다. 스님이 빙그레 웃으며 말했다. "고개를 숙이면 부딪치는 법이 없습니다." 관세음보살!

　오늘은 한 번 하늘에 찔러볼까?

먼저 네 몸의 구억충을 제도하라

河海不擇細流하해불택세류! 큰 바다는 작은 냇물이나 강물을 마다하지 않는다. 모든 것을 포용하여 당신이 있는 곳으로 인도한다. 누구를 좋다고 포용할 것이며, 누구를 나쁘다고 배척할 것인가? 모든 사람들은 이 세상의 주인공이고 주연 배우이다. 모든 사람들은 助와 主를 함께 구비하고 있다. 모든 사람은 부처될 성품이 있고 필경에는 성불할 것이다.

자기는 이 세상의 모든 이치를 다 통달해 모르는 것이 없다고 떠벌리는 점술사가 있었다. 그는 별과 달의 움직임을 보고 인간의 운명을 예언하고 관상과 손금을 보고 행복과 불행을 점쳤다. 자기로 말하자면 이 세상의 어떤 일도 손바닥 안의 구슬 보듯 한다는 것이 이 사람의 자랑이었다. 어떤 사람들은 그의 이와 같은 허풍을 믿었다. 그러나 어떤 사람은 그의 말을 믿지 않았다.

하루는 이 점술사가 한 병든 아이를 안고 슬프게 울었다. 괴이쩍게 여긴 사람들이 왜 그러느냐고 물었다. "아, 참으로 슬프고 안타까운 일이오. 이 어린아이는 앞으로 이레뒤에 죽을 것이오. 점괘가 그렇게 나왔소.

　내가 우는 것은 이레 뒤에 죽을 이 아이가 불쌍해서요." 평소에 그의 허풍을 믿지 않던 사람이 말했다. "예끼, 여보시오. 사람의 장래는 누구도 모르는 것이오. 이레 만에 죽지 않을지도 모르는데 왜 미리 울고불고 야단이오." "모르는 소리. 해와 달이 어두워지고, 별들이 떨어지더라도 내 예언은 틀림없이 적중할 것이오." 이렇게 큰 소리를 친 점술사는 자기의 점술을 모든 사람이 믿도록 하기 위해 이레 뒤에 그 아이를 자기 손으로 죽이고 말았다.

　"저 사람은 지혜롭고 훌륭한 사람이다. 그의 말은 틀리지 않았다." 점술사의 간계에 속은 사람들은 모두 탄복을 하며 그를 믿었다. 죽인 어린아이는 점술사의 아이였는데…… 하하! 세상은 요지경이다. 누가 누구를 위해 살아가며, 나만 잘살면 남은 죽든 말든 무슨 상관이랴!

　　我身中有八萬毫아신중유팔만호
　　一一各有九億蟲일일각유구억충
　　濟彼身命受信施제피신명수신시
　　我必成道先度汝아필성도선도여
　내 몸 중에는 팔만개의 털구멍이 있는데 각 구멍마다 구억 충이 살도다
　누가 저들을 제도할 것인가? 내가 도를 통하면 먼저 내 몸의 구멍마다 구억충을 제도하리!

별꼴이 반쪽!

　오후 12시 30분쯤 청원선생, 해인보살님과 상표문의로 변리사를 찾아갔다. 이런저런 사회 돌아가는 이야기를 들었는데 머리가 안 돌아가는 자신을 발견하고는 아직 세상과 약간의 차이가 있구나 생각하니 동사섭을 못하고 말로만 떠드는 자신이 부끄럽다. 무엇인가 사회에 이바지하고 봉사도 해야 하는데 몸과 마음이 따로따로이다.

　圓覺經원각경 普眼菩薩보안보살장에 일체 모든 중생의 몸과 마음이 모두 幻환과 같아서 몸은 四大(地水化風지수화풍)에 속하고 마음은 六塵(色聲香味觸法색성향미촉법)으로 돌아가니 사대의 본체가 각기 흩어지면 무엇이 화합자가 되는가? 점차로 수행하면 일체가 모두 청정해진다.

　모든 부처님 세계가 마치 눈병난 사람이 허공에 꽃이 생긴 줄 착각하듯 말세중생이 佛道에 들기를 구하려면 수행하라고 하신 것인데, 여기에 재미있는 구절이 있다. 無邊虛空 覺所顯發이다. 무토로 보면 각자 해석하는 바가 다르다.

옛날 어떤 강사님이 이 대목에서 '무변허공無邊虛空에 각소현 발覺所顯發이다.'라고 해석하자 '신장이 나와 그 강사의 턱을 때렸다는 것이다. 어찌 무변허공에서 覺(깨달음)이 나오느냐.'라고 覺(깨달음)에서 무변허공이 나온다는 것이다. 깨달음은 광대무변하다. 광대무변에서 각이 나오는 것이 아니다.

글자를 잘못 해석하여 인생이 나락으로 떨어진 경우도 보았고, 말 한 번 잘못해서 평생 얼굴을 붉히며 서로 으르렁 거리는 광경도 본다. 자나 깨나 조심하여야 한다. 어릴 때 집 옆에 극장이 있었는데 변사가 나와서 무성영화를 말로 멋지게 표현을 하고, 어느 때는 가수들도 와서 노래를 부르는데 잊혀지지 않는 노래가 있다.

내 또래 가수인데(8~9세?) ♪별꼴이 반쪽이야~ 그것참 별꼴이야~ 개구리가 올챙이 적 생각 못하고~ 불난 집에 부채질만 하고 다닌다~♬ 제멋에 산다지만 미워죽겠네~ 그런데도 날 사랑 하신다고요~ 천만의 말씀~ 그것참 별꼴이야 별꼴이 반쪽이야~♬
들어 보셨는가? 동쪽으로 향한 나무는 동쪽으로 쓰러지는 것이다.

나는 어디에 있는가?

어제는 서울의 모 사찰에서 법회를 집전하고 오후 늦게 천안에 도착하였다. 사람을 살리고 죽이는 것이 무엇인가?(**活人劍 殺人劍**) 한 번 생각해보자.

우리가 중국집을 가거나 만두를 먹을 때면, 의례 나오는 단무지, 이것은 일본말로는 다꾸앙인데 이것은 '다꾸앙' 선사의 이름이다. '다꾸앙' 선사가 이것을 만들어 먹은데 연유하여 다꾸앙이라는 이름이 붙어 다닌다. 다꾸앙 선사에게는 유명한 일화가 있다.

어느 허름한 옷차림의 스님이 어느 마을을 지나가는데 어느 구통이에서 요란한 소리가 들려와서 스님은 호기심으로 가 보았더니 커다란 우리 속에 호랑이 한 마리가 표호하고 있었고 철망을 중심으로 많은 사람들이 모여 구경을 하고 있었다.

그때 마을 원님인 듯한 사람이 호령한다. '만일 저 호랑이를 꼼짝 못하게 다루는 사람이 있으면 큰 상을 주겠다.' 그렇지만 대중들은 누구 하나 선뜻 나서려 하지 않는다. 상은 탐이나나 목숨은 한 개이기 때문이리라.

원님은 다시 한 번 소리친다. '겁쟁이들만 있느냐. 이렇게 사람이 없단 말이냐? 상금을 두 배로 올려 주겠다!' 군중은 소요하기 시작하고 그 틈에서 한 사람이 걸어 나오는데 칼을 찬 사무라이였다. 사무라이는 일본에서는 대단히 대접받는 계급이었고, 지금도 일본 사람들은 사무라이 정신 운운한다. 그는 유유히 호랑이가 잡혀 있는 철장 속으로 들어간다.

이 호랑이는 무시무시한 호랑이고, 철장에 있는 동안에도 사람에게 시달렸기 때문에 약이 바짝 올라 있다. 그가 철장 속에 들어가자 호랑이는 으르렁거렸다. 무사는 칼을 빼들고 천천히 호랑이에게 겨누었다. 어느 순간 그 호랑이 눈에 초점이 흐려지더니 철장 구석으로 가더니 벌벌 떠는데 눈은 두려움에 젖어 있는 상태였다. 순간 구경하는 군중들은 환호를 질렀다. 그 무사는 한 마디로 영웅이었다. 부를 수 있는 찬사를 한 몸에 다 받아도 모자를 형편이다.

그때 구석 쪽에서 껄껄 웃는 소리가 들려왔다. 사람들의 눈은 그 쪽으로 쏠렸다. 그곳에는 허름한 옷을 입은 스님이 서 있는 것이 아닌가. '당신은 누군가?' '나는 다꾸앙이요' '무엇 때문에 웃었소이까?' '칼로 호랑이를 제압하는 것이 훌륭해서 그만 감탄의 웃음이 나온 것이요.'

원님이 말한다. '당신도 호랑이를 제압 할 수 있는 용기가 있소?' '한 번 해 볼까요?' 하더니 다꾸앙선사는 호랑이 우리 속으로 뛰어

들어 갔다. 사람들은 깜짝 놀랐다. 웬 미친 중이 무기도 없이 굶주린 호랑이 우리 속으로 들어갔으니 몸이 성할 리가 있겠는가. 과연 아까 무사가 들어갔을 때 꼼짝하지 못하고 벌벌 떨던 호랑이가 비호처럼 다꾸앙에게 덮쳤다.

앗! 하는 군중들의 외침 그 무사가 다꾸앙을 구하려고 뛰어 들려는 순간 이상한 일이 벌어졌다. 다꾸앙과 호랑이가 몇 년 떨어진 父子가 만난 듯, 애인을 만난 듯, 어머니가 사랑하는 자식을 만난 듯, 서로 반가움에 못 견디어 껴안고 뒹구는 것이었다. 서로 얼굴을 비비고 하는 폼이 예삿일이 아닌 것이다. 선과 악, 사랑과 미움, 행복과 불행, 주저와 축복, 가난과 풍족, 바보와 천재…… 이 모든 것들이 어디에 있는가? 나는 어디에 있는가? 내 밖에 있는가? 내 안에 있는가?

口是傷人斧요 言是割舌刀니
閉口深藏舌이면 安身處處牢니라
입은 사람을 상하게 하는 도끼요 말은 혀를 베는 칼이니, 입을 닫고 혀를 깊이 감추면 몸이 처처에 있어도 편안하느니라.
　　　　　　　　　　　　　　　　　　－〈명심보감 언어편〉

세상의 빛이 되어라

어제는 많이 바쁜 하루였다. 지인이 올리는 부처님의 공양도 중요한 행사였고 부산에서 온 지인들을 만나 구상하는 일에 대한 합의며 문제점 파악도 결코 쉬운 일이 아니다. 내일이 아니면서도 긴장되는 것은 오랫동안 머리를 맞대고 토의한 결과가 아닐까?

부처님께서 경제생활의 원칙을 세운 경이 있다. 부(富)와 이익의 창출을 위해 구체적인 방법까지 제시하셨다.

부처님이 기원정사에 계실 때의 일이다. 어느 날 한 젊은이가 찾아와 세속에 사는 사람이 돈을 벌고 재산을 관리하는 법을 물었다. "부처님, 어떻게 해야 돈을 많이 벌 수 있습니까? 또 어떻게 하면 재산을 잘 관리할 수 있습니까?" 부처님은 그에게 이렇게 가르쳐 주었다.

"우선 일을 잘하는 법을 배워야 한다. 그리고 재물을 모으게 되면 그것을 넷으로 쪼개서 관리하는 것이 좋다. 즉 한 무더기로는 먹고 사는 데 쓰고, 두 무더기로는 생업을 위해 이윤을 얻는 일에 쓰고, 나머지 한 무더기는 곤궁할 때를 대비해 저축해 두는 것이 좋다.

생업을 위해 이윤을 얻을 수 있는 일에는 여러 가지 직업이 있다. 농사를 짓거나 장사를 하거나 목축업을 하거나 세를 놓아 이익을 구하거나 건축을 하거나 물건을 만드는 것이 그것이다. 이러한 직업에 힘을 다해 열심히 일하면 돈을 모아 안락하게 살아갈 수 있으리라.

이렇게 재물을 구한다면 모든 물이 바다로 모이듯, 꿀벌이 꿀을 모으듯 재산이 불어날 것이다. 재산이 불어나면 자연히 사람도 많이 모여들 것이지만, 그렇지 못하면 사람들도 찾아오지 않을 것이다.

성공한 삶의 그늘에 사람이 모여들면 그들을 친형제처럼 거두고 받아들여야 한다. 그들에게 이익을 골고루 나누어 주면 목숨이 다한 뒤에는 천상에 태어나 즐거움을 누리게 되리라."

— 〈잡아함경〉 기능경(技能經)

부처님은 강조하셨다. 첫째는 모든 일에 전문가가 되어야 하며 둘째는 게으름을 피우지 않고 열심히 하되 도박이나 유흥에 빠지지 말며 셋째는 재산 관리를 1/4은 먹고 사는 데 사용하고, 1/4은 곤궁에 대비해 저축하고, 나머지 2/4는 생업을 위해 재투자하는 데 쓰라고 한다. 넷째는 재물이 있으면 이웃에게 봉사하라는 것이다. 봉사하는 것에 인생을 맞추고 생활하여야 한다. 세상의 빛이 되려 노력하자!

하루살이에게 내일은 없다

어제 49재를 올렸다. 젊은 청춘이 돌아가셨다. 삶의 무게가 무거워 안타깝게 자살로 인생의 막을 내렸다.

함허득통선사는
"생종하처래生從何處來 사향하처거死向何處去
생야일편부운기生也一片浮雲起
사야일편부운멸死也一片浮雲滅
부운자체본무실浮雲自體本無實
생사거래역여연生死去來亦如然
독유일물상독로獨有一物常獨露
담연불수어생사淡然不隨於生死"
생(난다는 것)은 어데서 오는 것이며 사(죽는다는 것)는 어디로 가는 것일까? 生이라는 것은 하늘에 한점 구름이 홀연히 일어났다 死라는 것은 홀연히 일어난 구름이 사라지는 것, 하늘에 떠있는 구름은 실다운 體가 없듯이 生死去來또한 그와 같다. 한 물건이 항상 드러나 있는 데 담연하여 生死을 따르지 않는다고 했다.

노무현 대통령의 유언에 이런 대목이 있다. "너무 슬퍼하지 마라. 삶과 죽음이 모두 자연의 한 조각 아니겠는가? 누구도 원망하지 마라. 운명이다."

말 잘하는 사람들이 옛날에 하루살이가 메뚜기하고 친구로 놀다가 밤이 되었다. 메뚜기가 하루살이에게 "하루살이야! 내일 만나자." "내일이 뭔데?" 하루살이는 내일을 모른다. 그러다 메뚜기와 철새가 친구가 되어 한철을 잘 놀았다. 철새도 돌아갈 때가 되어서 "메뚜기야! 내년에 만나자." "내년이 뭔데?" 메뚜기는 "내년"을 모른다. 우리 인생도 똑 같다. 모르는 것이 아는 것 보다 많다. 속눈썹을 보면 성불을 한다는데 보는 사람이 나타나지 않는다. 南無西方大敎主 無量壽 如來佛 南無阿彌陀佛!!

평등공양 차등보시

"아름다운 그녀, 듬직한 당신, 꿈이 있는 아이들, 이 모두를 있게 해주신 소중한 부모님, 우리 모두는 자연의 일부입니다." 이 말씀은 해인 원주보살님이 평소에 품고 있는 생각이다.

우리가 평등을 부르짖고 평화를 갈구하는 것은 우리 인간의 위대성이 있기 때문이다. 어제는 공주에서 교정위원을 하시는 신도님이 숙부의 기일이기에 절에서 제사를 모셨다. 그분과의 여담 속에 요즘 교도소는 밥도 좋고 반찬도 3가지 이상이 나온다고 한다. 교도관이 죄수들에게 폭언도 못한다고 한다. 이것이 알려지면 인권유린 등을 부르짖는 사람들이 나타나서 대항하기 때문에 교도관도 사표를 쓰는 일이 비일비재하다는 것이다.

학교에서는 교사가 학부형한테 학생들이 보는 자리에서 폭행을 당하는 사례도 있다고 한다. 君師父一體라는 단어는 우리들 뇌에서 사라진지 오래다. 가정에서 하는 교육은 공부뿐이 없다. 아침에 눈을 뜨면 새벽공부하고 밥 먹고 학교 갔다가 학원을 세군데 정도 돌면 밤10시가 된다는 것이다.

인성교육은 없다. 세월호 사건 이후에는 아이들이 기성세대의 이야기를 믿지 못한다고 하는 풍토가 생겼다. 움직이지 말고 가만히 있으라는 방송으로 인하여 소중한 목숨을 붙들지 못했다. 이 사회는 점점 불신으로 치달아 간다. 그러나 무조건 기성세대만 나쁘다고 밀어붙이는 것도 어패가 있다.

우리 佛家에서는 平等供養에 等差布施라는 말이 있다. 공양은 평등하게 하지만 보시는 법랍에 따라서 법주와 바라지, 또는 법사나 강사에 따라서 차이가 있는 보시를 배정한다. 평등한 보시가 없는 셈이다. 즉 차별하는 것이 평등인 것이다.

가섭존자는 가난한 집에 복을 지어준다고 가난한 집에만 탁발을 다녔는데 유마거사가 "於食平等者는 於法平等이라. 법에 평등한 사람은 걸식을 하는 데에도 평등하다." 어떻게 가난한 사람과 부잣집을 가려서 걸식하느냐? 가난한 집만 다니면서 복을 지어준다는 것은 중으로써 할 말이 아니다라고 말한다.

교도소에서 부르짖는 인권! 7명의 죄없는 이들을 무참히 죽인 살인자의 인권을 부르짖는 사람들, 살인자에게 죽임을 당한 7명의 인권은 어디로 갔는가?

소는 어디에 있는가?

사람들은 각자 눈에 안경을 쓰고 있다. 파랑, 빨강, 노랑… 각각 안경의 색에 따라 사물의 색깔이 달라진다. 노란색의 안경을 끼고 있으면 세상이 온통 노랗게 보인다. 종교인을 바라보는 시선도 그리 곱지만은 않다.

부처님이 코살라의 나라 마을로 여행 중일 때의 일이다. 어느 날 탁발을 나간 부처님은 밭가는 농부로부터 다음과 같은 질문을 받았다.

"사문이여, 우리는 손수 밭 갈고 씨 뿌리는 노동을 하고 식사를 한다. 그러니 당신도 밭 갈고 씨를 뿌려 수확을 거두어 식사를 하는 것이 옳지 않은가?" 그의 질문은 거의 힐난에 가까웠다. 어째서 일하지 않고 먹으려 하느냐는 것이었다.

이에 대해 부처님은 '농부여, 나도 밭을 갈고 씨를 뿌린다'고 대답했다. 농부는 부처님의 대답을 이해할 수 없다는 듯 다시 말했다. "거짓말하지 말라, 나는 사문들이 밭 갈고 씨 뿌리며 일하는 것을 한 번도 보지 못했다. 만약 당신이 농사를 짓는다면 씨앗은 어디에 있는가? 그대의 모습은 어디에 있으며 소는 어디에 있는가?"

부처님은 농부의 질문에 이렇게 대답했다. "마음은 나의 밭이고, 믿음은 나의 씨앗이다. 지혜는 나의 보습이며, 몸과 입과 생각으로 짓는 악업을 없애는 것은 내가 뽑는 잡초다. 이런 일을 하는 데 게으르지 않는 것이 나의 소(牛)다. 나는 이와 같이 밭 갈고 씨를 뿌려서 감로의 결실을 수확한다. 이것이 나의 농사다."
- 〈잡아함경〉 경전경(耕田經)

눈에 미움의 안경을 쓰고 바라보면 온 세상이 미움 덩어리가 될 것이고 사랑의 안경을 쓰면 온 세상이 사랑으로 덥힐 것이다. 지금 나는 어떤 색의 안경을 끼고 있는가?

인생이 모두 아름다운 것만은 아니야

부처님의 제자 중에 '아나율'이란 존자가 계셨는데 잠이 많으셨던 것 같다. 그러면서도 밤낮 잠이 부족하다고 불평을 늘어 놓으셨나 보다. 하루는 부처님께 심한 꾸지람을 들었다.

"아나율아 너는 왜 그리 잠이 많으냐! 그렇게 잠을 많이 자고도 항상 잠이 부족하다고 말하는데, 동해 바다에는 한 번 잠을 자면 천 년을 잔다는 조개가 있단다. 그 조개는 천 년 동안 잠을 자고도 일어나서 하는 말이 '파도 소리와 물고기 들이 떠드는 소리 때문에 한 잠도 못 잤다'고 투덜거린다는데 너는 그 조개보다도 못하다. 왜냐하면 그 조개는 천 년 동안 잠을 자더라도 주위를 방해하지 않고 잠을 자지만 너는 잠을 자면서도 수행하는 사람들을 방해하니 그래서 되겠느냐?" 하시는 꾸지람을 들은 아나율 존자는 잠을 자지 않겠다고 스스로 다짐을 하여 7일 밤낮을 한 순간도 눈을 감지 않고 있다가 고기 눈이 멀어 버렸다. 그렇지만은 마음눈이 활짝 열렸다고 한다.

잠은 오욕 중에 하나를 차지할 정도로 비중이 크다. 어떻게 아느냐 하면 어린아이를 보면 금방 알 수 있다. 어린아이들은 집착이 보통 많은 것이 아니다. 낯선 사람만 보더라도 자기 눈에 익지 않고 냄새가 이상하다고 울어 버린다. 우리는 이것을 낯가린다고 하여 웃어넘긴다.

　이렇게 집착하는 마음이 강한 어린아이들은 소유욕 또한 강하여 자기의 장난감뿐만 아니라 자기 손에 들어 온 모든 물건은 남이 가져가는 것을 싫어한다. 예를 들면 자기가 누운 똥도 어느새 자기 입으로 들어가는 경우가 많은 것을 볼 수 있다. 그러나 이렇게 집착이 많은 아이들이라 할지라도 잠만 들면 무엇이든지 놓아 버린다. 사랑하는 아빠, 엄마, 수많은 장난감들도…… 잠 이라고 하는 것은 이런 위력이 있다. 오죽 하면 고문을 하는 종류 중에 잠을 자지 못하게 하는 고문이 있다고 하지 않는가.

　옛사람들은 잠을 일러서 수마睡魔라고 하지 않았던가. 거역하지 못하는 것처럼 누구에게서도 발견하는 평범한 사실이다. 우리들은 이렇게 살아가고 있다. 알고 있는가? 사랑이 없는 사람은 캄캄한 미로 속을 헤매는 가냘픈 중생인 것을…… 미로 속에서도 모함하고 시기하며 자신만이 평화를 구현할 수 있다는 자아도취 속에서 충실한 인생을 영위한다고 믿으면서 살고 있으며, 대부분 소박한 인생들이 사랑하는 감정을 느끼고 있기에 그나마 미로 속에서 한 점 빛이 되고 있는 것이 아닐까?

　우리 모두는 사랑하기 때문에 살아가고 있는 힘을 얻어서 고통 속에서도 좌절하지 않고 불굴의 힘을 부추기면서 운명을 극복하는 힘을 내고 있는 것이 아니냐? 사랑이라고 하는 것이 그런 것이거늘 두려움 속에서 떨고 있는 것은 무엇이란 말인가? 모든 것이 아름다운 것만은 아니다. 책임과 고통이 따르는 법이 아니겠는가? 힘을 내자!

리더란?

항상 運이 좋을 수는 없다. 운이 좋을 때는 순풍에 돛을 달듯 순조롭게 풀리는 시기가 있고, 노력을 해도 매사가 꼬이는 시기가 있다. 운이 따를 때는 벌이는 장사마다 전부 돈이 된다. 음식 맛이 부족해도 사람들이 줄을 서서 먹는 경우도 있다. 하는 일마다 대박을 터트리는 일이 우리 주변에서 많이 본다. 시기 반 부러움 반으로 그 사람을 쳐다보고 생각하는 사람들이 의외로 많다. 일이 잘 풀리는 사람들은 적극적인 대처로 기회를 놓쳐서는 안 된다.

리더는 직원들을 잡아 끌어주고 뒤에서는 열심히 밀어주는 것이 운을 잡는 방법이다. 그러나 退運에는 한 번 더 신중히 생각하고 일을 미루는 것이 좋은 방법 같다. 아무 생각도 안 나고 답답할 때는 잠을 푹 자는 것이 해결책이 되는 경우가 있기 때문이다.

인천 송도에 국내 최고층 호텔 오크우드 프리미어 인천이 그랜드 오픈을 앞두고 고사를 하였다. 여의도 63빌딩보다 2층이 높은 65층이다. 엘리베이터를 타고 올라가는데 1분이 안 걸렸다. 올라가면서도 왜 그렇게 귀가 먹먹한지! 65층에서 바라보는 송도! 미국

뉴욕같은 도시를 만든다고 계획을 세웠다고 한다. 오크우드 회장님과 임직원들이 호텔의 성공을 기원했다.

리더는 앞에서 이끌어주는 사람이다. 리더가 이끌지를 못하면 오크우드호는 절망에 빠질 수도 있다. 그러나 힘찬 선장을 만나면 항해하는 임직원들과 오랫동안 같이 호흡하고 잡은 손을 놓지 않고 오랫동안 함께하시기를 축원했다.

어떠한 일이든지 할 만큼 해야 이루어진다. 부족하기 때문에 안 이루어지는 것이다. 안 이루어지는 것을 툭하면 조상 탓하고 남 탓을 하기 보다 더 열심히 매진하여 이루어지도록 해야 한다.

동정을 베풀다 거기에 얽매이면 본래의 뜻을 잃게 된다.
친절에는 이같은 두려움이 있으니 무소의 뿔처럼 혼자서 가라.
— 〈숫타니파타〉

사랑이 최고여

〈영혼을 위한 닭고기 수프〉 중에서

어느 사회학과 교수가 볼티모어의 유명한 빈민가에 사는 청소년 2백 명의 생활환경을 조사했는데 평가서의 내용은 모두 동일했다. "이 아이에겐 전혀 미래가 없다. 아무런 기회도 주어지지 않기 때문이다." 그로부터 25년 뒤, 또 다른 사회학과 교수가 우연히 이 연구 조사를 접하게 되었고 그 2백 명의 청소년들이 25년이 지난 현재 어떤 삶을 살고 있는지 추적 조사하라는 과제를 내었다. 조사 결과 사망을 하거나 이사 간 20명을 제외하고는 나머지 180명 중에서 176명이 대단히 성공적인 인생을 살아가고 있었다.

교수는 그들에게 물어 보았다. "당신이 성공할 수 있었던 가장 큰 이유가 무엇입니까?"

대답은 모두 한결같았다. "여선생님 한 분이 계셨지요."

교수는 수소문 끝에 그 여교사를 찾아가서 물었다. 도대체 어떤 기적적인 교육 방법으로 빈민가의 청소년들을 이처럼 성공적인 인생으로 이끌었는가?

"그것은 정말 간단한 일이었지요. 난 그 아이들을 사랑했답니다."
―에릭 버터워드

사랑이라고 하는 것은 정말로 위대한 승리자라고 말할 수가 있다. 아무리 어려운 고난이 있더라도, 사랑의 힘은 그것을 이겨내게 하기 때문이다.

조지장식鳥之將息에 필택기림必擇其林이요, 인지구학人之求學에 내선사우乃選師友니라.
새가 잠을 잘 때는 그 수풀을 가리고 사람이 배울 때는 스승과 친구를 가린다.
君師父一體!!

스~

스님과 목사의 이야기

어린아이들이 싸움을 하는 과정 가운데 스님과 목사에 대한 이야기가 많이 있다. 왜 스님은 스님이라고 님자를 붙이고 목사는 왜 님자를 안 붙이느냐? 목사님인데…… 스님도 두 글자 스님! 목사도 두 글자 목사! 똑같이 두 글자로 부르니까 스님과 목사다. 어떻게 하지?

그러니까 스님이라고 부르는 어린이가 하는 소리가 그러면 너는 스님이라 부르지 말고 '스~'라고 부르라고 했다. 스~ ㅋㅋㅋ 따라 해 보시라. 스~ 스~ 스~.

까비르의 시 중에 "하아프의 소리 들려온다. 손도 없이 발도 없이 춤이 시작된다. 손가락이 없이 하아프를 켠다. 귀 없이 그 소리를 듣는다. 그는 귀다. 동시에 그는 듣는 자이다. 문은 굳게 닫혔다. 그러나 그 속에 향기가 있다. 이 만남은 누구도 엿볼 수 없다. 그러나 지혜 있는 이는 이를 이해할 것이다."

이것은 무저선無底船이다. 배가 바다를 나감에 배의 바닥이 없다. 구멍이 없는 피리소리를 들어보았는가? 구멍이 없으면서도 피리소리가 들려온다. 아무도 없는 곳에서 목소리가 들려온다. 깊은 소리! 소리… 모기 나르는 소리가 심하다, 윙!~

"조그만 그 몸뚱이 남의 피로 배불리고, 얼마나 탐했는지 무거워 못 나르네. 여보게 모기님! 피 빨기를 그만두소. 그러다 붙잡히면 그 목숨 부지 못하리."

탄타로스의 갈증인가?
무릎까지 차는 강물에서 움직이지 못하는데, 코앞에 먹음직스러운 과일이 주렁주렁 달려있으니 먹고 싶음 때문에 더 타는 갈증이여!

나룻배와 행인

세상은 온통 구원파 교주인 유병언의 죽음에 집중되고 있다. 진짜로 죽었는지 가짜로 죽었는지 아무리 죽었다고 해도 사람들은 믿지를 않는다. 한용운 스님의 '나룻배와 행인'을 실어본다.

나는 나룻배
당신은 행인行人.
당신은 흙발로 나를 짓밟습니다.
나는 당신을 안고 물을 건너갑니다.
나는 당신을 안으면 깊으나 얕으나 급한 여울이나 건너갑니다.
만일 당신이 아니 오시면
나는 바람을 쐬고 눈비를 맞으며 밤에서 낮까지
당신을 기다리고 있습니다.
당신은 물만 건너면 나를 돌아보지도 않고 가십니다 그려.
그러나 당신이 언제든지 오실 줄만은 알아요.
나는 당신을 기다리면서 날마다 날마다 낡아 갑니다.
나는 나룻배
당신은 행인.

우리 인생은 배와 같아서 어느 때는 귀한 인연도 만나고 싫은 인연도 만나는 것 같다. 인생이란 배를 어느 곳으로 저어가야 하는가? 가난에서 부자의 세계로 갈 수 있고 예토에서 정토로 갈 수 있다. 나룻배인 나는 세속의 중생을 구제해야 한다.

금강경에 汝等比丘 知我說法 如筏喻者 法尙應捨 何況非法 '그대들 비구들은 나의 설법을 뗏목의 비유같이 알라' 하였으니, 옳은 법도 오히려 응당 버려야 하거늘 어찌 하물며 옳지 않은 법을 버리지 않겠는가?

배는 목적지에 갈 때까지 필요하지 목적지에 도착하면 쓸모가 없다. 물을 건너 갈 때는 꼭 필요한 도구지만 물만 건너면 버려야 한다. 많은 스님들이 부처님의 설법을 달을 가리키는 손가락에 비유했다. 손가락에 의지하여 달을 보지만 달을 보면 달을 가리키는 손가락을 버려야 한다. 배나 손가락은 한갓 수단에 불과하다. 올바른 신심으로 무장하자!

살아있는 자는 반드시 죽는다

 태풍이 오려고 하는지 밤에는 바람이 많이 불었다. 창문이 흔들거리고 춤을 춘다. 하기야 지구가 팽팽 돌아가는 소리는 들리지 않는다. 오직 현실적으로 위협적인 바람이 부는 것이다.

 백유경에 재미있는 비유가 있다. 배를 타고 바다를 건너 무역을 하는 장사꾼들이 길잡이를 고용해서 바다로 나갔는데 갑자기 파도가 높이 일고 배가 심하게 요동치자 바다의 신에게 산 사람을 제물로 바치자고 합의하는데 다들 친구 사이인데 누구를 죽일수가 없어서 길잡이를 제물로 바쳤다. 노련한 길잡이를 제물로 바쳤기 때문에 파도치는 험난한 뱃길을 인도해 줄 사람이 없었다. 그들은 결국 이리저리 방황하다가 뱃길을 잃고 바다 한가운데서 굶어 죽고 말았다.

 보조스님의 초심에
 如人이 夜行에 罪人이 執炬當路어던 若以人惡故로
 不受光明하면 墮坑落塹去矣라
 하시니 어떤 사람이 밤에 길을 가는데 죄를 지은 사람이 횃불을 들고 갈 때 그 장면을 내가 만났는데 내가 죄인을 싫어해서 광명을 받지 않으면 구덩이에 떨어지고 구덩이에 빠져버린다고 하시었다. 어떤 경우든지 캄캄한 밤에 배는 등대를 의지하고, 칠흙같은 밤에 길을 갈때에는 햇불을 의지해야 한다. 우리 인생에서 길을 인도하시는 분이 누구신가? 南無 三界導師 四生慈父 是我本師 釋迦牟尼佛!

숫타니파타는

사람은 얼마나 사는지 아무도 모른다, 고뇌로 엉켜있다. 태어난 것은 죽음을 피할 길이 없다. 살아있는 자는 반드시 죽음을 기약하고 있다.

사법과 정법

부처님 당시에 선성비구는 아난존자가 출가하기 전까지는 20년 동안 부처님을 시봉했는데 친구를 잘못 사귀어서 부처님을 비방하다 몸에 불이 나가지고 산채로 지옥에 떨어졌다. 道를 이루면 생사를 해탈하게 되고 도를 이루지 못하면 생사에 昧하게 된다.

"所謂巳飮水하면 成毒하고 牛飮水하면 成乳인달하야 智學은 成菩提하고 愚學은 成生死라 호미 是也니라." 이른바 뱀이 물을 마시면 독이 되고 소가 물을 마시면 우유를 이루는 것처럼 지혜로운 배움은 보리를 이루고 어리석은 배움은 생사를 이룬다 함이 이것을 말한다.

이글은 〈종경록〉에서 인용한 글이다.
똑같은 물인데 뱀이 물을 마시면 그물이 독이 되고 소가 물을 마시면 그물이 우유가 된다.
뱀은 사법을 가리키고 소는 正法을 가리킨다. 어리석은 배움은 나고 죽음을 이루고 지혜로운 배움은 보리를 이룬다. 도를 이룬다는 것은 해탈을 말하고 생사를 이룬다는 말은 윤회를 말하는 것이다.

우리 사회에서 사람을 잘못 쓰면 큰 화를 불러일으키고 사람을 잘 쓰면 국민에게 큰 행복을 선사하듯이 어떠한 조직에서도 사람이 가장 큰 문제인 것이다. 지혜 있는 사람을 어떻게 만드는가? 부모의 책임이 크다. 부모는 항상 바른 생각으로 무장하고 사회에 봉사하는 모습을 자식들에게 보이며, 어려운 일이 닥쳐도 포기하지 않는 불굴의 정신을 가져야 한다. 뜻이 있는 사람이 포기하지 않고 일을 하면 반드시 성공을 할 것이다.

"총명과 예지가 뛰어나더라도 어리석음으로 지켜야 하고, 공로가 천하를 덮더라도 겸양하는 마음으로 지켜야 한다. 용기와 힘이 있더라도 두려운 마음으로 지켜야 하며, 부유함이 사해를 차지했더라도 겸손함으로 지켜야 한다."

― 〈공자〉

지혜가 제일이라네

앙굴리말라는 처음부터 살인자가 아니었다. 이름은 아힘사였다. 아힘사란 불해(不害) 즉 남을 해치지 않는다는 뜻이다. 그는 한 외도 바라문의 제자였는데 어느 날 스승의 아내가 유혹을 해왔다. 그가 이를 거절하자 스승의 아내는 일부러 옷을 찢고 남편에게 찾아가 아힘사가 자신을 능욕하려 하였다고 하였다.

외도 남편은 그를 벌주고자 했으나 젊은 아힘사를 힘으로는 당할 방법이 없었다. 외도 바라문은 꾀를 냈다. "이 칼로 백 명의 사람을 죽여서 손가락으로 목걸이를 만들어 목에 걸고 다녀라, 그러면 너는 수행을 완성하고 해탈을 얻게 되리라." 그는 스승의 꼬임에 빠져 사람을 해치기 시작했다.

사람들은 두려워서 벌벌 떨며 그를 앙굴리말라 라고 불렀다. 앙굴리는 손가락, 말라는 목걸이란 뜻으로 이는 그가 사람을 죽여 손가락목걸이를 만든 데서 붙인 이름이다. 이렇게 99명을 죽인 앙굴리말라는 마지막 한 명을 더 채우기 위해 자기 어머니를 살해하려고 했다.

그때 부처님이 그 자리에 나타나자 어머니 대신 부처님에게 칼을 들이댔다. "멈춰라. 거기서라!" "나는 언제나 멈춰 있는데 네가 멈추지 않는구나." "너는 걸어가면서 쫓아가는 나보고 멈추지 않는다니 무슨 헛소리냐?" "나는 일체중생을 해칠 생각을 멈췄는데, 너는 사람을 죽임으로써 나쁜 업을 멈추지 않는구나. 나는 벌레까지도 칼이나 막대기로 해치지 않는데, 너는 언제나 핍박하고 두렵게 하는 짓을 멈추지 않는구나." 이 말을 들은 앙굴리말라는 문득 잘못을 깨닫고 칼을 버렸다. 그리고 부처님의 발아래 엎드려 참회하고 출가하기를 원했다. 부처님은 그를 가엾이 여겨 기꺼이 출가를 허락했다. 그는 열심히 정진하여 거룩한 아라한이 되었다. 어느 날 그는 자신의 심경을 게송으로 읊었다.

코끼리를 다루려면 쇠갈퀴를 쓰지만 하늘이나 사람을 길들이려면 칼이나 막대기를 쓰지 않나니. 칼을 갈 때는 숫돌을 쓰고 화살을 바루려면 불을 쓰고 재목을 다룰 때는 도끼를 쓰고 자기를 다룰 때는 지혜로 하네. 사람들 속에서 방탕하게 놀다가도 이내 스스로 마음을 거둬 잡으면 그는 곧 세간을 밝게 비추기를 구름 걷히고 나온 날같이 하리.

—〈잡아함 38권〉 적경(賊經)

화가 승하면 쇠가 녹는다

어제는 中伏이라 견공들이 수난을 당하였을 것으로 본다. 너도 나도 천렵을 한다고 계곡을 찾아다니고 시간이 없는 분들은 시내의 ○○탕 집을 찾아가 보약을 드신다고 줄을 섰으니 견공들은 얼마나 황당하고 분통이 터지겠는가?

伏이라고 하는 것은 무엇일까? 초복은 하지가 지난 뒤 첫째 경일이고 중복은 하지가 지난 뒤 4번째 경일, 말복은 입추가 지난 뒤 첫 번째 경일이다. 여름이 지나면 가을이 오는 것이고 가을이 오는 조건들이 하나 둘씩 나타나는 것인데 그것이 음기가 일어나려고 꿈틀대는 것인데 뜨거운 태양아래 (陽氣) 음기가 일어나지 못하고 엎드려 있는 것이다. 또한 火가 극성하여 쇠를 녹이는 것이니 불의 계절이 4, 5, 6월 巳午未월이고 가을의 계절이 7, 8, 9월 申酉戌월이다. 항상 초복 중복 말복은 庚날에 이루어진다. 경은 金 즉 쇠다. 이글거리는 불꽃이 쇠를 녹이는 것이다.

신유 술월은 金월인데 술은 개이면서 금을 포함하고 있다. 여름이면 식욕부진에 만성피로가 몰려들어 익모초즙을 내어서 마시기도 하여 기력을 회복하고 입맛을 돌아오게 하였다. 그런데 옛날에는 소나 돼지는 집안에 큰 재산이기 때문에 잡는 것이 용이하지 않았고 보통 집에서 기르던 개나 닭을 희생하는 것이 보통이었다.

火가 성하면 쇠가 녹는 법이다. 쇠인 신유술 중에 신은 원숭이. 유는 닭. 술은 개이니. 닭과 개가 삼복의 가장 큰 복덩이로 자리 잡았고 별다른 대책이 없다. 그래서 庚날을 복날로 잡고 이때에 허약해진 몸을 보충한 것이 아닐까? 우리가 견공들을 가족과 같이 사랑하는 사람이 많은데 혹시? 입으로 사랑하는 것은 아닐까?

이것을 시비하려는 것이 아니다. 시비선악에 얽매인 우리의 의식은 집착 때문에 이루어진 춘몽인 것이다. 但莫憎愛하면 洞然明白이라 미움과 사랑! 이 두 가지 선택하는 마음만 없으면 도라고 하는 것은 뚜렷하고 명백하다.

어떻게 살아야 하는가

보카치오작 데카메론에서 차페렐로는 아주 나쁜 위조문서 전문가로 사람의 빚을 받아내 달라는 청부를 받지만, 그는 고리대금업자가 경영하는 여관에서 병들어 죽게 된다. 그는 죽기 직전 가장 덕망있는 수도사에게 거짓 고해를 하고 죽는데 그 때문에 그 지역 사람들은 그를 성인으로 숭배하였다.

악인이 거짓으로 고해성사를 함으로 해서 성인으로 추앙받는다? 불교에서는 건탄타라는 인물이 있다. 그도 고리대금업에 각가지 나쁜 짓이란 나쁜 짓은 다하고 다니는 악인이다. 그가 죽어서 무간지옥에 떨어졌다. 무간지옥이라는 것은 고통이 끊이지 않고 계속되므로 무간지옥이라고 하는 것이다. 그러나 언제 부터인가 악인인 건탄타 머리위로 가느다란 동아줄이 내려왔는데 건탄타가 그 줄을 잡는 순간 고통이 없어졌다. 건탄타도 놀라고 무간지옥의 중생들도 놀랬다. 고통이 없어지다니…… 순간 지옥에 있는 중생들이 건탄타 머리위의 밧줄을 잡으려고 아우성이다. 그때 건탄타가 소리쳤다. "이놈들아! 이 줄은 내 줄이다. 너희들은 잡을 수 없다. 빨리 놓아라! 놓아!!!" 소리치고 발버둥 치며 중생들이 잡은 손을 물고 때리고 하지만 중생들은 그 줄을 놓칠 리가 없다. 고통이 쉬는데 왜 놓겠는가? 많은 중생들 때문에 가느다란 밧줄은 버티지 못하고 끊어지고 만다. 그러면 그때부터 무간지옥의 고통이 다시 시작된다.

이러한 인연은 어찌 된 영문인가? 건탄타가 인간 세상에 있었을 때 어느 날 외출차비를 하고 대문 밖을 나서는데 자기 발밑에 거미가 한 마리 있었다. 건탄타는 동정심이 일어나서 그런 것이 아니라 자기도 모르는 사이에 어이쿠! 하며 펄쩍 뛰었고 그 거미는 목숨을 구했다. 그러나 건탄타는 이러한 사실을 모르고 좋은 일을 한 것이었다. 어이쿠! 하며 거미를 살린 공덕으로 거미는 자기 똥구멍에서 실을 뽑아 기회가 있을 적마다 건탄타 머리위로 거미줄을 내려주는 것이다. 우리가 인생을 어떻게 살아가야 하는지를 여실하게 보여주는 대목이다. 거짓말로 고해를 하여 성인으로 추앙을 받는 경우도 있겠지만 내가 한 일은 남이 한 일이 아니라 내가 한 일이기 때문이다.

－〈因果不昧〉

결국은 마음의 문제

정신병원에 가 보았는가? 쇠창틀로 이루어져 있는 병실! 외부와는 철저하게 격리되어 있음을 보았다.
병실에 있는 환자들이 탈출을 시도해서
쇠창틀을 만든 줄 알았는데 그것이 아니라
외부사람이 들어와서 자신을 해코지할까 두려워서 보호를 받는 사람이 많다는 것이다.

감빵의 쇠창틀과 정신병원의 쇠창틀! 모든 것이 똑같은 창틀인데 한쪽은 도망갈까 두려워서
만든 것이고 한쪽은 해코지 할까 두려워서 만든 것이라고 할까? 약간 의문이 간다.

십주심론에서 '지옥은 어디에 있는가? 누구든지 스스로의 마음 가운데를 보라'라고 했는데, 우리의 마음은 어떻게 변하는 것인가?

레오나르도 다빈치가 최후의 만찬을 완성하기까지에는 수년의 시간이 걸렸다고 하는데 그 이유는 예수(가장 성스러운 얼굴)와 유

다(가장 악한 얼굴―예수를 팔아먹은 사람이기에)의 얼굴을 그리려는데 마땅한 모델이 없었기 때문이라고 한다.

그러다가 어느 날 우연히 길을 가다가 성스러운 얼굴을 만나게 되고 그에게 예수의 모델이 되어 달라고 간곡한 부탁을 하고 그 부탁이 받아드려져 예수의 얼굴을 완성하고는 악인의 얼굴을 찾아 나서는데 악인의 얼굴이 만만치가 않아서 또 몇 년이 흘러가는데 어느 사람의 충고가 '죄를 많이 지은 사람들이 모이는 곳이 감옥이니 그곳에 한 번 가서 모델을 찾아보라'는 말을 들은 레오나르도 다빈치는 감옥을 찾아가서 꿈에도 그린 악인의 얼굴을 발견하고는 그에게 유다의 모델이 되어 달라고 부탁을 했다.

그 악인이 눈물을 펑펑 흘리자 모델을 취소했었다고 한다. 그런데 그 악인이 하는 말이 '화가께서는 나를 몰라보시겠습니까?' '모르겠소.' '그러면 내가 왜 우는지도 모르시겠군요.' '그렇습니다.' '제가 몇 년 전에 예수의 모델을 했던 사람입니다. 그런데 이제는 내가 유다의 모델이 된다고 하니 이렇게 변한 내 모습이 한심해서 나도 모르게 눈물이 쏟아져 나온 것입니다. 제가 유다의 모델도 되어 드리겠습니다.' 하여서 최후의 만찬에 예수와 유다의 얼굴이 한 사람이라는 것이니, '스티븐슨'의 지킬박사와 하이드처럼 두 얼굴의 사람은 우리 모두의 문제인 것이다. 어떻게 마음을 쓸 것인가?

모든 사람은 행복할 권리가 있다

해인의 뜰에서는 해마다 연잎차를 덖는다.
연 농사가 어떻게 되었나. 궁금하여 연밭에 가 보았다.
넓게 펼쳐진 논에 연잎이 수군거리며 피어있다.
연잎밭 사이로 청둥오리들이 유유히
헤엄치며 여유를 부린다.

연잎은 물에 젖지 않는다.
處染常淨이다.
혼탁한 세상에 있으면서도 항상 청초하다.
우리들은 그렇지를 못하다.
조금만 싫은 소리를 들어도
눈을 흘기고 아귀처럼 싸우려고 한다.

선가구감에 "이치는 단번에 깨달을 수 있어도, 버릇은 한꺼번에 고칠 수 없다."라는 말이 있다. 말로는 다 깨달았는데 행동은 전혀 되지 않는 사람이 부지기수다. 남과 싸움을 하는 것을 좋아할 사람이 어디에 있는가? 그렇지만 싸움을 하게 되는 것이다. 관성의 법칙처럼….

우스갯소리,

뚱뚱한 수녀와 날씬한 수녀가 신부님을 마중하기 위하여 공항에 나갔다. 신부님을 차에 태우는데 공교롭게 신부님이 가운데에 타게 되었다. 오른쪽에는 뚱뚱한 수녀가 있고 왼쪽에는 날씬한 수녀가 있는데 차가 커브를 틀면서 몸이 못생긴 수녀 쪽으로 기울면 신부님이 기도를 한다. "주여! 시험에 들지 않게 하소서!" 잘생긴 수녀 쪽으로 기울면 또 기도를 한다. "주여! 주 뜻대로 하소서!" 이것은 픽션이다. 우리들은 무엇이 옳고 그른지 잘 판단을 못하는 것 같다. 그것이 눈으로 안 보이는 것이라면 더욱 그렇다.

백유경에 어떤 사람이 이웃집에서 볶은 깨를 얻어먹고는
볶은 깨가 맛있는 것을 알았다. 그래서 다음 봄에 수고를 덜기 위해서 밭에다가 볶은 깨를
뿌렸다. 맛있는 볶은 깨가 열리기를 바라면서…

우리는 눈을 떠야한다. 우리는 행복해야 한다. 인생은 즐기는 사람의 몫이고 행복도 행복을 추구하는 사람의 몫이다. 모든 사람은 행복해야 되기 때문이다.

견우와 직녀

　7월 7일 칠석은 은하수를 사이에 두고 동서로 떨어져 있던 견우와 직녀가 일 년에 한 번 만나는 날이다. 세상의 모든 까마귀와 까치들은 이 둘이 만날 수 있도록 하늘에서 오작교烏鵲橋라는 다리를 놓아준다고 한다. 오늘 저녁 비가 오면 견우와 직녀가 만나서 흘리는 기쁨의 눈물이고 다음날 새벽에 비가 오면 이별의 슬픈 눈물이라고 전해지고 있다.

　하늘나라 목동인 견우는 옥황상제의 손녀인 직녀를 만나 사랑을 나눈다. 너무나 사랑을 했지만 결혼 후에는 게으름만 피웠다고 하여 옥황상제의 노여움을 받고 견우와 직녀는 은하수 동쪽과 서쪽으로 떨어져 일 년에 한 번 만나는 벌을 받게 되었다고 한다. 그리고 까치와 까마귀는 견우와 직녀를 돕기 위하여 오작교를 놓는 것이다. 그래서 칠석날에는 까치와 까마귀를 볼 수가 없다고 한다. 한 번 찾아보시라! 오작교를 놓으려 날아갔는지?

　한 시간이 모여서 하루를 만들고 하루가 모여서 한 달을 만들고 한 달이 모여서 일 년을 만들어 낸다. 일 년, 일 년이 모여지면 잠깐 사이에 죽음의 문에 이른다.

　출요경에 如少水魚니 斯有何樂이라 했다. 줄어드는 물의 고기와 같으니 여기에 무슨 즐거움이 있겠는가? 조그만 못에 세 마리 물고기가 물이 마르면 죽으니까 바다로 가기로 했다. 한 마리는 배로 껑충 뛰어서 바다로 가고 한 마리는 다른 물건에 붙어서 바다로 가고 세 번째 물고기는 기운이 빠져서 결국 바다로 못가고 물이 말라 죽었다. 是日己過하면 命亦隨減이라. 시일이 지나간 만큼 목숨 또한 줄어든다.

　　서산대사 답설踏雪
　　踏雪野中去 눈을 밟으며 들판을 걸을 때면
　　不須胡亂行 걸음걸이를 어지럽게 하지마라
　　今日我行跡 오늘 내가 남겨 놓은 이 발자취는
　　遂作後人程 뒷사람들의 이정표가 되리니

대통으로 하늘을 보면

　어제 저녁에 비가 내린 것으로 보아 견우와 직녀가 만나 행복했나 보다. 기쁨의 눈물을 펑펑 흘렸으니 말이다. 견우와 직녀를 보면서 사람이 게으르면 안 되겠다고 생각한다. 죽어서 갈라지는 것이 아닌 살아서 갈라지는 그 고통이 얼마나 심할까? 있을 때 잘해야 하는데 없으면 더 생각이 난다.

　건강은 건강할 때 지키는 것이 가장 훌륭한 생각이라고 하는데 그러고 보니 사람에게는 보배가 두 가지가 있다고 한다. 첫째는 몸이 건강한것이고, 둘째는 마음이 즐거운 것이다. 몸이 건강하고 마음이 즐거우면 더 이상 바랄 것이 무엇이 있겠는가? 물을 둥근 그릇에 담으면 둥글게 보이고 네모난 그릇에 담으면 네모나게 보이지만 실제로는 물이 둥글거나 네모나지를 않다. 형태가 없다. 인연에 따라서 격류가 되기도 하고 시냇물이 되기도 하고 사람들을 공포에 떨게 하는 무시무시한 해일이 되기도 하고 사람을 살리는 오아시스가 되기도 한다.

　우리의 현실은 어떠한가? 水不離波波是水~ 물이라고 하는 것에서 파도가 나오는 것이다. 물이 곧 파도요. 파도가 곧 물이다. 바위에 파도가 부딪쳐 포말이 일더라도 그것 또한 물인 것이다. 금이 있으면 금을 가지고 반지도 만들고 목걸이, 팔지, 귀걸이 등등 많은 패물을 만들듯이 금으로 만든 패물의 본질은 금이다.

인생의 본질은 무엇일까? 사람의 육체는 地水火風으로 이루어져 있다. 地는 사람을 이루고 있는 뼈, 근육, 살, 손톱, 발톱 등 단단한 물질로서 우리가 죽으면 흙으로 돌아가는 것이며, 水는 사람 몸속에 흐르고 있는 피, 땀, 눈물, 콧물, 대·소변인데 우리가 죽으면 물로 돌아가고, 火는 따뜻한 기운으로서 살아있는 사람에게 느껴지는 온기! 우리가 죽으면 불로 돌아가는 것이며 風은 움직이는 기운으로 우리가 간다면 바람으로 돌아가리…… 지수화풍이 흩어지면 나는 어디에 있는가?

"세상의 모든 것은 다 나타난 인연이 있다. 햇빛은 해의 인연, 어둠은 구름의 인연, 통하는 것은 틈의 인연을 가지고 있다. 그러나 이러한 모양을 보는 이 참마음의 성품은 아무런 인연이 없다. 밝고 어두운 것, 통하는 것과 막힌 것은 각자 차별이 있지만 참마음은 차별이 없다. 차별 있는 것은 대상경계이거니와 보는 성품은 차별이 없다.

비유하면, 모난 그릇 속에서 모난 허공을 보는 것과 같나니 모난 그릇 속에서 보는 모난 허공은 결정적으로 모난 허공이 아니다. 똑같은 허공을 둥근 그릇에서는 둥글게 볼 것이기 때문이다. 그릇이 모나고 둥글지언정 허공은 모나지도 둥글지도 않다."

―〈능엄경〉

무엇이 중생을 살리는가?

　땅을 확인하며 걷는 부처님의 걸음과 거위의 걸음은 비슷하다고 한다. 또, 부처님의 손과 발에 그려진 윤상(輪相)도 거위와 비슷하다. 그래서 거위는 종종 부처님의 비유로 등장하는데 거위는 우유와 물을 섞어서 같은 그릇에 담으면 용하게도 우유만 마시고 물은 남긴다고 한다. 거위가 마시는 우유는 탐진치에 오염되지 않은 것을 가려내는 깨달음에 비유하고, 남기는 물은 중생심을 비유한다고 한다.

　부처와 중생! 心佛及衆生 是三無差別 마음과 부처와 중생 이 셋은 차별이 없다고 하는데… 천안의 어느 사찰에서 양봉이 한창이다. 가만히 앉아서 벌을 살펴보면 신기한 것이 하나 둘이 아니다. 질서를 지키는 것이 군대 못지않게 절도와 위계질서가 있다. 위아래가 없는 세계에 비교할 수도 없지만 의리가 있는 것 같다. 또 벌은 좋은 꽃인지 나쁜 꽃인지를 가리지 않고, 꽃 모양도 따지지 않고, 오로지 꿀만 채취할 뿐이다. 이는 세상 이치를 하나도 손상시키지 않고, 진리에 맞게, 자연 그대로 가려낸다는 뜻이다. 신기한 동물의 세계! 기특!

화엄경에 보면 아주비구의 이야기가 있다. 아주비구가 길을 가다 어느 주막에 탁발을 하러 들어갔는데 주인이 없어서 잠시 기다리고 있는데 거위가 왔다 갔다 하다가 땅에 떨어진 보석같은 것을 콕 찍어서 삼켜버렸다. 그때 주인이 나타나서 안절부절하지 못하고 무엇인가를 찾고 있는데 보석을 잃어버렸단다.

주인은 멀뚱히 서있는 아주비구를 의심하여 밤새 헛간에 묶어두었다. 다음날 아침 주인이 관가에 고발한다고 난리를 피우는데 아주비구가 거위의 똥 속을 살펴보라고 하여 주인이 거위의 변을 헤쳐 보는데 그곳에서 보석을 발견하였다.

주인이 "스님 어제 거위가 먹었다고 하면 되는데 왜 고생을 하십니까." "거위가 먹었다고 하면 당장 거위를 죽여 뱃속을 살펴보았을 것이 아닌가요?" 한마디 말을 참아서 아주비구는 거위의 목숨을 살렸다. 우리는 무엇으로 중생을 요익(饒益)케 할 것인가?

흐르는 물에 발을 담그면

변화 속에서도 통일이 유지되는 것을 헤라클레이토스는 인생과 강의 유명한 비유로 보여주었다. "사람들은 같은 강에 발을 담그지만 흐르는 물은 늘 다르다." 흐르는 물은 같은 물이 없다.

파사익왕이 부처님을 만나서 나지도 않고 죽지도 않는 길을 여쭌다. 그러자 부처님은 죽어 본 적도 없는데 왜 죽는 길을 걱정하느냐고 묻는다. 그러자 파사익왕이 "부처님! 무상하게 변천하는 몸이, 불이 스러져 재가 되듯이 점점 늙어 감을 봅니다. 스무 살 때를 젊었다고 하지마는 열 살보다는 늙었고 서른 살 때는 또 스무 살보다 늙었습니다. 지금은 예순 두 살입니다만 십 년 전은 훨씬 건강했습니다. 어찌 십 년 이십 년뿐이오리까. 실로는 해마다 늙었으며 달마다 날마다 달라졌습니다. 곰곰이 생각하면 잠깐이라도 머물러 있지 아니했사오니 이 몸이 필경에 없어질 줄 아옵니다."

파사익왕이 인생의 무상함을 이야기하자 부처님은 없어지는 몸 가운데에 없어지지 않는 성품을 보여 주겠다고 하신다. 세 살 때 보던 강과 예순 두 살 때 보던 강이 차이가 없다는 말을 이끌어 낸 부처님은 변하지 않는 것을 말씀하신다.

대왕은 늙었지만 강을 보는 정기는 늙지 않았으니 늙지 않는 것은 변치 아니할 것이며 변하는 것은 없어지지만 변하지 않는 것은 오고감이 없을 것이다. 이 몸은 죽더라도 그 보는 정기는 없어질 것이 아니거늘, 어째서 외도들이 말하는바, 죽은 뒤에는 아주 없어진다는 말을 되풀이하고 있습니까?

금강경에서는 이런 것을 過去心不可得 現在心不可得 未來心不可得이라고 썼다. 과거의 마음은 찾을 수 없고 현재의 마음도 미래의 마음도 찾을 수 없다. 과거는 지나갔고, 현재에 산다지만 현재는 바로 과거일 뿐 미래는 아직 오지 않았다. 그러므로 그대는 같은 강물에 두 번 발을 담글 수 없다. 단 한 번도 같은 강물에 발을 담글 수 없다.

중국 당나라 때 이발李勃이라는 선비는 만 권 독서를 하여 이만 권이라는 별명을 가진 자이지만 작은 겨자씨 속에 큰 수미산이 들어간다는 이치를 알 수 없었다. 어느 날 귀종사歸宗寺의 지상知常 선사를 만났을 적에 이 의심을 질문하였다. 지상선사가 묻기를 "그대가 만권의 책을 읽었다 하니 그런가?" "그러합니다." "그대가 읽은 만권의 서적은 어디에 있는가?"
"나의 마음 속에 있소." "그대의 마음은 겨자씨보다도 더 작은데 이제 만 권 서적이라는 큰 분량을 받아드리지 않았는가." 마음속에는 더 큰 것도 받아드릴 수가 있다.
아무리 넓은 것도…가슴 좁은 중생도…

집착을 버려야 해

　부부 싸움만 하면 남편의 지난 과거의 전력을 거품을 물고 이야기하는 분이 계시다. 지난 일을 말함으로써 싸움의 골은 더 깊어지고 회복될 기미가 보이지 않는다. 정작 말하자고 하는 부분은 까맣게 잊어버리고 씩씩거리면서 각자의 방으로 들어가서 잠을 잔다는 것이다.

　과거에 집착하므로 현실을 우울하게 사는 사람들이다. 또는 오지 않은 미래를 생각하므로 현실을 버리는 사람들이 있다. 사랑하는 연인사이에서 말 한마디 잘못하여 원수가 되기도 한다. 지나간 과거에 집착하고 오지 않은 미래에 집착하여 일어난 결과이다.

　대개 아는 것이 많은 사람들은 상대방이 말할 틈을 주지 않는다. 거기다가 돈 좀 있다하면 일반 스님들은 상대도 않고 큰스님만 상대하니 자연히 아는 것도 많아지고 불사를 할 때에는 큰돈을 척척 내놓아 통큰 보살! 통큰 거사! 아주 큰보살님! 아주 큰거사님!이 된다. 그러나 어렵고 딱한 사람들의 심정을 알 리가 없다.

잘하는 말로 보시할 줄도 모르고 돈을 씀도 인색하기 그지없다. 아! 보살이 보리심을 여의면 보살이 아니고, 중생을 외면한 보리심은 보리심이 아니다. 사람들이 자꾸 큰절로 모이고 큰절 주지 머리 숙이는 맛에 돈을 폼나게 쓴다고 한다. 같은 돈을 쓰는데 이왕이면 다홍치마라고 폼나게 써야지!!! 폼생폼사니 폼내는 것이 얼마나 좋을까? 나도 폼좀 내고 싶은데 복을 쌓지 못해서 폼은 못 내고 몸으로라도 때워야지 뭐 있겠는가?

귓결에 들려온 이야기에 슬그머니 화가 난다. 대형교회가 썩었다고 한다. 대형교회는 돈을 걷는 사람도 수백 명에 달하고 일부 이부 삼, 사, 오, 육부까지 법회를 하는데 돈을 얼마나 걷는지 저녁에는 은행에서 트럭을 끌고 와서 걷어간단다. 그것이 문제가 아니라 교회 목사가 썩었으니 즉 머리가 썩었으니 정치가고 모든 사회 지도층이 썩었다는데 거기다가 힘없고 빽 없는 중도 썩었다고 하는데 맥이 빠진다. "목사가 썩었으니 중도 썩었다." 참 이상한 논법이네! 이왕이면 "중이 썩었으니 목사도 썩었다."라고 해야 되는데 아직까지 중들은 이런 수준까지는 못 갔나보다. 이래저래 도매값으로 넘어가는 현실이다. 집착을 끊지 못해 생기는 비애다.

행복이란   157

인연 따라가는겨

입추에서 첫 번째 경일이 末伏인데 오늘 말복과 입추가 겹쳤다.
末伏의 伏은 사람人 변에 개견犬 字가 합쳐 엎드릴 복伏이 되었다. 사람 옆에 개가 있다? 사람과 개는 가까운 이웃 같은 모습을 취하고 있다. 사실 사람과 개는 친밀한 존재이며 애완견과 같이 생활하는 인구가 많이 늘었다.

아무튼 19세기 중엽 미국에서 골드러쉬가 일어났을 때 중년의 중국인 노동자 차우라는 사람도 조그만 청동불상을 가슴에 묻고 미국으로 청운의 꿈을 안고 들어가서 어느 광산에 취직을 했다.
광산에서 열심히 일하고 아침저녁으로 모시고간 불상에 경건히 예배를 올렸다. 일 년 동안 일을 했는데 그 광산에서 금맥이 발견되지 않아 폐광이 되었다. 차우는 헐값으로 그 광산을 인수했다. 모두들 폐광을 인수한다고 비웃었지만 차우는 동료들이 깨다만 바위를 깨뜨려 나갔다. 암반을 파들어 가기를 한 달 정도 약 1m를 팠는데 엄청난 일이 벌어졌다. 금맥이 발견된 것이다.

"나는 부처님께 부자가 되게 해달라고 기도하지 않았다. 다만 어려운 일이 있을 때마다 부처님이 위대한 진리를 깨닫기 위해 6년 동안 참기 어려운 고행을 하셨던 사실을 떠올렸다. 부처님은 인내하고 노력하는 사람만이 목적한 바를 이룰 수 있다고 가르쳤고 몸소 그것을 실천해 보였던 분이기 때문이다."

전에 광산주는 1m를 파지 않아 실패를 하였고, 그는 1m를 더 파고 금맥을 발견하였다. 행운이 그냥 있다고 생각하시는가?

〈장아함경〉 대본경에
"머리에 붙는 불을 끄고자 하면 빨리 꺼지기를 찾아야 하듯이 그 사람들도 또 그와 같이 부리나케 여래에게 나아가도다."

큰 인물이 되는 법

　박근혜 대통령이 〈명량〉이라는 영화를 관람했다고 뉴스에 나왔다. 성웅 이순신 장군이 통열하고, 체계적인 전략으로 명량에서 12척의 배로 일본전선 133척을 전멸시켰다. 바다가 운다고 하여 명량鳴梁이라고 불리는 울돌목! 전라수사로 있을 때부터 울돌목의 이런 특수한 형세를 잘 알고 있던 충무공 이순신 장군은 이곳의 지형을 지혜롭게 이용해 명량대첩에서 왜군을 맞아 압도적인 대승을 이루어 세계적으로도 그 유래를 찾아보기 힘들다고 한다.

　박근혜 대통령 이하 모든 지도자들도 이순신 장군의 지도력을 십분 이해하고 잘 연구하여 주시기를 촉구한다. 우리 사회는 지금 브레이크가 고장 난 자동차가 도로 위를 질주하는 것 같은 위험상황 같다. 욕망이라는 자동차는 마침내 파멸에 이르고서야 멈추게 되는 것이다.

　우리는 쥐 한 마리에 속아 인생을 사는 것과 같다. 곡식을 갉아 먹는 쥐를 잡기 위하여 고양이를 기르고 어린 고양이에게 젖을 먹이기 위하여 염소를 기르고, 염소가 있으니 목부가 필요하고 목부

밥을 해줘야 하니 부인이 필요하고 부인과 같이 살다보니 아들도 낳고 딸도 낳고 모든 세상이 펼쳐지는 것이다.

이런 전도된 세상이 펼쳐졌을 때 요임금과 순임금의 대화가 생각난다. 요임금이 순에게 "나는 온 천하를 따라오게 하고자 하는데, 어떻게 하면 되겠소?" 순이 "한결같은 마음을 지니고 실수가 없도록 하며, 미세한 일이라 하더라도 태만히 행하지 말며, 충성과 신의를 가지고 게을리하는 일이 없다면 천하는 스스로 따라올 것입니다." 한결같은 마음을 하늘이나 땅처럼 지니고 미세한 일을 해와 달처럼 밝게 행하면 충실함과 성의가 마음속에 가득해 그것이 밖으로까지 퍼져 온 세상에 드러나게 될 것입니다. 천하란 것이 한 모퉁이에 있는 물건입니까? 어찌 억지로 그것을 따라오도록 할 수가 있겠습니까?

기다림의 미학 강태공의 육도삼략 중 세상에서 가장 미약하고 연약한 곤충들에게까지 은혜가 미치면 성인이 돌아온다. (택급곤충澤及昆蟲 즉성인귀지則聖人歸之)라고 했다.

몸에 구속되면 보잘것없는 사람이 되고 몸소 실천하면 큰 인물이 되는 법이다.
예와 지금에 무슨 단절이 있을까? 요임금 순임금도 나와 한 무리이다.

－〈김시습〉

은인이란?

노래에도 하수, 중수, 고수가 있다고 한다. 하수가 노래를 부르면 듣는 사람들이 너무 힘들어서 자기의 에너지를 써야 들을 수 있고, 중수가 노래를 부르면 장단을 잘 맞추는구나! 노래를 제법 부르는구나! 라고 생각하며 고수가 노래를 부르면 자기도 모르게 저절로 흥이 나서 어깨춤이 절로 나고 나도 모르는 사이에 춤을 덩실덩실 추며 에너지를 충족시킨다는 것이다.

TV 연속극에 보면 청춘 남녀의 사랑을 보여주는 대목이 많은 것 같은데 대부분 삼각관계가 많이 있다. 남자가 헌신하던 여자 친구를 배신하고 돈 많은 여자에게 결혼을 함으로써 버림받은 여자가 복수극을 전개하여 나중에 자기가 사랑했던 남자를 파멸로 이끄는 장면들이 워낙 많다 보니 연속극이란 다 그런 것인가? 요즘 청춘남녀들의 생각이 이러한 곳에 까지 왔나? 라는 생각이 든다. 하수 중수 고수를 놓고 볼 때 고수는 절대 아닌 것 같다. 왠지 보기도 힘들고 생각하는 것도 힘이 드는 것 같다.

원망을 원망으로 갚는 것은 바람직한 삶이 아니다. 잡아함경에도 "남을 원망하지 말라. 남이 나를 원망하더라도 원망으로 갚지 말라"라는 말이 전반적인 경을 통하여 반복적으로 나오고 있다.

원망을 원망으로 갚지 않고 지혜롭게 살 수 있는 길을 구체적으로 말씀한 대목이 金剛經제16 能淨業障分에서 受持讀誦此經하야 若爲人輕賤이면 是人이 先世罪業으로 應墮惡道언마는 以今世人이 輕賤故로 先世罪業이 卽爲消滅하고 當得阿耨多羅三藐三菩提하리라.
어떤 사람이 이 경을 수지독송하는데 만약 남에게 업신여김을 당한다면 이 사람은 선세 죄업으로 악도에 떨어질 것인데 이 세상 사람이 천히 여기는 까닭으로 그 죄업이 소멸하고 깨달음을 얻을 것이라고 하였다.

상대방이 나를 미워하고 업신여기더라도 상대방을 미워하거나 원망할 것이 아니라 내 죄를 소멸시켜주고 깨달음으로 이끌어주는 고마운 은인으로 생각하라는 대목이다. 세상에서 나를 천하게 여기는 사람조차 나를 행복으로 이끄는 사람이라고 생각할 때 이 세상이 조금씩 움직일 것 같다.

모든 것은 스스로의 업에 따라

죽음이라고 하는 것은 무엇일까? 죽음이라고 하는 것은 모든 것이 정지되는 것이다. 천당과 지옥을 믿는가? 죽음 후에 일을 생각해보았는가?

마하트마 간디는 힌두교도였지만 힌두교도한테 저격당하여 사망했다. 평생 간디와 길을 달리 갔던 지나! 그는 이슬람교도였다. 간디의 사망 소식을 들은 지나는 외쳤다.
"이제 와서 보니 적과의 사이에서도 일종의 관계가 존재하는 걸 알겠다. 간디가 없다면 나 역시 존재하지 않는다. 간디가 힌두교도한테 저격당했다면 나도 이슬람교도한테 저격당할 수 있다." "간디가 죽었으니 기뻐해야 옳은데, 내 눈은 눈물로 가득 차 있다. 간디가 없어짐으로 해서 나는 나 자신을 상실하고 말았다. 그와의 싸움이 내 인생의 전부였다. 내 인생의 반이 끝났다. 이제 나는 불구의 인생을 살아야한다." 그는 결국 건강을 회복하지 못하고 몇 달 뒤 죽었던 것이다. 아! 자유라는 것! 내 인생을 내가 자신 있게 산다는 것!

마당 여기저기 연꽃 통에서 피어나는 연꽃들. 이름 모를 꽃들… 이제는 서서히 사라져 가고 있다. 누구 하나 눈여겨보는 이 없다. 그렇지만 꽃을 피우고 열매를 맺으며 자기의 일생을 열심히 살아가고 있다.

누가 보아주는 것이 무슨 큰 자랑이며 안 보아 준다고 무슨 흉이 되겠는가? 꽃이 있으면 벌과 나비가 날아들며 춤을 추며 서로에게 꼭 필요한 일을 無言으로 행동하는 것이다. 우리가 이 땅에서 넘어지면 할 수 없이 땅을 의지하여서 일어나야 한다. 허공을 휘저으면서 일어날 수는 없는 것이다. 모습을 보면 알 수가 있다!

〈대본경〉에
"괴로움이나 즐거움은 신이나 성현이 만드는 것이 아니다. 그렇다고 아무런 까닭 없이 생기는 것은 아니다. 모든 것은 스스로 지은 업에 따라 생긴다."

단장의 슬픔

악어가 눈물을 흘린다는 말이 있다. 악어는 잔인하고 포악한 인상을 준다. 냉정하다.

이집트 나일강에 사는 악어는 사람을 보면 잡아먹고 난 뒤에 그를 위해 눈물을 흘린다고 한다. 실제로 악어는 먹이를 먹을 때 눈물을 흘리는데 이는 슬퍼서 흘리는 것이 아니라 눈물샘의 신경과 입을 움직이는 신경이 같아서 먹이를 삼키기 좋게 수분을 보충하기 위한 것이라고 한다. 이것은 위정자에 빗대어 말하는 통속어가 되었다.

이집트 전설에 나일강에서 악어에게 아이를 뺏긴 여인이 아이를 돌려 달라 애원을 하는데 악어가 "내가 아이를 돌려주겠는가? 안돌려 주겠는가? 맞추면 돌려주겠다." 아무리 해도 정답이 나올 수가 없다. 악어의 논법은 해석이 안 되는 궤변논리이다.

우리 사회는 어수선하다. 지금 물꼬가 어디로 흘러가고 있는가? 위정자들은 정신을 차리고 국민들과 우리 아이들이 마음 놓고 살아갈 수 있는 대한민국을 만들어 주셔야 한다.

세설신어에 단장斷腸이라는 말이 나온다. **斷腸**은 창자가 끊어짐이며 창자가 끊어지는 듯한 비통한 슬픔을 나타낸다. 진나라 때 정승인 환온이 촉나라로 가던 도중 삼협을 지날 때의 일이다. 환온의 종자가 숲에 들어갔다가 원숭이 새끼 한 마리를 붙잡아 가지고 배로 돌아왔다. 그런데 어미 원숭이가 뒤를 따라와 물을 사이에 두고 강가에서 슬프게 울어댔다. 그러나 배는 그대로 떠났다. 어미 원숭이는 강기슭을 따라 배를 계속 쫓아오면서 새끼 원숭이를 보고 울부짖었다. 새끼를 돌려주자는 사람도 있고 재미가 있으니까 더 놀자라는 사람도 있었지만 너무 애타게 울부짖으니까 배를 기슭에 대자 어미 원숭이는 배로 뛰어들으나 끝내 그대로 죽고 말았다. 나중에 그 원숭이의 배를 갈라 보니 너무나도 슬퍼했던 나머지 창자가 토막토막 잘라져 있었다고 한다. 이때부터 참을 수 없는 슬픔을 "단장"이라고 하였다. 자식을 잃은 슬픔이 이 세상에서 가장 큰 슬픔이라 하겠다.

내 허물을 봐야 해

숫타니파타에서 "출생을 묻지마라, 그 행실을 물어라. 불은 실로 모든 장작으로부터 생긴다. 천한 집에 태어난 사람일지라도 성자로서 도심이 견고하고 부끄러운 마음으로 근신한다면 고귀한 사람이 된다."

산속 계곡에서 흐르는 물이 시냇물이 되어 강으로 흘러 바다로 이르는데 그곳으로 가기까지 모든 물들이 다 섞이는 것이다. 하수도로 통과하는 물도 있고 더러운 물, 깨끗한 물, 빗물 등이 모두 모여서 바다로 가는데 바다는 모든 것을 포용한다. 어디서 왔는지를 묻지 않는다.

모든 중생들이 부처님의 품안으로 들어왔을 때는 차별 없이 넓은 가슴으로 따뜻하게 맞아주신다. 그런데 우리 세상은 미묘하다. 사람 따라 각자의 마음도 다르기 때문에 상대편에서 발산하는 기운의 파동에 따라 미묘하게 변하게 된다. 상대방이 나를 싫어하는지 좋아하는지 기가 막히게 판단한다. 세상에서 배신만 당한 사람은 그 복수를 항상 머릿속에다 넣고 다닐까? 마음이 넓은 것 같은

데 의혹의 주머니를 차고 있다.

　내가 초등학교나 중학교 때 장소팔과 고춘자라는 만담꾼이 있었는데 인기가 대단했다. 서로가 인사를 계속 안녕하세요! 하면 상대가 안녕하세요! 라고 대꾸를 한다. 이렇게 대 여섯 번 하자 상대가 왜 자꾸 안녕하세요만 찾는가? 물으니 몇 년치 인사를 한꺼번에 한다는 것이다.

　그분들의 만담 중에 사람은 주머니를 두 개 가지고 있는데 앞에 주머니는 아주 작은 주머니인데 그곳은 남의 허물이 들어가 있고 뒤에 주머니는 자루가 큰 것인데 그곳에는 내 허물이 들어간다고 했다.
　남의 허물은 앞에 있으니 잘 보이고, 뒤에 차고 있는 주머니는 아무리 커도 안보이니까 자기허물은 모른다는 것이다. 남의 허물은 아주 적지만 잘 보이는 곳에 있는 까닭에 들어가는 즉시 다른 이들에게 전달이 된다.

　우리 인생이라는 것이 남의 말을 할 때는 침소봉대針小棒大하고 내말을 남에게 말할 때는 봉대침소棒大針小하는 것이다. 남의 허물은 조그만 바늘인데도 큰 몽둥이로 둔갑하고 내 허물이 몽둥이 인데 작은 바늘로 둔갑하여 은폐하려고 하는 것이 현실을 사는 우리들의 이야기다. 정신을 차리고 기도 정진을 해야 한다.
　나무관세음보살!

법은 평범한 진리

　어떤 사람이 죽어서 염라대왕 앞으로 갔다. 업경대로 비추어 보니까 비디오로 편집되어서 자막으로 나오는데 참! 굉장히 잘 살은 사람이었다. 부처님도 열심히 믿고, 봉사도 많이 하고 마음을 잘 써서 사람들의 추앙을 받고 살던 사람이었다.

　염라대왕은 기뻐서 "네가 가고 싶은 곳에 보내줄 테니 말해보거라." "저는 욕심이 없습니다. 다시 사람으로 태어나고 싶은데 가난한 것은 싫고 많은 돈도 필요 없습니다. 돈은 다른 사람에게 꾸러 가지 않을 정도면 되겠고 부인도 굉장한 미인도 필요 없고 평범하여 모나지 않고 부부가 사람들에게 봉사하는데 부족함이 없으면 됩니다. 또 세상에서 살아보니까 사람들이 갑자기 사고로 죽거나 이상한 병에 걸려서 죽는 사람들이 의외로 많았습니다. 저에게는 이러한 일이 일어나지 않았으면 좋겠고, 아이들도 특별하지 않고 자신이 하고자 하는 일을 열심히 하는 그런 인생을 살고 싶습니다." 곰곰이 생각하던 염라대왕이 말을 한다. "이 사람아! 그것은 나도 못해봤다."

누구는 해봤나? 우리는 누구나 특별한 사람이다. 평범한 사람은 이 세상에 한 사람도 없는 것이다. 누구나 특별한 자기 개성을 갖고 사랑하고, 미워하고, 생각하는 등 인생에서 성공하여 부러움의 대상으로 살고 싶어 하는 것은 인지상정이다.

그대들은 특별하지 않은가? 다 불성이 있고 필경에는 성불할 우리들이 아니던가? 생각하시라! 깊은 산속에서 고요히 수도하시는 스님을 도인이라 한다. 욕심, 욕망이 없고 화도 안 내고 그저 부처님의 법을 생각하고 중생을 요익하게 하기 위하여 바른 정진을 하시는 분들! 우리들의 공경의 대상이요, 존경의 대상이다. 그러나 사판승은 정열과 열정으로 중생을 찾아 돌아다니고 사회의 한 일원이 되어 봉사의 깃발을 드날려야 된다.

불교가 욕망과 이성을 부정하는 종교가 아니다. 불교를 믿어서 못산다고 하는 말이 나와서는 안 된다. 즐겁게 봉사하고, 행복하게 사랑하며, 생각을 같이하는 도반들과 이야기꽃을 피우면서 이웃과 사회에 해를 끼치지 않는 사람이 되도록 노력을 경주하자. 내가 없어져도 해는 떠오르듯이 우리의 희망도 끝없이 솟아오른다.

보는 이에 따라 다른 생각

일본의 북부 지방에 있는 어떤 절에 두 형제 승려가 살고 있었는데, 형은 학식이 있지만, 동생은 어리석고 눈도 애꾸눈이었다. 어느 날 탁발승이 찾아와서 묵어가기를 청하며 그 형제 승려에게 높은 가르침에 관해서 논쟁을 하자고 도전하였다.

형은 몸살기가 있어서 동생에게 자신을 대신해서 토론을 해달라고 부탁했다. "가서 말없이 대화를 청하거라." 형이 주의를 주었다. 그래서 그 동생 승려와 탁발승은 법당으로 들어가 마주 앉았다. 조금 있다가 그 탁발승이 법당에서 나와 그 형 승려에게 "스님의 동생 스님은 참 놀라운 분이군요. 그 분이 이기셨습니다." "두 분이 무슨 말씀을 나누셨는지 나에게도 좀 알려주시겠습니까?" "그러지요." "먼저 나는 한 손가락을 들었습니다. 부처님, 즉 깨달은 사람을 상징한 것이지요. 그랬더니 그 스님은 두 손가락을 드시더군요. 부처님과 그 가르침을 상징한 것입니다. 내가 세 손가락을 들었습니다. 부처님과 그 가르침. 그리고 조화로운 삶을 살아가고 있는 그의 불제자들을 상징한 것이지요. 그랬더니 그분은 내 얼굴 앞에 주먹을 쥐고 흔드셨습니다. 이 모든 세 가지가 하나의 깨달음으로부터 온다는 뜻이었습니다. 그래서 그분이 이겼고, 소승은 이곳에 있을 자격이 없습니다." 이런 말을 남기고 그 나그네 승려는 길을 떠났다.

"그놈 어디 있어?" 동생 승려가 화가 나서 그의 형에게로 달려와 말했다. "네가 논쟁에서 이겼다더구나." "이긴 것도 아니야. 내가 그놈을 때려눕힐 참이었어." "논쟁의 주제가 뭐였는데?" 형이 물었다. "그건 알아서 뭐하게, 그 친구가 보자마자 나한테 손가락 하나를 들더라고, 내가 눈이 하나밖에 없다고 나를 모욕한 거지. 그 친구가 그래도 손님이기에 정중하게 대하려고 손가락 두 개를 들었지. 그가 두 눈을 다 가지고 있다는 걸 칭찬해 준거야. 그러니까 그 예절도 모르는 놈이 손가락 세 개를 들어 올리잖아. 우리는 사람이 둘인데 눈은 세 개 밖에 없다는 거지. 그래서 너무 화가 나서 그 친구를 한방 먹이려고 하던 참인데, 그냥 뛰쳐나가더라고, 그래서 끝난 거지."
- 〈나를 찾아가는 101가지 선이야기〉 중에서

세상은 온통 자기 생각으로 산다. 그래서 슬프기도 하고, 기쁘기도 한 것 같다.
"도를 행하고 진실을 지키는 자가 가장 큰 선을 행하는 자요, 뜻이 도와 합치되는 것이 가장 위대한 것이다."
- 〈사십이장경〉

나를 용서하는 것처럼 남을 용서하자

남의 허물을 보고 우둔한 자는 욕과 비방을 늘어놓고 교만해 진다. 그러나 승리는 이를 참고 옳게 받아드리는 사람의 것이다.
 －상응부경전－

어제는 천안독립기념관에서 광복69주년 기념행사를 충남도지사와 국회의원, 천안시장 등 시민들이 많이 참석한 가운데 거행되었다. 선조들에게 감사를 드리자는 지사의 말에 동감한다. 우리는 너무 감사할 줄 모른다.

상응부경전에서 말씀한 것처럼 남의 허물과 비방이 난무하는 세상이다. 참는 일도 드문 일이 되었다.

백유경에 동네 사람들이 방안 가득히 모여 어떤 사람의 행실에 대해 얘기하고 있었다. 대체로 모아진 의견은 '그는 정직하고 부지런하며, 솔직하고 성실하다.'는 것이었다. 어느 사람이 말한다. "그런데 말이야, 그 사람은 다른 것은 다 훌륭한데 딱 두 가지 허물이 있단 말씀이야.

첫째는 화를 잘 내는 것이고, 둘째는 일을 너무 경솔하게 처리하는 것이란 말씀이지, 이 두 가지만 고치면 그 사람이야말로 우리 마을에서 가장 존경받는 인물이 될 꺼야. 안 그런가?" 얘기가 끝나갈 무렵, 같이 앉아 있던 사람이 이런 말을 하자 동네 사람들은 모두 고개를 끄덕이며 동감을 표시했다.

그런데 일이 공교롭게 되느라고 화제의 주인공이었던 사람이 문 밖을 지나다가 이 얘기를 들었다. 그는 노여움을 참지 못하고 방 안으로 들어가 그 말을 한 사람의 멱살을 움켜잡았다.

"아니, 이 사람아 왜 이러나. 흥분을 가라앉히고 조용히 말로 하게 말로 해!" "뭐라고? 내가 지금 조용히 말로 따지게 됐어? 야, 이 놈아, 내가 언제 화를 잘 내고 일을 경솔하게 처리하든? 네가 뭔데 남의 말을 함부로 입에 담는거야. 그렇게 험담을 하고도 무사할 줄 알았어? 이런 자식은 뜨거운 맛을 봐야 돼." 화가 머리끝까지 오른 그는 마구 때리기까지 했다. 동네 사람들이 그를 간신히 뜯어 말리고 말했다. "여보게, 지금 자네가 한 행동이 뭔가. 바로 화를 내고. 경솔한 행동을 한 게 아닌가. 그러고도 경솔하지 않다고 말할 수 있는가."

봉사 파장웃음이란 말이 있다. 사람들이 모여서 이야기를 하던 중에 재미있는 말이 있어서 크게 웃고들 있는데 지나가던 봉사가 들어오더니 영문도 모르고 같이 크게 웃는 것을 말하는 것이다.
나를 용서하는 것처럼 남을 용서하자! 나에게 관대한 것처럼 남에게도 관대해지자!

인생을 정리하자면

어떤 스님이 마조스님과 법 거량을 하면서 선사 앞에 네 개의 선을 그었는데 한선은 길고 세 개의 선은 짧았다. 그리고는 마조에게 "한 선은 길고 다른 세선은 짧다고 말하는 것 외에 뭐라고 말씀하시겠습니까?" 그러자 마조는 땅바닥에 한선을 더 그어 놓고 말했다. "이선이 짧다고도 길다고도 말할 수 없다. 이것이 그 답변이다."

세상 사람들의 사랑을 짧다고 말하지 말라! 믿음이 약하다고 말하지 말라! 그 사랑이 보이지 않는다고 짧은 것이 아니고 그 믿음이 미약하다고 짧은 것이 아니기 때문이다. 어떠한 인연이든 만나기만 한다면 사랑의 꽃씨에서 희망의 싹이 돋고 믿음의 꽃씨에서는 행복의 꽃을 피우리라. 우리가 가는 그곳에 어둠이 가려 있더라도 사랑과 믿음이라는 불굴의 힘으로 헤쳐 나가야 한다.

信爲道元功德母니 長養一切諸善法하리라. 화엄경에 믿음이라는 것은 도의 근원이며 공덕의 어머니니 일체 모든 선법을 길이 함양한다고 했다. 아! 공덕이라는 것은 어디에 있는 것일까? 어느 老 보살님이 보내온 편지를 읽어드린다.

젊은 스님과 젊은 보살님께

금년에 윤색 드는 해에 내가 죽기 전에 깨끗이 정리하고 싶어서 두서없는 글을 올립니다.

칠월15일날 깨끗이 消해주세요. 대출을 받아서 부쳐드릴게요. 차타고 다니는 게 힘들어서요.

스님, 보살님, 백만 원 부칠게요. 복 많이 받으세요. 고맙습니다.
―김영숙

이 편지는 방년 18세 꽃다운 나이로 농촌으로 시집을 가서 평생을 시부모님을 모시고 농사를 지으면서 3남2녀를 낳는데 남편이 병으로 일찍 돌아가시기 전 마지막 말씀이 '이등신아! 너 혼자 농사 지을 수 있을 줄 아니?'라고 말씀하시고 운명하셨다는데… 농사도 훌륭하게 자식들도 훌륭하게 키우신 보살님께서 세월의 흐름에 어쩔 수 없이 허리는 굽어지고 다리마져 질질 끄는… 그러다가 늙어서 죽어가는 자신의 모습을 상상하고 내가 살아 있어서 조상님들의 위패라도 정성껏 모셨는데 내가 죽으면 누가 있어 조상님들을 모실 것인가? 걱정되어서 이렇듯 편지를 보내셨는데 눈물이 앞을 가려 무엇이라 말을 할 수가 없다. 지금의 세상이 이러한 현실에 있다는 것을 새삼 느낀다.

알면 실천해야

제악막작諸惡莫作하고 모든 악은 짓지 말라
중선봉행衆善奉行하라 모든 선은 받들어 행하라
자정기의自淨其意면 저절로 마음이 깨끗해지는 것이
시제불교是諸佛教니라 이 모든 것이 부처님의 가르침이다.
-칠불통계-
　　　　　　　　　　　　　　　　　　-〈증일아함경〉

이 게송은 칠불통계라고 불려왔다. 칠불은 비바시불, 시기불, 비사부불, 구유손불, 구나함모니불, 가섭불, 석가모니불을 지칭한다. 석가모니불 전에 이미 이 땅에 오셨었는데 모든 부처님께서 '불교가 무엇입니까?'라는 질문에 공통적으로 위와 똑같이 대답하셨다고 한다.

당나라 때 백락천이 항주자사로 부임해 조과선사를 찾아갔는데 조과선사는 높은 나무에 앉아서 참선하고 있었다. 백락천이 소리쳤다. "위험합니다. 위험해." 그러자 조과선사도 소리친다. "위험합니다. 위험해." "위험한 것은 선사님인데 왜 제가 위험합니까?" "세상인심에 매달려 티끌 같은 지식으로 명리를 추구하는 것이 더 위태롭다는 말이요." 이 말에 깨달은 백락천이 가르침을 청했다.

"불법의 대의가 무엇입니까?" 선사 왈 "諸惡莫作하고 衆善奉行하라 自淨其意면 是諸佛教니라." 백락천은 실망하여 "그것은 삼척동자도 다 아는 것 아닙니까?" "삼척동자도 알지만 팔순 노인도 행하기 어려운 것이오." 이 말을 듣고서야 백락천은 무언가를 깨달았다. 그 후 그는 불교에 관심을 가지고 수행을 하였으며 말년에는 절에서 살 정도로 불교에 심취하였다. 불교에서는 그가 중국 향산의 절에서 살았다 하여 '향산거사'라 한다.

有爲法에 기초한 세속적인 학문의 방법과 無爲法에 기초한 도의 인식방법 간에는 분명한 차이가 있다. 有爲는 자꾸 채우려는 것이고, 無爲는 비우는 것이다. 채움과 비움!
도덕경에서 어렵거나 쉬운 것, 길고 짧음, 높고 낮음, 악기소리와 목소리, 앞과 뒤도 서로의 관계에서 이루어진다고 했다. 말로하지 않는 가르침!!!

며칠을 굶은 사람에게 가장 좋은 법문은 무엇인가? 부처님 공자님 예수님 모든 성현님들이 즐비하게 많아서 사탕발림해도 듣지 않는 그 사람! 한 그릇 밥이 최고의 법문인걸…

마음먹기 나름이지

　꿈이라는 것은 끝없는 그리움이며 무엇이든 넘을 수 없는 것을 넘게 해주는 마력이 있다. 사랑이라는 두 글자는 아무리 목이 터져 불러보아도 중독이 되는 것 같다. '관세음보살'을 외치면 외칠수록 더욱 힘이 나는 것을 느낄 수 있다. 오늘 원을 발하여 본다. 꿈에 나타난 그대는 숨길 수 없는 사랑으로 다가온다. 중생들의 원이 크므로 보살의 서원도 한량이 없다.

　내 모습을 보는 이나 내 이름을 부르는 이는 삼악도를 여의고 필경 행복하며 해탈의 즐거움을 맛볼 것이며 훈풍 가득한 바람결에도 중생들의 행복이 실려 있으며 그 속에서 으뜸으로 밀려오는 사랑의 노래! 그대의 바램! 행복이 활짝 열린다. 아픔이 있는 행복! 꽁꽁 얼어붙은 마음을 녹여준다. 기도가 통하면 축복의 문이 열리고 그리움은 곧 행복으로 바뀐다.

　난 항상 행복해. 내 마음은 언제나 밝은 태양! 행복으로 가득 채워진 관세음보살님의 그림자! 세상은 밝아오고 행복도 축복도 함께한다. 관세음보살을 부른다 함은 우리가 지옥의 계단에서 부처의 계단을 향하고 있음을 의미한다. 지옥 속에 이미 포함되어 있는 부처를 보는 것이다.

"무진의야, 만약 무량백천만억 중생이 어려움을 당해서 일심으로 관세음보살을 부른다면 관세음보살은 그 음성을 알아듣고 그 고뇌에서 풀려나게 하리라. 관세음보살의 명호를 마음에 간직하고 있는 자는 불에 들어가도 타지 않고 바다에서 태풍을 만나더라도 난파당하지 않고 처형을 당할 경우에도 칼이 부러지고 수갑을 차더라도 수갑이 끊어지고 도둑을 만나더라도 도둑이 침범하지 못하느니라. 음욕이 많거나 탐심이 많거나 진심이 많거나 우치심이 많아도 관세음보살을 생각하거나 공양 예배하면 그 모든 미혹을 여의리라. 여러 사람이 어려움을 당했을 때 그 중의 단 한 사람이라도 관세음보살을 염하면 모든 장애가 소멸되리라."

법화경보문품 즉 관음경 속의 내용이다. 관세음보살을 부르면 모든 일이 성취 된다고 했으니 어찌 관세음보살의 명호를 부르지 않겠는가? 나는 관세음보살에 귀의합니다. 모든 소원을 들어주시는 거룩한 분이시여! 여래! 응공! 정변지! 명행족! 선서! 세간해! 무상사! 조어장부! 천인사! 불세존이시여! 나의 기도를 들어 주시와 감응하여 주옵소서. 모든 거룩한 사랑이 이룩되게 하시고 평화와 행복으로 충만하게 하소서! 나무관세음보살!!

결국 다 내 문제

나와 부처님과 차이가 있는가? 구조적으로는 분명히 다른데 불성이 있다고 하는 데에서 같아지는 것이다. 만약에 내가 부처라면 나는 어떻게 행동할 것인가? 중생의 행동을 할 것인가? 부처의 행동을 할 것인가? 내가 깨달은 사람이라면 당연히 깨달은 행동을 할 것이 아니겠는가?

이 사회에 사는 사람들이 대통령은 대통령의 생각을 해야 하고 종교인은 종교인의 생각, 공무원은 공무원의 생각, 경찰은 경찰의 생각, 군인은 군인의 생각, 국민은 국민의 생각, 모든 위치에서 자기의 생각을 바로 해야 한다. 엉뚱한 생각을 하기 때문에 존경을 받지 못하는 것이 아니겠는가?

지금 이사회는 잘 굴러가고 있다. 가만히 놔두어도 굴러가게 되어 있다. 어떠한 방식으로 굴러가는가는 위정자들의 몫이다. 천안에는 태조산이 있다. 가끔 그 산을 올라가는데 정상에 오르는 것은 단박에 날아가서 정상에 다다르지 못한다. 아래에서부터 한발 한발 올라가는 수밖에 없다. 한발 한발을 빼버리면 정상도 없는 것이다.

내가 부처님으로 한발을 다가가는 것은 부처님의 세계에 있다는 것이다. 그렇다면 나중에 부처가 되어서 무엇을 해야 되겠다가 아니고 이미 내가 부처구나 생각하고 행동한다면 거룩한 행위가 나오지 않겠는가?

모든 것은 상대적인 개념을 갖고 있다. 허나 모든 것을 사랑해야 한다. 연애를 할 때는 사랑하는 사람에게 '나 그대에게 모두 드리지'가 된다. 모두 드린다는 개념으로 불법을 구하고 애인을 사랑하는 마음으로 세속에 임하라. 고요히 있는 것도 수행의 한 방편이고, 정열적으로 열정이 넘쳐 중생의 고통을 찾아 적극적인 삶에 임하는 것도 수행의 한 방편이다.

중국 宋나라 佛眼淸遠스님은 "털끝까지 보는 사람도 자기 눈을 보지 못하고 천근을 드는 사람도 자신의 몸은 들지 못한다. 다른 사람을 책망하는 일에는 밝으면서 자신을 용서하는 잘못에는 어둡다."라고 말했다.

이중인격자를 말하는 '지킬 박사와 하이드' 좋은 곳에 쓰라는 신도들의 돈을 착복하는 종교인, 부도덕한 정치인, 부패한 교수, 강도가 된 경찰, 밀수꾼이 된 무역회사 사장, 속고 속이는 세상사, 모든 것을 고칠 줄 모르는 나! 나!
보니까 내가 문제네~
내가 문제야~

싸움의 끝은

우리는 서로의 이해가 부족하다. 이해가 부족하기 때문에 是非가 끝나지 않는다. 전부 제 잘난 맛으로 살아가기 때문에 남의 처지를 이해하여 주지 못하는 데에서 기인하는 것이다.

우리의 몸이 서로 잘났다고 싸우는 내용을 소개한다. 각 기관에 대한 평소에 품었던 불만이 터져 나온 것이다.

불만은 눈으로 몰렸다. "눈아, 너는 하는 일 없이 세상의 아름다운 모습과 자연의 신비함을 혼자만 느끼고 사는 이기주의자다." 또 귀에게 "귀야, 너도 마찬가지로 움직이지도 아니하며 혼자서 좋은 음악에 귀 기울이는데 나에게도 기회를 주어야 하지 않겠는가?" 입에게 "입아, 너는 우리의 몸이 개천에 있는 줄도 모르고 너만은 항상 도솔천에 있는 것 같은 착각 속에서 고량진미만 먹지 않느냐. 너만 호강을 하고 있다."

손이 말한다. "나처럼 피곤한 일을 하는 부분도 없을 것이다. 너무나 불공편한 처사다. 눈, 귀, 입, 등은 호강에 겨워서 살고 있는데 나는 뭐냐? 매일 입이 먹은 음식 찌꺼기를 내 손이 설거지하고 있지, 몸이 더렵혀진 옷가지를 또한 내가 세탁을 하여서 깨끗해진 옷을 입히지 않나, 모든 궂은일은 내가 하고 있으니 불공평한 일이다."

발이 말한다. "손아 너도 고생은 하지만 나도 고생을 하고 있다. 이 몸이 필요한 곳이 있으면 누가 그곳으로 안내하는가? 오직 이 두 발로 걸어가야만 모든 목적을 이루는 것이 아니냐. 이 몸이 하루에 몇 키로를 걸어 다니는지 너는 상상을 해보지 않았는가? 나도 고생을 엄청나게 하고 있는 중이다."

눈이 말한다. "너희들은 모르는 소리를 하지 말아라. 나도 이 몸에 없어서는 안 될 가장 중요한 일을 하고 있다. 내 눈이 없으면 당장에 볼 수가 없고, 잘못하면 구렁이로 떨어져 갈 것 인즉 내가 제일 중요하지 않겠는가?" 각자의 부위들은 자기의 공치사하기에 여념이 없다.

이때 화가 치밀어 오른손이 옆에 있는 칼을 들어 공치사하는 눈을 찔렀다. 그리고 발도 잘라 버렸다. 혀도 자르고, 귀도 잘랐다. 몸은 중상을 입고 쓰러져 버둥대다가 죽었다.
싸움이라는 것! 참 부질없는 것이다. 물에다가 돌을 던지면 돌이 가라앉는가? 떠오르는가?
한 쪽으로 기울어진 나무가 어느 쪽으로 쓰러지는가?

여기가 극락이라네

시식施食이라는 문구가 있다. 시식은 베풀어 먹인다는 뜻이다.
원차가지식願此加持食 보변만시방普遍滿十方
식자제기갈食者除飢渴 득생안양국得生安養國
원컨대 이 밥을 가지고 널리 시방에 있는 모든 고혼에 풀어주니 이 밥을 먹는 자는 배고프고 갈증남을 다 제거하고 부처님 가피로 안양국토에 수생할지어다.

부처님 당시에 부처님께서 아난존자와 가섭존자를 데리고 항하사수 언덕을 향하여 가시는 도중 기갈이 심한 아귀떼가 몰려오거늘 아난존자가 깜짝 놀라 부처님께 여쭈었다. "저 몰려오는 중생은 어떠한 죄보로 저와 같이 험상한 보를 받았습니까?" 하니 부처님께서 말씀하시되 "저 중생은 아귀란 중생인데 전생에 간탐이 많고 불법을 비방하며 삼보의 재물을 함부로 쓰고 부모에 불효한 죄로 무서운 보를 받은바 몸은 크고 목구멍이 작아서 음식을 먹을 수 없으며 음식을 먹으면 불이 되어서 전신이 불에 타서 음식을 마음대로 먹을 수 없으므로 배가 고파 견디지 못하여 저와 같이 몸부림 치고 있는 죄고중생이다." 하시었다.

아난이 "어떠한 방법을 써야 저 죄고중생을 구제하오리까?" "저 모든 아귀의 기갈, 고통을 멈추려면 설단을 하여 오여래를 모셔놓고 육공양(향, 등, 다, 과, 미, 진수)을 갖추어 놓고 사다라니 진언을 외우고 독경을 하면 저 모든 아귀가 배가 부르고 죄고를 벗고 이고 득락케 되나니라" 하시었다.

수아차법식受我此法食 하이아난찬何異阿難饌
기장함포만飢腸咸飽滿 업화돈청량業火頓淸凉
돈사탐진치頓捨貪嗔癡 상귀불법승常歸佛法僧
염염보리심念念菩提心 처처안락국處處安樂國

내가 드리는 이 법식이 어찌 아난존자가 아귀를 위하여 마련한 음식과 다르리요? 배고픈 이들 모두 포만감을 느끼고 업의 불길 모두 꺼져 시원해지며 탐진치 삼독번뇌 모두 버리고 항상 삼보님께 귀의하오니 생각생각이 보리의 마음이요 가는 곳마다 극락세계니라. 나무아미타불 관세음보살!

내 거시기는 매일 부활한다네

무량수경에 아미타불이 성불하기 이전에 법장비구로 계시면서 극락정토 건설을 위하여 세자재왕여래 앞에서 크나큰 발원을 하는데 그 원이 너무 커서 법장비구가 망설이게 되었을 때,

세자재왕여래께서 "비유컨대 바닷물이 아무리 깊더라도 한 사람이 한 개의 바가지로 한량없는 시간 동안 계속 퍼내면 반드시 바닥이 드러나 묘한 보배를 얻을 수 있는 것처럼 사람이 지극한 마음으로 도를 구하는데 쉬지 않으면 마땅히 그 원을 이룰 수 있다. 또한 그 외에 어떠한 원이라도 반드시 성취할 수 있다." 하셨는데 우리는 무슨 일을 하다가도 벽에 막히면 쉽게 포기하고 좌절하는 경우가 너무 많다.

열자의 탕문편에 우공이산愚公移山이 나온다. 우공이라는 노인이 높은 산이 가로막혀 왕래하는 불편을 해소하고자 둘레가 700리에 달하는 큰 산맥의 흙을 퍼 담아서 왕복하는데 1년이 걸리는 발해만 까지 운반하는 모습을 보고 친구가 그만 둘 것을 권유하자 우공이 "나는 늙었지만 나에게는 자식과 손자가 있고 그들이 자자손손 대를 이어나갈 것이다. 그렇지만 산은 불어나지 않을 것이니 대

대로 일을 해나가다 보면 언젠가는 산이 깎여 평평하게 될 날이 오겠지" 이 말을 들은 태행산 산신령이 산을 옮겼다지~~

그래서 그런지 예수님 전도하는 분들의 끈기도 대단하신데 스님도 예수 믿어야 천국 간다고 끈질기게 따라다니며 말하는 것을 본 사람들이 많을 것이다. 우리 사회에서 굉장히 유명하고 TV에도 출연하여 열변을 토하시는 어느 목사님도 그런 말을 마구마구 하시는 것을 본 적이 있다.

만해 한용운 스님의 상좌이신 춘성스님의 일화 중에 춘성이 서울역 앞에서 전차를 탔는데 그 당시에도 "예수천국 불신지옥"을 써서 들고 다니는 사람들이 스님이 타신 칸으로 와서 "죽은 부처를 믿지 말고, 부활하신 우리 예수를 믿으시오. 그래야 천국 갑니다." "부활이 뭔데?" "죽었다가 다시 살아나는 것이요. 부처는 죽었다가 다시 살아나지 못했지만, 우리 예수님은 부활하셨소. 그러니 죽은 부처보다 부활하신 예수님이 더 위대하지 않소? 예수님을 믿으시오."

춘성스님이 사람들을 향해 "죽었다가 살아나는 게 부활이라?" "그렇소." "그럼 너는 내 거시기를 믿어라. 나는 지금까지 살면서 죽었다가 도로 살아나는 것은 거시기밖에 보지 못했다. 내 거시기는 매일 아침 부활한다. 예수가 내 거시기하고 같으니 너는 내 거시기를 믿어라." 그 사람들은 혼비백산 사라지고 전철 승객들은 박장대소했다고 한다. 처녀가 애를 나도 할 말이 있고 공동묘지에 가 보면 핑계 없는 무덤이 없다고 한다.

핑계!!!

도척의 도

　화엄경 보현행원품에 "모든 중생에게 수순하여 섬기고 공양하기를 부모와 같이하고 부처님과 다름없이 해야 한다. 어두운 밤에는 등불이 되고 가난한 이에게는 도움을 주어야 한다. 왜냐하면 보살이 중생에게 수순하는 것은 곧 부처님을 기쁘게 하는 거나 마찬가지인 까닭이다."

　어두운 밤에 등불이 된다고 하는 것은 참으로 어려운 일이다. 어제는 대전에서 충남대 철학과 황의동 교수의 정년기념식이 있어서 참석하였다. 어느 축사를 하신 분의 소개로 써보면 워낙 곡차와 풍류를 좋아하고 사랑하시는 분이시며 당당하고 야무진 체격에 음주가무를 통한 화합력! 신뢰할 수 있는 약속 이행력! 적재적소에 할 말을 하는 설득력! 많은 칭찬의 말씀이 쏟아졌다. 동감하는 바이다. 굉장히 적극적인 삶을 사셨고 실언을 하지 않는 분인 것으로 안다.

　공자와 같은 시대에 살았다는 도둑의 대장 '도척'이란 사람이 있다. 악의 대명사다. 공자와의 대화는 생략하고, 도척의 부하들이 도척에게 물었다.

"우리 같은 도둑에게도 道가 있습니까?"

"어찌 道가 없겠느냐?"

큰 도둑이 되기 위하여 갖추어야 할 첫 번째 道가 성聖이다. 먼저 방안 어디에 값진 물건이 있는지를 단번에 알 수 있어야 한다. 두 번째가 용勇이다. 물건을 훔칠 때 가장 먼저 앞장서는 것을 말한다. 세 번째가 의義다. 물건을 훔친 후 마지막에 나오는 것을 이른다. 네 번째가 지智다. 그날의 운수나 상황을 잘 판단하여 재수가 있고 없음을 미리 아는 것이다. 다섯 번째가 인仁이다. 훔친 물건을 공평하게 잘 나눠 주는 것을 이른다.

이 다섯 가지의 도를 모두 갖추지 않고서는 큰 도둑이 되는 것은 불가능하다. 성聖 용勇 의義 지智 인仁이라는 것! 도둑도 이렇듯 절도가 있고 규칙이 있는데 우리가 숨 쉬며 살아가는 이곳에서는 왜 신의도 없고 의리도 없는가?

큰소리치고 돈으로 밀어 붙이면 다 된다고 하는 계산으로 힘센 쪽으로 붙어버리는 이기심이 팽배해 있을까? 이것은 지도력의 결핍이다. 지도자라고 생각하시는 분들! 도둑의 道를 생각합시다.

행복의 문

　사람들이 좋아하는 것과 싫어하는 것이 있고, 그 속에 있는 행복의 문은 활짝 열려 있다. 그렇다고 불행의 문은 굳게 닫혀 있는 것은 아니다. 문은 본래 그대로 있는 것인데 사람들은 그 문을 찾으려 동분서주하고 있다.

　행복과 불행은 항상 반반 섞여 있다. 운명에는 흑암과 공덕천이 항상 함께 다닌다고 하더니 이 세상이 처음 만들어진 것처럼 온통 안개에 쌓여져 볼 수가 없다. 하늘에서 천둥번개를 내리시어 잠깐잠깐 세상을 밝히는 것은 내 영혼의 속삭임이었다. 관세음보살의 미소가 그것이 아니고 무엇이랴!

　공덕천이라는 굉장한 미모와 행복을 가져다주는 여인이 어느 집 문을 두드렸다. "나와 함께 살면 이집에 행복과 재물을 보증합니다. 나를 이집에서 살도록 해주겠습니까?"를 물어보았다. 그 집 주인은 얼씨구나 웬 떡이냐며 같이 살기를 수락했는데 공덕천에게 다음 조건이 있었다. "나에게는 여동생이 있는데 이름은 흑암이며 항상 불행을 몰고 다니는 사람입니다. 나는 동생과는 떨어져서 못

삽니다. 동생도 함께 살아야 합니다. 허락해 주시겠습니까?" 누가 불행을 좋아하겠는가? 이 남자는 문을 탁하고 닫아 버렸다.

모든 걸 충족시키며 살아온 인간들은 뭔가를 잃으면 먼저 자신의 분노부터 표출시킨다. 늘 받거나 빼앗기만 했을 뿐 주거나 빼앗겨본 적이 없으니까.

나는 내가 지은 것은 내가 받는 걸로 알고 있다. 내가 사랑의 밭을 일구었으면 좋은 일이든 나쁜 일이든 내 자신이 받을 수밖에 없는 것이다. 인과라고 하는 것은 눈먼 봉사가 아니다. 내가 아니라고 소리를 질러보아도 공허한 메아리 같은 것임을 새삼스럽게 뼈저리게 느낀다.

간진미타경看盡彌陀經하고 염철대비주念徹大悲呪라도
종과환득과種瓜還得瓜요 종두환득두種豆還得豆라
경은 아미타경을 통달하고 염불은 대비주를 철저히 깨달았어도
오이 심은 곳에 오이 나고 콩 심은 데 콩 나는 것을……

인생은 연극이야

잡아함 비심경에 "중생은 언제나 경계와 함께하고 경계와 화합한다. 어떻게 경계와 함께하는가? 이른바 중생은 착하지 않은 마음을 쓸 때에는 좋지 않은 경계와 함께하고 착한 마음을 가질 때에는 좋은 경계와 함께하며 훌륭한 마음을 가질 때에는 훌륭한 경계와, 더러운 마음을 가질 때에는 더러운 경계와 함께한다."

春夏秋冬이 있듯 생긴 대로 살아가는 것이 우리 인생이다. 백설이 온 천하를 지배하고 메마른 바람이 살갗을 에일 듯 불어와 겨울이 오래갈 것 같았는데 어느덧 봄이 온다. 나는 정녕 겨울이 가는 것을 붙잡지 않았고 봄이 온다고 하여서 오지 말라고 청을 한 적이 없다.

그들은 오고 싶으면 훌쩍 오고 가고 싶으면 홀연히 사라지는 것이 아니라 때가 되면 찾아오고 때가 되면 물러나는 것이 우리 인생이 이 세상에 태어나서 몸을 부딪치며 살아가는 동안 자기도 모르는 사이에 몸이 늙어가는 것과 같지 않은가? 그리고 여름이 별안간 찾아오고 전국은 폭염 속으로 빠져든다. 그리고는 거두어들이는 가을이 오며, 세계는 춘하추동의 윤회에 몸을 적신다.

처서도 지났다. 더위가 그친다는 뜻에서 붙여진 처서는 땅에서는 귀뚜라미 등에 업혀오고 하늘에서는 뭉게구름 타고 오는, 곡식이 익고 더 이상 풀이 안 자란다는 처서를 사람들은 무지 좋아하여 얼씨구나 하고 춤을 춘다. 즐거움에 몸을 흔들며 박장대소 하는 사람들의 표정에서는 희열을 엿볼 수 있다.

사소한 일이건 중대한 일이건 대인관계를 하다보면 희비가 적지 않게 교차되는 것을 우리는 목격할 수 있다. 사랑에 속고 돈에 속아 울고 웃지만 거의 대부분은 삶에 대한 도전으로 살아가고 있다.

오관일적수吾觀一滴水 팔만사천충八萬四千虫이라는 말이 있듯 한 방울의 물을 관찰해보면 그곳에는 팔만사천이나 되는 많은 벌레들이 살고 있다고 한다. 우리 몸에 땀구멍 하나에도 하나의 세계가 있다고 하니 우리는 과연 어느 물방울 속의 세계에서 울고 웃으며 어느 땀구멍 세계에서 희로애락을 연출하는가? 어찌 땀구멍 하나의 세계에서 다른 땀구멍에 세계가 있는 줄 짐작할 것이며 물 속에 살고 있는 중생들이 물 밖의 세계가 존재함을 알고 살아가고 있을 것인가? 그러한 사실을 모르고 살아가는 인생이다 보니 가정된 무대에 등장하는 배우처럼 한 편의 드라마를 연극하며 살고 있는 것이다.

비 갠 후 더 아름다운 세상

만반장불거萬般將不去요 유유업수신唯有業隨身이라는 글이 생각난다. 만 가지를 다 가져갈 수 없지만, 오직 업이라고 하는 행위만이 몸을 따른다는 글이다.

어느 글 가운데 소아과에 3살 아기를 데리고 젊은 엄마가 찾아왔다. 엄마는 걱정스러운 얼굴로 무겁게 입을 열었다. 멀쩡하던 아이가 어느 날부터 갑자기 절뚝거리면서 걷기 시작한다는 것이었다. 곧바로 의사는 정밀 진찰을 했고 동원할 수 있는 모든 의학적 방법으로 아기를 살폈다.

그러나 아무 원인도 찾을 수 없었다. 아기는 아무 이상이 없는 지극히 정상의 아이였다. 그러나 아이는 계속 다리를 절뚝거리면서 걸었다. 그런데 나중에 중요한 사실을 한 가지 알게 됐다. 아이의 아빠가 하반신 장애자로 오래 전부터 다리를 절면서 걷고 있었다는 사실을……

아기는 태어나면서부터 그렇게 기우뚱 걷는 아빠의 비정상 걸음걸이를 배웠던 것이다. 자신도 모르게, 태어나고 죽는다는 것은 무엇을 일러서 말하는 것인가? 하늘에는 천리, 땅에는 지리, 사물에는 사리, 물체에는 물리, 인간에게는 도리가 있듯 검에게는 **劍理**가 있다.

요즈음은 비가 잦은 편이다. 비를 보며 오늘도 내릴까라는 생각을 해보지만 세상에 영원한 것은 없다. 아침에 제행무상을 말하고 시생멸법을 말한다. 아름다움과 추함은 한순간에 존재한다. 보지 않았는가? 사랑과 추함이 한순간에 존재한다면 기필코 사랑을 영위해야하지 않겠는가!

새벽의 빛은 찬란한 아름다움이 있다. 어제의 비는 오늘의 맑음으로 오고 있다. 너의 인생에는 빛으로 가득 찬다. 빛이여!! 아름다운 세상은 나를 믿어달라고 하는 사람보다 너를 믿어주겠다고 하는 사람이 더 많은 데고 그보다 더욱 아름다운 세상은 믿어주는 사람보다 믿도록 하는 사람이 더 많은 곳이다.

군자우도**君子憂道** 불우빈**不憂貧** 군자는 도를 얻지 못할까 근심하는 것이지 가난하게 사는 것을 근심하는 것이 아니다. 사람의 축적된 내공은 목소리에서 나타난다고 하는데 나의 목소리는 어떨까? 나는 누굴까?

만법개공**萬法皆空** 만법은 다 공이라는데 인과불공**因果不空** 왜 인과는 공이 아닐까?
인변과**因變果**요 과변인**果變因**이다. 인이 변하여 과가되며 과가 변하여 인이 되는 순환을 계속하기 때문이 아닌가? 내가 저지른 일이 결코 없어지는 것이 아니기 때문이다.

　나의 머리는 과연 무엇이 들어 있을까? 그렇게 생각하면 내 머리 구조가 잘못된 것이다.

태어나지 않았으니 죽지도 않지

연기법은 此有故彼有 이것이 있으므로 저것이 있고 此起故彼起 이것이 일어나므로 저것이 일어난다. 此無故彼無 이것이 없으므로 저것도 없다 此滅故彼滅 이것이 멸하므로 저것도 멸한다고 이 연기의 법칙은 곧 十二緣起이다.

그런데 부처님께서는 緣起法은 내가 만든 것도 아니요 또한 다른 사람이 만든 것도 아니다. 라고 하시고 연기법경에 만일 세계를 어떤 신이 창조했다면 연기법 역시 그 창조신이 만들었겠지만 연기법은 신이나 인간이 만든 것이 아닌 그렇게 있는 진리를 세존이 발견하고 가르친 것이다.

여기 한 물건이 있는데, 본래부터 한없이 밝고 신령스러워 일찍이 나지도 죽지도 않았다. 이름 지을 길 없고 모양을 그릴 수도 없다. 한 물건이란 무엇인가?

무명에서 행하면 괴로움이 쌓이고 밝음에서 행하면 괴로움이 없다고 한다. 우리의 인생이라고 하는 것은 수행자의 삶이 아닌 인생 그 자체이다. 사랑하고 미워하고 화를 내기도 하고 슬프게 울기도 하고 기쁘게 웃기도 한다.

어느 때 사람들의 미소는 나를 나락에까지 떨어뜨리며 다시 밧줄을 내리어 거미가 건탄타를 제도하듯 끝없는 마음을 내는 경우도 있다. 관음보살님의 미소는 나를 위하여 있는 것 같은 착각일까?

허영만 작가의 만화 타짜3부에 카드에서 원아이드 잭은 2장이고 원아이드 킹은 1장이다. 원아이드 킹을 뽑는 사람은 단두대의 이슬로 사라진다는 슬픈 전설이 있다고 한다. 그림에서도 나와 있듯이 다른 킹들은 모두 두 눈을 부릅뜨고 있는데 원아이드 킹은 빈털터리 백수마냥 손 모습도 살려달라고 애원하는 모습이다. 제발 살려달라고 소리치는 아우성이 들리는 것 같은데 게다가 무시무시한 도끼가 뒤통수를 겨누고 있다.

사랑도 재산도 권력도 모두 잃고 바람 앞에 촛불이 된 모습이다. 내가 원아이드 킹을 뽑은 심정으로서 비참하기 짝이 없으며 통곡을 하고 싶었다. 사랑하는 연인들이 가끔 잘 싸우는 것은 아무런 이유가 없다. 살면 살수록 사는 이유가 없어지는 것처럼 승부도 승부를 위해서 승부를 하며, 사랑도 그런 것이 아닐까?

주어진 삶에 행복을 느끼며 이웃 간에 사랑하고 즐거움에 웃음 짓고 좋은 사람들과 대화하며 피해를 주지 않으려 행동하는 것이다. 어느덧 날이 밝았다. 한없는 축복이 있으시라!

목불에서 사리 찾기

이 세상은 불평등하다. 평등하지 않기 때문에 보는 관점이 다르니까 싸움이 잦다. 우리는 인과응보의 사상으로 무장되어 있다. 내가 인因을 만들었기 때문에 과果가 생기는 것이다. 그래서 내 탓이다. 그것은 내가 마음을 잘못 썼다는 생각이다. 이러한 생각을 극복해야 한다.

높은 곳이 있으면 낮은 곳이 있다. 그래서 물은 낮은 곳으로 흘러서 바다를 이룬다. 이세상이 높고 낮은 곳이 없다면 물은 흐르지 않고 제자리에 있어서 썩고 말 것이다. 물이 이동해야 인류가 살 수 있다. 고저는 대립이 아니라 원만한 그자체이다. 남성과 여성은 차별과 대립이 아니라 그대로 원만한 모습이 아닐까?

당나라 때 단하라는 스님이 마조 스님을 찾아 갔는데 마조 스님은 석두 장로를 추천하여 그곳으로 가서 출가하겠다고 하니 석두 장로는 "부엌에서 밥이나 지어라"고 했다. 2년 동안 공양주를 했는데 어느 날 "내일 아침 공양 후 법당 앞에서 풀을 깎을 것이니 다들 준비하라." 다른 사람들은 낫을 들고 왔으나 단하는 삭도(머리 깎을 때 쓰는 칼)를 들고 왔다.

석두 장로가 "너희들은 낫을 가져 왔으니 벌초해라" 하고는 단하의 머리를 먼저 깎았다. 단하의 머리정수리가 유난히 솟아 있어 쓰다듬으며 "천연天然스럽구나" 한 것이 단하의 별칭 천연이 되었다. 단하는 계율에 얽매이지 않고 자유로운 운수 행각에 올랐는데 어떤 해 낙양에서 목부처님(나무로 만든 부처님)이 영험이 있다는 소문을 듣고 그 절로 찾아갔다.

밤은 깊었고 날은 추운데 절의 주지가 쓰지 않고 있던 냉방으로 안내하며 하룻밤을 지내라고 주었다. 날씨는 추운데 땔감이 없자 단하 선사는 본당으로 달려가서 목불을 들고 와 쪼개어 장작불을 지폈다.

그 절의 원주 스님이 기겁을 한 것은 당연한 일이다. 노발대발하면서 불제자가 어떻게 이런 일을 할 수 있냐고 따지자 단하 선사는 태연하게 부지깽이를 들고는 장작 잿더미를 뒤적거리며 부처님의 사리를 찾는 중이라고 답했다.

원주 스님은 어이가 없어 목불에 무슨 사리가 있느냐고 대들었다. 그러자 단하 선사는 한술 더 떠 그러면 나머지 보살상까지 가져다 불이나 지펴야겠다고 했다. 이 말 끝에 원주스님의 눈썹이 떨어져 나가 버렸다(깨달음을 얻었다).

성스러움을 부정하는 선의 근본정신이 배어있는 일화다. 우리에게 모순과 대립이 있다면 극복하는 생각이 우리를 행복으로 이끌 것이다.

멋진 대화와 인생

 말이나 이론이 사회를 움직이고 사람을 움직일 수 없는 불완전한 것임을 패기있는 젊음은 잘 이해하지 못할뿐더러 부정적인 시각을 간직하고 있다. 그러나 생각해보면 말이나 이론으로 상대방을 제압했다 믿었는데 상대방을 격노하게 만들어 의외의 손해를 보는 경우가 비일비재하다.

 우리의 문화는 은근과 끈기로 대변하는데 그것이 사라진지 오래고 초스피드로 변하고 있다. 툭하면 화내고 신경질을 부린다. 자동차를 타고 가다가 상대방에서 끼어들기를 하던지 조금의 실수가 있으면 가차 없이 경적을 울리고 입에서는 육두문자가 나가신다.

 이것이 우리 문화로 자리 잡아 나가는 것 같다. 우리들이 좋은 문화를 간직하고 발전해 나가야 되지 않겠는가?

 영국 테임즈 강변의 한 식당에서 어느 신사가 생선요리를 시켜 놓고는 먹지 않고 생선만 바라보고 있었다. 그것을 이상하게 여긴 종업원이 다가와서 신사에게 묻는다.

"손님! 왜 생선을 드시지 않고 바라보고만 계십니까?" 신사왈 "예, 지금 물고기와 대화를 하고 있습니다." 종업원이 웃으면서 다시 묻는다. "어떤 대화를 하시는지요?" "내가 물고기한테 너의 집이 어디냐? 하고 물으니 테임즈강이라고 해서 언제 이곳으로 왔느냐? 하니 보름쯤 되었다고 말합니다." 하였다. 종업원은 깜짝 놀라서 생선의 맛을 보니 상한 생선요리였다.

나 같으면 큰 소리로 주인을 불러서 생선이 상했으니 당장 바꿔 달라고 고래고래 소리칠 것 같다. 그러는 나의 내면에는 무엇이 들어있을까? 좋은 면과 나쁜 면? 아니면 다 나쁜 맘? 나는 적절한 대화법을 잘 모른다.

그렇기 때문에 도반들을 화내게 만드는 것은 아닐까? 한 가지 일을 지나지 않으면 한 가지 지혜가 자라지 않는다고 하는데 옛 분이 생각나는 풍속도가 있다.

의불삼대醫不三代면 불복기약不服其藥
의술을 펴는 것도 삼대가 지나지 않으면 그 약을 먹지 않는다.

옛날 임금님들은 의원을 가리는 것이 삼대가 의술을 편 집안이라야 그 약을 먹었다고 한다. 삼대가 아니면 약도 안 먹는, 경험을 중시하는 우리의 전통문화가 눈 크게 뜨고 있다.

창문을 열면

아무도 없는 새벽! 철저히 사무치는 행복의 느낌! 가을!
춘하추동春夏秋冬을 통틀어 아름답지 않은 계절이 있던가? 자연은 늙지도 않는가 보다 항상 풋풋한 아름다움을 간직하고 있으니 어찌 늙음이 있겠는가? 이것은 여인과 비슷하다.

프랑스의 문학가 몽테뉴는 '여자에게는 나이가 없다' '여자는 언제나 젊다'라고 말을 했는데…… 이것은 무엇을 가리키는 것인가? 여인의 마음은 갈대와도 같다?

"여자가 한을 품으면 오뉴월에 서리가 내린다."라고 하는 말을 종종 쓰듯이 자연도 어느 한순간 무섭게 변하는 것을 알 수 있다. 지금은 새벽이지만 창끝으로 희뿌연 한 밝음이 내게 오는 것 같다.

여러분들도 창문을 조금만 열라! 끄트머리 쪽으로 밀려들어오는 희망! 느낌이 오지 않는가? 이 거룩한 자연! 물리지 않는 사랑처럼 그렇게 조용하면서도 격렬하게 아침이 온다.

미슈레는 연애론에서 '늙은 여자는 있지 않다'라는 표제 아래 "만일 여자가 남을 사랑하고 선량한 마음을 가진다면 어떠한 연령에 있어서도 남자에게 무한한 한 순간을 준다."라고 설파하였고

알폰스 칼 의 〈여인〉에서 "여자는 노령으로 말미암아 혹은 그 밖의 어떠한 이유로 해서도 죽지 않는다. 그리고 늙은 여자란 있지 않다. 자연은 일생의 어느 시기에 가서 여자를 노파로 만들지만, 그러나 마음속에서는 항상 젊다. 여자는 언제나 동일한 취미와 동일한 쾌락 그리고 동일한 사랑을 지닌다."라고 말을 했다.

듣는가? 가슴의 심연에서 울려오는 고동소리를… 보는가? 희망에 찬 빛의 울렁거림… 또 하루는 이렇게 시작한다.

똥 벌레는 똥통 속의 일만 알지 똥통 밖의 일은 알 수가 없다. 화흠과 왕랑이 배를 타고 난을 피해 도망가는데 왕랑의 아는 사람이 배에 태워달라고 하자 화흠이 냉정히 거절하였다. 왕랑이 배가 아직 넓어서 자리가 있으니 태우자고 우겨서 그를 배에 태웠다.

나중에 도적이 쫓아오자 왕랑은 배에 태웠던 사람을 던져버리려고 한다. 그러자 화흠이 "처음에 태울지 말지를 망설였는데, 지금은 이미 사람을 배에 태웠는데 위험해졌다고 어찌 신의를 저버릴 수 있는가?"라는 말을 했다.

"우리 인생에는 많은 것들이 오고 간다. 무엇을 선택하는 것은 우리들의 몫이다. 인생은 엔조이다."라고 외치신 분이 생각난다. 인생 뭐 있나!

약속

어제 저녁 '해적'이라는 영화를 관람했다. 처음 시작이 이성계의 위화도 회군을 결정하는데, 회군에 반발하는 대목부터 시작되어서 명나라에서 조선이라는 국호와 옥새를 받아 배를 타고 바다로 오는데 거대한 고래가 나타나 배를 부수고 옥새를 삼키는 대목이 나오며 옥새를 찾는 과정을 코믹하게 그린 영화다.

다시 명나라 대국에서 조선이라는 국호와 옥새를 받는 장면이 슬픔으로 보이는 것은 무슨 까닭일까? 그렇다고 내가 애국자도 아니고 매국노도 아니지만 나라를 사랑하는 국민의 한 사람인 것은 틀림없는 사실이다.

우리도 단결을 하고 힘이 있는 국민이 되길 간절히 소원한다. 아는 지인의 조카딸이 미국에서 유명한 대학에 들어가 가난한 부모님이 학자금 마련에 고심하느라 힘들었던 것을 나는 기억한다. 그러나 불굴의 신념으로 틈틈이 알바하고 장학생으로 공부를 하여 이제는 졸업하고 같은 학교를 다니던 친구와 결혼해 행복한 삶을 산다는 이야기를 들었다.

그렇게 어려워도 포기하지 않는 노력! 부모나 자식이 혼신의 힘으로, 기도의 위신력으로 그 어려움을 이겨 나갔다.

화엄경에 信爲道元功德母니 長養一切諸善根하리라.

믿음은 도의 근원이고 공덕의 어머니니 일체 모든 선근을 함양한다는 믿음을 강조했는데 1906년 미국북부 캘리포니아는 규모 8.3의 샌프란시스코 대지진으로 3천여 명이 목숨을 잃고 약 30만 명이 집을 잃고 이재민이 되는 등 엄청난 피해를 겪은 적이 있다고 한다.

이때에 어느 父子의 이야기인데 평소 아버지가 아들에게 "무슨 일이 일어나던지 아버지는 널 위해 달려 나간다."고 했는데 아들이 학교에서 수업을 받고 있는 시간에 지진이 일어나서 학교가 붕괴되었다.

3천여 명이 목숨을 잃은 사건이라 모든 기관이 마비되고 어느 곳부터 손쓸지 막막한 상태에서 그 아버지는 자식의 교실위치를 기억해내고 아무도 도와주지 않는데 혼자서 맨손으로 무너진 벽돌 등을 제거해 나갔다. 누구든 만나면 '날 좀 도와주세요'를 말했지만 그곳은 전부 죽었을 것이니 소용이 없다고만 말하곤 슬슬 피해 달아났다.

36시간을 쉬지 않고 끌어올린 끝에 "아빠예요? 나 여기 있어요. 내가 다른 아이들한테 걱정하지 말라고 했어요. 아빠가 살아계시면 틀림없이 날 구하러 오실 것이고 틀림없이 달려올 거라구요. 아빠는 정말 약속을 지켰어요!" 여기서 박수!

어떤 영화에서 야구장에 소방관인 아버지와 아들이 같이 관람하러 갔는데 비상사태에서 아버지가 잠깐 자리를 비우면서 '무슨 일이 일어나도 이 자리에 있어라' 하고 나중에 아버지가 아들을 구해주는 장면이 있다. 믿음이라는 것! 엿 사먹지 않았겠지?

입을 조심!

왜 냄새나는 이 몸을 보고자 하는가? 누구든지 법을 보는 이는 나를 볼 것이다. 나를 보는 이는 누구라도 법을 볼 것이다. 법을 본다는 것은 나를 보는 것이다. 나를 본다는 것은 법을 보는 것이다.
　　　　　　　　　　　　　　　　　　　－〈와깔리경〉

"병에 걸린 수행자 와깔리에게 붓다는 수행의 진전이 있느냐고 물었다. 수행자는 뵌 지가 오래되었다고 일어나 절하려 하였다. 그러나 붓다는 말씀하셨다. 수행하는 이는 나와 떨어져 있어도 나를 보는 사람이다. 나와 함께 있어도 수행하지 않는 사람은 나를 보지 못한다."라고 말씀하시었다.

아인슈타인이 현재는 어떤 때인가? 스스로 묻고 답하기를 그것은 항상 새로운 출발을 할 수 있는 때라고 하였다. 현재는 항상 미래를 향한 스타트인 것이다.

사람들은 귀 때문에 망하는 사람보다 입 때문에 망하는 사람이 많다는 사실을 기억하여야 한다. 口是禍門이니 必加嚴守하라는 말이 있다. 입은 화의 문이니 반드시 엄하게 지켜라는 말이다.

 사람들 앞에서 할 수 없는 말을 그 사람이 없다고 뒤에서 구시렁거리는 사람이 많은 것이 지금의 현실이다. 말을 독점하면 적이 많아진다는 사실을 아직도 모르는가? 적게 말하고 많이 들어야 한다. 들을수록 내편이 많아진다.

 입이 하나고 귀가 두 개인 것은 말은 적게 하고 다른 사람의 말은 두 배로 들어야 한다는 뜻이 감추어져 있는 것이다. 목소리의 톤이 높아질수록 뜻은 왜곡된다. 큰 소리로 외치는 것은 모든 사람들의 얼굴을 찡그리게 하는 것이다. 수다스러운 혀는 술버릇이 나쁜 것보다도 더 곤란한 것임을 알아야 한다.

 칭찬에 발이 달려 있다면 험담에는 날개가 달려 있다. 나의 말은 반드시 전달된다. 허물은 덮고 칭찬은 자주 해야 되지 않겠는가? 남에게 필요한 존재는 누구나 될 수 있다. 사랑할 줄 아는 가슴만 있으면 되는 것이다. 우리의 영혼은 사랑으로 성장하는 것이다.

 목욕탕에 가서 자신의 몸무게를 달아보듯이 기도를 한다는 것은 자신을 저울로 달아 보는 것이 아니겠는가? 자신의 행위가 올 바랐는가? 얼마만큼 이 세상을 좋게 했는가? 스스로 평가하는 것이다. 어울리지 않는 일일수록 우스운 것이 이 세상이다.

 듣지 못했는가?
 행복하게 살려거든 코로 신선한 공기를 가득히 마시고 입을 꾹 다물고 있으라는 말을……

넘쳐도 탈, 모자라도 탈

앙굴마라는 사람을 99명을 죽인 살인마다. 부처님께 교화를 받아 출가하기를 원했고 부처님은 출가를 허락했다. 그런 앙굴마라가 성에 들어가 탁발하다가 한 장자집에 이르렀다. 마침 그 집 며느리가 해산을 하다가 난산을 만나 죽게 되었다.

장자가 말하되 "사문은 불제자이니 좋은 방법으로 우리 며느리를 구출할 도리가 있을 것이라." 하고 그 방법을 청하였다. 앙굴마라가 말하되 "나는 이 법을 알지 못하니 부처님께 물어서 일러 주리다." 하고 부처님께 사뢰었더니 부처님께서 대답하시되 "네가 속히 가서 설교해 주되, 내가 현성의 법을 만남으로부터 아직 살생하지 안했다 하라." 하였다.

앙굴이 부처님의 지시대로 곧 가서 설법했더니 부인이 가르침을 듣는 즉시 해산을 한다.
뱃속의 아이도 앙굴마라를 무서워했는가? 나올듯하면서 나오지를 못했구나!

"넘쳐도 탈이고 모자라도 탈인 것이 인품이다. 인품은 도량에 따라 저울질해 볼 수 있다. 도량이란 마음의 씀씀이다. 도량이 좁아 옹색하면 딱하다. 도량을 편한대로 다루면 능청스럽고 능글맞아 너절하다." 맹자의 말이다.

불교의 생명성은 어디에서 찾아야 할 것인가? 모든 종교에 의식이 있듯이 불교에도 훌륭한 의식이 존재한다. 이것을 통해서 조상을 만나고 가피를 받는 종교적 체험을 느끼는 것이다.

지방을 한 장 써 놓으면 종이에 써진 형상에 불과하지만 거기에 나의 조상이 와 계시다는 상징적 생각이 가게 되고 그 음식을 정갈하게 해야겠다는 생각을 하고 그 자리는 거룩하고 성스러운 하나의 의지처가 되고 그 속에서 조상을 만나고 부모를 만나는 체험과 공감이 이루어진다.

체험과 공감이라는 것! 우리의 소중한 부분이다. 슬기로운 이는 미혹하지 않고 어진 이는 근심하지 않고 용맹스러운 이는 두려워하지 않는다.
아! 이 세상은 남에게 사랑을 받으려고 자기를 상실하는 자가 너무 많구나!

하늘에 침을 뱉으면

정직의 연못이란 엄청나게 깊어서 무엇이 나올지 모른다. 거짓의 연못은 물이 얕아서 바닥이 금방 드러난다. 정직한 정치가나 지도자는 언젠가는 그 사실이 드러나기 때문에 항상 존경을 받지만 거짓의 정치가나 지도자는 물이 깊지 않아서 존경심도 그리 깊지 않다.

종교가도 마찬가지이다. 사심을 가지고 자리에 앉아 있으면 욕을 바가지로 먹을 것이고, 공심을 갖고 일을 하면, 많은 사람들이 호응하여 줄 것이다. 우리는 사방에서 감시용 카메라가 돌아가고 있다는 사실을 직시해야한다.

세상 사람들은 다 아는데 나만 모르고 행동하는 사람들이 있다. 알 만한 사람은 다 알고 있는데 자신만이 자신의 일을 모르고 한 개의 입으로 두 개 세 개 아무 말이나 생각하지도 않고 나오는 대로 말을 한다. 불편한 일이다.

일거수일투족이 훤히 드러나 있다고 생각하면 세상을 함부로 살

수는 없을 것이다. 그러나 우리가 말하는 인과응보와 업이라는 것은 보이지가 않는다. 법은 나중이고 주먹이 먼저다 라는 공식으로 볼 때는 이사회는 심각한 쪽으로 가고 있다고 보여지는 것이다.

30년 전 백진결사라는 조그만 수행단체가 있었다. 백척간두진일보百尺竿頭進一步라는 구절에서 창안하였다. 백척이나 되는 장대 끝에서 한발자국을 전진하라는 것이니 떨어지면 죽는 것이 아닌가? 떨어져 죽으라는 것이 아닌 머물지 말고 비약하라는 뜻이었다.

우리는 인생에서 크고 작은 결단의 일이 자주 생긴다. 자기의 허물을 감출려고 하면 전의 허물보다 더 큰 허물로 포장해야 하고 나중에는 두 손 두 발 다 들고 만세를 불러야 한다. 그때가 3·1운동 만세를 부르짖는 때라면 애국자 순국선열이 되겠지만 이렇게 부르는 만세는 참으로 딱한 것이다.

하늘에 침을 뱉으면 그것이 결국 자기 몸에 떨어지듯이, 불이 아무것도 없는 허공에서 타다가 끄지 않아도 저절로 꺼지듯이 욕을 하는 사람의 입술과 혀는 쉬지 않고 엎쳤다 뒤쳤다 하는 것이다. 혼자만……

지옥과 극락의 차이는 종이 한 장 차이다. 인간은 살기 위해 있는 것이냐? 살리기 위해서 있는 것이냐? 전자는 지옥으로 후자는 극락으로~ 아시는가? 모르시면 다리 밑을 전지로 비추고 살펴보시라!

진정으로 국민을 위한 정치는

무武라는 글자를 파자하면 과戈와 지止 字가 들어가 있다. 무武는 무기나 군인을 말하는 것이다. 즉 싸움을 하는 것이다. 싸워서 이기는 것이 목적이며 이겨야지 평화가 온다고 생각하는 집단이다.

그런데 파자破字는 창과戈 즉 창을 말하는데 창은 전쟁을 의미한다. 그칠지止 전쟁을 그치는 것이 무武라 쓰는 것이니 무는 전쟁인가? 평화인가? 똑같은 말 하나에도 이리 해석하면 이렇게 되고 저리 해석하면 저렇게 된다. 보는 관점에 따라서 보는 사람의 성향에 따라서 변하고 있다.

밤에 화장실을 가려고 문을 열던 사람이 마당에서 똬리를 틀고 있는 뱀 때문에 소변을 보지 못하고 그만 싸고 말았다. 그러나 아침에 보니 그것은 새끼줄이었다.

뱀은 망집에 의한 착각이다. 망상으로 인하여 뱀이란 이름과 형상이 생겼고, 착각한 사람은 평소에 뱀이 똬리를 틀고 있다는 것을 알고 있기 때문에 무서워서 나가지 못하고 오줌을 싸고 만 것이다.

모든 사물에는 이름과 모양이 있다. 이름과 모양은 보는 사람에 따라서 변할 수 있다. 빨강 안경을 쓴 사람은 세상을 빨갛게 볼 수 있고 노란 안경을 쓴 사람은 세상을 노랗게 볼 수 있다. 빨갛게 보건 노랗게 보건 물건은 하나인 것인데 우리는 안경의 색깔을 통하여 세상을 보고 있으니, 또한 그 색깔이 맞다고 얼굴에 핏대를 세우고 싸움을 하고 있으니 얼마나 딱한 일인가?

무력으로 이기는 것은 이기는 것이 아니다. 국민들이 편안하게 지내고 편안하도록 만드는 사람들이 진정으로 국민을 위하고 사회에 봉사하는 어른들 아닐까?

문수보살님의 법문에
면상무진공양구(面上無瞋供養具)
　　　　　성 안내는 그 얼굴이 가장 좋은 공양그릇
구리무진토묘향(口裏無瞋吐妙香)
　　　　　부드러운 말 한마디 미묘한 향이다.
심리무진시진보(心裏無瞋是珍寶)
　　　　　마음속에 화 없는 것 으뜸가는 보배이고
무념무구시진상(無染無垢是眞常)
　　　　　분별심이 없는 것이 부처님의 모습이다.

오안(五眼)

금강경에 오안五眼이 나온다. 오안이란 육안肉眼과 심안心眼으로 나뉜다. 심안에는 천안天眼 혜안慧眼 법안法眼 불안佛眼의 4가지가 있고 육안과 합하여 오안이 된다.

첫째 육안肉眼은 고기 덩어리 눈이다. 우리는 육안으로 본다는 생각을 갖고 있다. 그러나 송장에게도 눈은 있을 터인데 송장은 보지를 못한다. 어떤 것이 진짜 눈인가? 금강경 오가해에서 여러 스님들이 오안에 대한 해석을 해놓으셨다.

둘째가 천안天眼이다. 가만히 앉아서 천리를 보는 천리안이며, 과거 현재 미래 즉 영원을 보는 눈이다. 부처님의 제자 중에 '아나율'이란 존자가 계셨는데 잠이 많으셨다. 하루는 부처님께 심한 꾸지람을 듣고 아나율 존자는 잠을 자지 않겠다고 스스로 다짐을 하여 7일 밤낮을 한 순간도 눈을 감지 않고 있다가 고기 눈이 멀어 버렸다. 그렇지만 마음눈이 활짝 열렸다고 한다. 이것이 천안통이다. 시간적인 영원성과 공간적인 보편성을 살펴볼 수 있는 눈이다.

셋째는 **혜안慧眼**이다. 혜안은 지혜의 눈이다. 올해도 역시 사건 사고가 많은 해이다. 1월부터 조류 인플루엔자 확산 사고를 필두로 대형 카드 3사 정보유출 사건이 터지고 바로 여수 앞바다 기름 유출 사고, 경주 마우나오션리조트 체육관 붕괴 사고, 시내버스 급발진 사고, 윤일병 사망사건, 지금도 해결이 안되는 세월호 침몰 사고, 서울지하철 상왕십리역 추돌사건, 아산 오피스텔 붕괴사건, 임병장 총기 난사사건, 헬기 추락사고, 열차 충돌사고, 윤병장 사망사건, 인권문제, 계급문제, 등등이 제기되어도 해결할 지혜가 없으면 소용이 없다.

혜안이란 그러한 사항들을 해결할 지혜의 눈이다. 인간의 존엄성을 아무리 부르짖어도 해결방안이 없으면 무슨 소용이 있겠는가? 누가 노예되고 싶어서 노예되고 누가 손가락질 당하는 일을 하고 싶어하는가? 모두 생활이 안 되니까 하는 것이다. 이러한 문제에서 혜안이 필요한 것이다. 우리는 지혜를 존중하는 종교이다. 복전이 되고 자비를 베푼다 할 때 그런 것을 실행할 수 있는 지혜를 발견해야 한다. 그것이 혜안이다.

넷째 **법안法眼**~ 불교에서 **法**은 원리와 법칙을 가진 존재다. 불교에서 제법은 모든 존재들은 따로 내세울 것이 없다. 모든 존재들은 그대로 다 훌륭한 것이다. 사람은 물론이고 모든 존재들은 다 훌륭하다. 돈 있는 자나 없는 자, 계급의 높고 낮음, 남자와 여자, 인종문제와 같은 것은 법안이 안 되었기 때문이다. 집을 지을 때 중요한 것이 동량이다. 그러나 집을 짓는데는 모든 것이 중요한 것이다. 서까래도 중요하고 기둥도 중요하다. 못하나 하나가 모여서 집을 짓는 다는 것을 간과해서는 안 된다. 평등 평화사상을 법안이라 한다.

　다섯째 불안佛眼이란 무엇인가? 육안肉眼 천안天眼 혜안慧眼 법안法眼 4가지에다가 자비가 더해진 것이다. 아무리 평등을 부르짖어도 자비가 안 되면 도로 아미타불이다. 진정한 인생의 사회관이 정립되려면 오안을 갖추고 보아야 한다. 인생을 어떻게 보았느냐? 하나도 이야기 할 수 없다. 각자가 눈을 뜨고 생각해야 된다.

인생이란?

　백유경에서 어떤 나무꾼이 나무 밑에 앉아 쉬고 있는데 난데없이 곰 한 마리가 덤벼들었다. 나무꾼은 얼른 일어나 나무 뒤로 달아났다.

　곰은 한쪽 손으로 나무를 붙잡고, 또 한쪽 손으로는 나무꾼을 잡으려했다. 나무꾼은 살짝 옆으로 도망을 치는 듯이 하면서 곰이 나무를 껴안도록 했다. 그리고는 잽싸게 곰의 두 팔을 꼭 눌러서 꼼짝 못하게 만들었다.

　그때 나그네 한 사람이 그 옆을 지나갔다. 나무꾼이 그에게 말했다. "여보시게, 내가 지금 이 곰을 잡으려고 하네. 이렇게 곰을 꼼짝 못하게 나무에 묶어 두었으니 이제 우리 둘이 힘을 합쳐 곰을 잡아 고기를 나누세." 나그네는 나무꾼의 말을 듣고 귀가 솔깃해졌다.

　잘하면 맛있는 곰 고기를 싫도록 먹을 수 있을 것 같았다. 그는 나무꾼이 시키는 대로 나무를 안고 있는 곰의 두 손을 대신 꼬옥 눌러 주었다. 그러자 나무꾼은 얼른 곰에게서 손을 떼고 멀리 달아났다. 나그네는 나무꾼이 잡고 있던 곰의 두 손을 뗄 수도 없고 그대로 잡고 있을 수도 없는 난처한 상황에서 그냥 곰의 두 손을 꼭 누르고 있을 수밖에 없었다.

이것이 인생살이다. 우리가 인생을 사는 것은 곰발을 붙잡은 것과 흡사하다. 놓으면 죽는다. 직장도 그렇고 가정도 그렇고 인생의 모든 문제에서 우리는 놓으면 죽는다는 다급함이 있다. 무엇인가를 붙잡을 때는 희망이 있는 것이다.

여자와 결혼을 하면 인생의 청사진이 핑크빛이고 자식을 낳으면 그 자식이 너무 예뻐서 동네방네의 자랑거리다. 제비가 새끼를 기를 적에는 암놈 수놈이 서로 먹이를 잡아다 먹이는데 입도 크지 입을 쩍~ 벌리고는 잘도 받아먹는데 제비가 다 크니 뿔뿔이 흩어지고 늙은 제비 두 마리만 집을 지키고 울고 있더라.

처량하다. 그렇게 믿고 기르던 자식들, 부부관계, 친구관계, 우리를 버리고 다른 곳으로 훌쩍 떠나는 사람들 이것을 인생이라 생각하고 이렇게 살아야만 하는가?

어떤 여인이 부부싸움을 했는지 연신 뒤를 돌아보며 도망을 치고 있었다. 어느 사람이 말을 건다. 누가 쫓아옵니까? 아니요 살림이 쫓아올까 무서워 그럽니다. 살림!
우리 불가는 살림살이를 한다. 산림山林살이! 이것이 결제인 것이다. 파아만산破我慢山 증장공덕림增長功德林 아만산이 깨지니 공덕림이 길어진다. 여기에서 인생의 숙제를 찾아야 할 것이 아닌가?

눈치를 왜 봐!

"이미 저질렀거나 아직 저지르지 않았거나를 막론하고, 다른 사람의 결점은 일체 보지 마라. 이미 저질렀거나 아직 저지르지 않았거나를 막론하고 그대 자신의 잘못은 반드시 되돌아보라." 숫타니파타의 말씀이다.

"모든 사람이 좋아하더라도 반드시 살펴야 하며 모든 사람이 미워하더라도 반드시 살펴야 하느니라." 공자의 말씀이다.

우리들에게 감사하는 마음과 만족하는 마음은 재산보다 위대하다. 사람들은 어려운 일에 당면하면 산에 올라가서 홀가분하게 도를 닦고 싶어 한다.

우리들의 인생은 시지프스의 신화처럼 언덕 위로 큰 돌을 밀어 올리면 그 돌이 정상부근에서 다시 굴러 떨어져서 끊임없이 돌을 굴리는 가혹한 형벌처럼 고통받는 존재이다. 행복에 겨운 듯한 사람도 고민이 있고 근심이 있다.

누구나 산에 올라가서 도를 닦는 것을 좋아하지만 산에 올라가지 못하는 것은 가족에 얽매여 있고 직장에 얽매여 있기 때문에 쉽게 결정하지 못하는 것이다. 이렇게 근심 걱정을 하며 사는 이유는 자기 자신의 조그마한 이익을 위하여 남의 적은 허물을 들출려고 노력하고 자신의 허물은 어떻게 하면 감출까라는 사회생활에서 모략과 중상으로 얼룩진 삶을 살기 때문에 끊임없는 삶의 회의와 인생무상이 머릿속을 지배하기 때문에 산에 사는 스님들을 부럽게 바라보는 것이다.

그러나 그곳에는 신나는 일만 있는 것이 아니다. 행복한 일만 줄지어 서있는 것도 아니다. 어느 때는 눈물도 있고 기쁨도 있다. 기쁨과 슬픔에 속지 않으려는 몸부림도 있다. '마음의 지도' 중에서 오늘 가지고 있는 것은 오늘 쓰고 내일까지 기다리지 말고 지금 바로 그 일을 시작하라고 한다. 시작이 반이라고……

물건을 산더미처럼 쌓아두어도 써야지 내 것이다. 쓰지 않고 쌓아두는 재물은 백년이 가도 천년이가도 내 것이 될 수 없다. 남의 돈만 세는 사람이 그 돈이 내 것이라고 착각을 하지만 천만의 말씀 그것은 내 것이 될 수 없다. 마음에서 옳다고 생각하면 그것이 나쁜 일이 아니라면 결정을 해라! 과감하게! 남의 눈치를 왜 보는가?

지금 컴퓨터 앞에 앉아 있지만 이것이 고장나면 분해해서 다시 조립할 수 있지만 사람을 분해하고 다시 조립할 수 없다. 싸늘한 시체만 남을 뿐이다. 살아 있을 때 좋은 일을 행복한 일을 마음껏 하라! 진리의 일부분만을 보지 말자! 부분적인 일은 진리가 아니다. 오늘은 추석인데 나도 차례를 지내야지!!! 지금 나는 살아있는 사람이다!

그려, 다시 시작하는겨

비긴 어게인 Begin Again, 이라는 영화를 보았다. 다시 시작하자! 라는 뜻의 영화다. 영화의 줄거리는 한때는 잘 나갔지만 현재는 술주정뱅이 취급을 받는 음반 프로듀서 댄과 스타가 된 남자 친구에게 버림받은 싱어 송 라이터 그레타가 뉴욕에서 만나 함께 음악을 만들어가는 과정인데 돈이 없어서 뉴욕의 거리 곳곳에서 녹음을 강행하고, 일상에서는 소음이었던 모든 소리가 특별한 소리로 다가온다. 골목에서 아이들이 노는 소리, 자전거나 지하철의 굉음까지 녹음하는 소리로 다 빨려 들어가는 설정을 했다.

음악이라는 것은, 아무것도 아닌 일상도 특별하게 만드는 힘이 있다. 줄거리야 어쨌든 노래가 환상적이다. 노래가 너무 멋이 있다. 지금도 노랫소리가 귀에 쟁쟁하다. 다시 영화관을 찾아서 그 음악을 들어야겠다.

다시 시작하자! 다시 시작하자! 다시 시작하자!
우리들의 인생생활도 주인공들과 같은 과정을 겪는 사람들이 많이 있다. 남주인공의 부인이 어느 사람과의 벼락을 맞은 듯 감전이 되어 바람을 피우는데 이때부터 부부간에 각방을 쓰고 아내는 같이 멀리 가서 살자는 불륜의 남자의 전화를 기다리는데 전화는 끝내 안 오는 장면과 여주인공의 결혼 상대자인 스타 가수가 소속사의 여인과 사랑에 빠지는 과정에서 헤어지는 광경을 묘사했는데 이런 것들은 전부 노래로 승화되고 전부다 이겨낼 수 있는 사건으로 전개가 된다.

이해로 얽힌 현실세계에서 쉽게 상처입고 좌절하며 또 수많은 관계 속에서 지쳐 포기하는 사람들에게 영혼을 치유하고 목표를 향하여 갈 수 있는 희망의 노래! 합창이었다.

행복하다! 행복이 무엇인지 모르지만 내 자신이 즐겁고 나도 모르는 사이에 희망의 노래가 입에서 저절로 흘러나온다면 그것이 행복한 삶이 아닐까? 음악이 이렇듯 사랑을 만들어 내며 희망을 줄 수 있는가?

이 영화 속 음악은 우리들에게 할 수 있다는 희망을 불러일으키고 음악 속에서 돈도 안 받고 나중에 성공하면 지불받는다는데 모두가 동의를 하며 봉사하는 모습에서 모든 사람들이 친구가 될 수 있다는 가능성을 활짝 열어놓았다고 생각한다. 우리는 얼마나 적은 일에도 핏대를 올리고 혈압이 높아졌으며 툭하면 헐뜯고 상처 입히는 어리석은 일을 반복했는가? 노래를 불러야겠다. 닐리리야 닐리리 닐리리 만보~ 닐리리야 닐리리 닐리리 만보~~~

비긴 어게인! 그래 다시 시작하는 거다. 모든 일을!

장님 코끼리 만지기

군맹무상群盲撫象이라는 말이 있다. 앞을 보지 못하는 맹인들이 코끼리를 어루만지고 코끼리의 모습을 말하게 한 사건이다. 인도의 경면왕(鏡面王)이 어느 날 맹인들에게 코끼리라는 동물을 가르쳐 주기 위해 그들을 궁으로 불러 모았다. 그리고 신하를 시켜 코끼리를 끌어오게 한 다음 맹인들에게 만져 보라고 했다.

얼마 후 경면왕은 맹인들에게 물었다. "이제 코끼리가 어떻게 생겼는지 알았느냐?" 그러자 맹인들은 입을 모아 자기들이 만진 대로 코끼리의 모양을 말했다.

상아를 만졌던 맹인은 무와 같다고 하고, 귀를 만진 맹인은 키와 같다고 대답하는 것이다. 또한 머리를 만져 본 맹인은 돌과 같다고 대답하는 가하면 다리를 만져 본 맹인은 기둥과 같이 생겼다고 대답하는 것이다.

우리들은 내가 보고 들은 것이 맞다고 생각을 한다. 맹인이 부분적인 것을 만져보고 그것을 옳다고 주장하는 것과 다를 바가 없다.

신앙생활을 지도하는 종교가들도 자기들의 수행이 절대적인 가치가 있다고 주장을 한다. 경전을 인용해서 말씀을 하니 어떤 것인들 틀릴 수가 없다. 모든 것이 옳다! 모든 것이 옳다?

깨달은 자는 어떠한 종교조직에도 속하지 않는다고 한다. 조직화된 종교는 종교성과는 거리가 먼 것이다. 조직화된 종교는 진리를 죽일 뿐이다라는 이야기가 있다.

이 시대의 예언자 중 한 사람인 '스리라칸'에게 기자가 "당신은 신의 존재를 믿습니까?" "아니오." "당신은 내말을 똑바로 알아들은 겁니까? 저는 '당신은 신의 존재를 믿습니까?'라고 물었습니다." "나는 질문을 알아들었습니다. 당신이야말로 내가 말한 것을 이해했소? 나는 신의 존재를 믿지 않소. 나는 신을 알기 때문에 믿을 필요가 없소. 나는 모든 존재가 신성으로 충만해 있다는 사실을 알고 있소. 인격적 신은 어디에도 없소. 이우주의 모든 부분이 신성이라오. 나는 그것을 알고 있소. 그곳에는 믿음의 문제란 없소."

부분적으로 보는 것과 전체적으로 보는 것은 차이가 있을 수 있다. 어떤 것이 부분이고 어떤 것이 전체인가? 옛사람들은 자기를 버려야 큰 공덕을 이룰 수 있다고 했는데……

욕망을 버리고, 나이야 가라!

천왕사 할머니가 지금 캐나다로 아들 보러 떠나셨다. 그리고 나이아가라 폭포를 보셨다고 자랑스럽게 전화가 왔다. 나이야 가라! 젊음이 오라!는 폭포를 보고 굉장히 젊어졌다고? 나도 가보았지만 그렇게 쉽게 젊어졌었나? 하는 생각이 든다.

캐나다에 있는 나이아가라 폭포는 물이 내려오는 것이 장관이다. 가슴을 시원하게 해주기 때문에 영화에도 자주 등장하고 확실히 젊어지는 것도 같다.

나이아가라 폭포가 겨울이 되면 주위에 눈이 쌓이고 상류에는 먹을 것이 자연히 없어진다. 그렇기에 모든 동물들이 먹이를 찾으러 나오고 까마귀도 먹을 것을 찾아서 나왔는데 마침 나이아가라에 살고 있던 염소 한 마리가 물을 찾아서 왔다가 실족사를 하여 얼음이 언 그 속으로 염소 한 마리가 둥둥 떠내려오니 까마귀가 얼마나 기뻤겠는가?

처음에는 한 번 쪼아 먹고 올라가고 또 한 번 쪼아 먹고 올라가

다가 쪼아 먹는 고기 맛에 취해서 자기발이 물에서 얼어붙는 줄도 모르고 쪼아 먹고 있다. 까마귀가 배가 불러 하늘로 날아갈려 했지만 자기 발이 얼어붙었기 때문에 날아 갈수 없었다. 꼼짝없이 나이아가라 폭포에서 염소 시체와 같이 얼어 죽었다. 욕망이란 이런 것이다.

숫타니파타에서
"탐욕과 혐오는 자신에게서 생긴다. 좋고 싫은 것과 소름끼치는 일도 자신으로부터 생긴다. 온갖 망상도 자신에게서 생겨 방심케 된다. 그것들은 애착에서 일어나고 자신으로부터 나타난다. 마치 나무의 어린 싹이 가지에서 생기듯이. 널리 모든 욕망에 집착해 있는 것은 덩굴이 숲속에 뻗어 있는 것과 같다."

금붕어가 작은 어항에서 살아 갈 수 있는 것은 기억력이 없기 때문이라고 한다. 다람쥐는 도토리를 땅속에 묻어두고 잊어버린다고 한다. 잊지 못해서 힘들 때가 있지만, 잊어버림으로 득이 되는 일들이 있다.

자! 힘을 내자! 인생에 필요한 조건을 두 배로 갖추어라. 그러면 생활 역시 두 배의 가치를 지닐 것이다. 보지 못했는가? 소나무 사이에 있는 칙은 소나무 크기로 자라고 조그만 나무 가운데 칙은 삼척을 못 면하는 법이다. 꿈을 크게 갖자!

억지로라도 행복하라

큰 뜻을 둔 사람은 어떤 일의 결과에 대해서도 자기 탓으로 돌릴 줄 알아야 한다. 우리는 높은 자리에 있으면서 자기의 잘못을 아래로 전가하는 못난 사람들을 간혹 볼 수가 있다. 자기가 말하고도 그것을 알아채지 못하는지 시종일관 모르쇠로 나가며 딴 짓을 하는 사람, 구차한 변명으로 그 자리를 모면하려고 하는 사람 등 여러 가지 종류의 사람들을 만날 수 있다.

나는 나를 모른다. 나는 어떤 사람일까? 혹시 모르쇠? 아니면 이 핑계! 저 핑계! 그것은 내가 판단할 일이 아니니까 모르겠다. 선가의 말처럼 조고각하照顧脚下 자기 다리 밑을 비추어 돌아보라는 것이다.

중국 송나라 때 오조 법연 선사 밑에 세 명의 제자가 있었는데 밤길을 멀리 갔다가 오는 길에 손에 들고 있던 등불이 바람이 세차게 불자 꺼지고 말았다. 어둠을 밝혀 주었던 등불이 꺼지자 칠흑같이 캄캄해서 앞뒤를 분간할 수가 없는 지경이 되었다. 스승이었던 법연 스님이 세 제자에게 어떻게 해야 하겠는가? 하고 물었다.

다른 분들의 말씀도 훌륭하시지만 오늘의 주제 조고각하를 원오 스님이 말했다. 어둠을 해결할 방법! 발밑을 살피는 것! 절에 가서 스님들이 신발 벗어놓은 마루 토방을 보면 간혹 조고각하照顧脚下라고 써 놓은 것을 볼 수 있다. 살피는 것은 여러 가지가 있으니까 각자가 알아서 살피고 대중처소에서 스님들이 벗어 놓은 신발을 보면 환상이다.

가지런히 벗어놓은 하얀 신발! 이것 한 가지만 보아도 수행력을 짐작할 수 있다. 참고로 나는 운동화다. 비싼 운동화를 신었다고 자랑하는 것이 아니고 말하는 것과 수행하는 것은 엄청난 차이가 있는 것이고 나는 그런 수행을 하지 못하기 때문에 수행력이 대단한 스님들이 계시기에 우리가 행복하고 이 풍진 세상을 넉넉하게 살 수 있다는 것을 다시 한 번 강조하기 위해서 이렇게 사족을 다는 것이다.

이탈리아 영화배우 안나 마니냐가 늙어서 사진을 찍을 때 유명한 말을 했다고 한다.
"내 주름살을 수정하지 말라 그걸 얻는데 평생이 걸렸다."

행복하고 안하고는 어떤 기준일까? 나도 매일 행복하라고 말하는데 진짜로 말하는가, 가짜로 말하는가? 말하면 행복한가? 나는 행복하다! 억지로도⋯

너는 말이라도 하지~~

세상에 남에게 자랑할 만한 것이 있는가? 양보라는 것은 어떠한 경우에 해야 하는 것인가? 재능이라는 것은 남에게 자랑할 것이 못 된다. 내가 잘하는 것 같은데 또 한편으로는 더 잘하는 사람이 탄생한다. 나도 굉장히 급한데 또 한편으로는 더 급한 사람이 생긴다.

1970년대 서울역에 화장실이 있는데 지금처럼 칸이 많지 않고 약 십여 개 되었는데 지금은 한 줄로 쭉 서서 볼일을 보는대로 한 사람이 나오면 한 사람이 줄 서서 들어가는데 그때는 한 칸 한 칸마다 사람들이 서 있어서 재수가 좋으면 일찍 나오는 칸에 서 있는 행운에 빨리 볼일을 보는 것이고 재수가 없으면 그 사람이 변비인지 오랜 시간동안 그 줄에서 곤욕을 치르며 기다리는 것이다.

이런 경험을 해보셨는가? 뭐가 나오려고 하면 미치고 환장하는 것이다. 손에는 힘이 들어가고 사지가 뒤틀어진다. 얼굴은 하얗게 변하고 눈에 뵈는 게 없다. 동물들이 긴장하면 털을 세우듯이 머리가 쭈뼛거리며 선다. 무지 많은 표정이 있을 것이다.

화장실에서 줄서 있는 사람들의 표정은 가지각색이다. 그런데 그때 얼굴이 사색이 되어서 뒤를 잡고 화장실에 들어온 한 남성이 사람들에게 사정을 한다. 제가 쌀 것 같으니까 양보 좀 해달라고… 화장실의 문은 열리지 않고 사람들은 반응이 없다.

이 사람의 표정이 더욱 심각해진다. 그리고 주위를 쓱~ 돌아보더니 가장 맘 좋을 것 같은 아저씨한테 가더니 양보를 강요한다. 아주 처절한 목소리 아.저.씨.부.탁.해.요. 어찌하겠는가? 하하하!!! 이 아저씨 말씀 한 마디에 많은 사람들이 그냥 쌌다.

주저 않은 사람들이 많았다. 그 아저씨 말씀? 궁금하신가요? 지금 생각해도 짜릿하다. 그 아저씨 손은 뒤에 가 있고 오만상을 찌푸리면서 너~는~말~이~라~도~하~지!!! 이 말을 글로 쓰니 표현이 안 된다. 여러분! 내가 급하다고 생각하고 거울을 보고 한 말씀해 보시라! 10년 묵은 체증이 쑥~ 내려갈 것이다. 너~는~말~이~라~도~하~지!!!

옛 속담에 "찾으면 발견할 것이요 소홀이 하면 잃으리라"라는 말이 있다. 정성을 다하라!
행복이 줄서서 기다리는 것이다. 총림이라는 것은 대중스님들을 위한 것이다. 절이란 많은 기능이 있지만 서장書狀이라는 부서가 있어서 글 쓰는 일을 주관하였다고 하는데 그 부서에 보답하는 의미로 손으로 붓을 잡지 않더라도 마치 머리에 붙은 불을 끄듯 공부하라고 했다.

(수불파필手不把筆하고 여구두연如救頭燃) 머리에 붙은 불을 끄듯, 뒤가 급할 때 화장실에 가듯, 세상에 임하라…

돌아보면 별것 아닌 것을

우리가 언제부터 이렇게 잘살았는가? 지금 평상시 먹는 것이 예전에는 일 년에 한두 번 먹었던 것처럼 잘 먹고 잘살고 있다. 우리의 머리는 예전에 어려웠던 일들이 생각이 나지 않는다. 옛 기억이 잘나지 않고 가물가물하다.

진짜로 우리 민족이 6·25라는 전쟁을 경험한 나라인가? 동족상잔의 전쟁으로 폐허가 된 땅에서 다른 나라에 도움을 받고 피눈물을 흘리면서 ♫잘살아보세~ ♪잘살아보세~ ♪우리도 한 번 잘살아보세~ 이런 노래를 부르면서 새마을 운동을 했었던 일이 있었는가?

1960년대와 1970년대 초까지만 해도 친구집에 놀러가서 밥 먹을 때가 되면 친구 어머님이 밥그릇에 밥을 고봉으로 떠서 먹으라고 하고는 밥그릇에 물을 붓는다. 남기지 말고 다 먹어라의 뜻이다. 체면 때문에 남기지 말라! 라는 뜻이다.

그 시절 쌀이 부족하여 쌀밥을 먹는 집은 얼마되지 않고 보리밥이나 감자, 무밥 등을 먹었다. 지금은 이런 밥을 별미로 먹으러 다니는데 그 시절은 돈 없는 사람들의 대명사였다. 배가 좀 나오고 뚱뚱하면 잘사는 사람이라고 하여 환영받았고, 여자들도 통통하면 부잣집 맏며느리감이라고 다들 부러워한 시절이 우리에게 있었다.

지금 수도꼭지만 돌리면 콸콸 나오는 수돗물! 예전에는 급수차가 동네로 들어오면 양동이를 집집마다 가지고 나와 줄을 서서 기다리던 시절이 있었다. 그러다가 예나 지금이나 하는 새치기로 서로 싸움하는 사람들이 하루에 한 번도 거르지 않고 있었던 것 같다.

지금은 자동차가 집집마다 있고 어느 집은 사람 수 만큼 있는 것이 자동차가 되었지만… 이것으로 인하여 예전에 물동이 놓고 싸움을 하듯이 자동차 새치기, 바짝 붙기, 욕하기, 과속하기, 등등으로 목숨 걸고 싸우는 사람들이 점점 늘고 있다.

세계평화와 자유를 위하여 싸우는 것이 아니고 사소한 일로 평생 원수되고 새치기로, 주차문제로 자칫하면 사람이 상하는 싸움까지 서슴지 않고 하는 세상으로 점점 변하고 있다. 모든 사람들이 당연하다는 듯이 받아들이고 있다.

화환상적어홀미禍患常積於忽微라는 말이 있다. 사람이 큰 돌에 걸려 넘어지는 경우는 별로 없으며, 대부분 하찮게 여겼던 작은 돌에 걸려 넘어진다는 것이다. 항상 하는 작은 습관들이 자신의 위기를 만들어 낼 수가 있다. 작은 것으로 인하여 실패할 수도 있다는 말이다.

큰 꿈을 가진 사람들이 자동차 새치기나 동네어귀 주차문제로 시비가 벌어져 큰 싸움이 되고 나중에 회복할 수 없는 상처를 입는다면 십년공부 도로아미타불이 되는 것이 아니겠는가.

신심명에는 호리유차毫釐有差 천지현격天地懸隔이라 했다. 털끝만큼 한 차이가 하늘과 땅만큼 벌어진다는 것이다. 작은 일을 소중히 해라.

사랑을 하면 예뻐져요

가을이면 사람들은 단풍놀이를 떠난다. 단풍놀이에 동원되는 것은 관광버스다. 계절의 왕은 뭐니 뭐니 해도 관광버스인 것 같다. 여행을 갔다 돌아오는 길은 너무 재미있다.

버스 안에서 흥겨운 노랫가락이 흘러나오고 모든 사람들이 버스 바닥아 내려앉아라! 하며 발을 구르고 몸통을 흔들며, 어떤 이는 잔을 들어 먹새! 마시세!! 하며 계속 권하고 마시지 않는 사람에게는 술잔을 얼굴에 부을 것 같은 몸동작도 나오곤 한다. 이 사람들이 공통적으로 부르는 노래가 있다. "노세, 노세, 젊어서 노세, 늙어지면 못 노나니."

알콜이 들어간 탓인지 부끄러움이 없이 아무나 대고 치댄다. 아니면 부끄러움을 모르는 나이에 접어들었던지, 과연 그러한 나이는 몇 살부터인가? 지금 부터 하는 이야기는 그런 것과는 차원이 멀다. 버스를 타고 놀러가는 아주머니들을 볼 때면 가끔 재미있어 보이는 얼굴들이 떠오른다.

어느 휴게소에서 벌어진 일이다. 관광버스 한 대가 휴게소에 서는데 그 버스에 타고 있던 아주머니들이 다 내려서 화장실을 가려고 하는지 화장실로 향하는데 그 휴게소는 공교롭게 이동화장실 하나밖에 없었다.

가만히 보니까 옆에 정차해 있는 트럭이 있어서 그 아주머니들이 정차해 있는 트럭 주위로 몰려들더니 실례를 하는 중이었는데 갑자기 트럭 밑에서 어느 청년이 얼굴이 하얗게 질려서 뛰어오더니 하는 말이 "큰일났어요! 자동차 온수가 터졌나 봐요."

이 청년이 트럭 밑에 들어가서 고장 난 부위를 고치고 있을 때 아주머니들이 방뇨한 오줌이 흘러 그 청년의 몸을 적시었고 그 청년은 갑자기 뜨뜻한 물이 몸에 젖어 오니까 자동차 온수가 터진 줄 알고 얼굴이 창백해져 뛰어나온 것이다.

영혼에 무엇이 남아 있을까? 술에 취하여 자기 몸 하나 가눌 줄 모르는 사람들도 지난날의 사랑을 이야기하는 것을 볼 수가 있다. 그래 사랑은 누구에게나 소중한 것이다. 술에 취했건, 도둑질을 하건, 사기를 치건 누구에게나 소중할 것이기 때문이다.

아무리 닦아도 빛나지 않는 것이 있다. 사람들의 마음은 자기 스스로 닦아야 빛을 낼 수 있는 것이다. 사랑을 할 때면 모든 것이 빛나 보인다. 모든 것이 특별한 것이다. 여러분들도 사랑을 해 보아서 알 수 있을 것이다. 인생이 빛나고 행복하지 않는가? 사랑을 합시다. 인생을 다시 조견합시다. 아름다운 세상은 쉽게 만들어지지 않는 것이다.

함께 가자! 우리

서방에서 온 개인주의라는 말이 이제는 우리가 더욱 적극적으로 이해하는 낱말이 되었다. 우리에게 '동반'이라는 말은 옛말이 되고 개인이라는 사고가 팽창하여 남녀 간에 결혼을 할 때에도 지참금에 대한 합의가 이루어져야만 결혼이 성사된다는 씁쓸한 현실이 사실로 다가왔다.

서양에서 온 개인주의는 우리에서 나로 변환시키고 동반의식이 없는 가운데 형제지간에도 남보다 못한 경우가 되기도 하고 부부 사이에도 이혼이 맘먹으면 금방 이루어지는 시대 속에서 우리는 살고 있다.

결혼이 점점 늦어지니 자식을 낳는 것도 하나만 낳거나 아니면 낳지도 않는다. 자식이 없어야 잘산다는 이치를 벌써부터 알고 있으니 성인들이 사는 세계에 던져진 것 같은 착각 속에 살고 있다. 남녀 간에도 남자와 여자가 만나 부부가 되었지만 남편과 부인 사이에도 저금통장을 달리하고 아파트를 구입하여도 명의를 누구 앞으로 하느냐도 심각하게 받아드리고 있다.

어느 신혼부부가 아파트로 이사를 가서 사는데 옆집에서 애기 돌이라고 떡을 가져왔다. 부인이 이 떡을 받아놓고 남편과 나누어 먹으려고 남편오기를 기다려 떡을 나누는데 똑같이 나누어야 하니까 너 하나 나 하나 하면서 떡을 나누다가 그만 불이 나갔다.

주위가 캄캄하여 떡을 나눌 수가 없는데, 남편이 생각을 한다. "이크! 위험하다 혹시 치마폭에다 숨겨 놓으면 나만 손해가 아닌가?" 아내도 생각한다. "남편의 큰손으로 안 보일 때 집어가면 나만 손해가 아닌가?" 하여 둘이 약속을 한다.

전기불이 들어올 때까지 손뼉을 치자고~~ 자! 손뼉을 칩시다! 짝! 짝! 짝…… 시간이 좀 지나자 전기불이 들어왔는데 떡 그릇이 비어있었다. 귀신이 곡할 노릇이지 둘이 손뼉을 치고 있었는데 어떻게 떡이 없어져!!! 가만히 보니 아내의 이마도 남편의 이마도 붉게 부어 있었다. 한쪽 손으로는 이마를 치고 한쪽 손으로는 떡을 집은 것이다. 물론 이것은 픽션이다. 우리들에게 극심한 개인주의를 보여주는 단막이다.

비익이라는 새가 있다. 비익조比翼鳥는 중국 전설에 나오는 눈과 날개가 하나뿐인 상상의 새다. 날개가 하나라 창공을 날수가 없다. 그러나 암수가 한 쌍이 되어 몸을 합치면 하늘을 힘차게 나르는 영웅의 새가 된다는 것이다.

그리고 종류가 다른 두 나무가 붙어있는 것을 연리지라 한다. 연리지連理枝는 두 그루의 종류가 다른 나무가 합쳐져 자라는 희귀

한 형태다. 두 나무가 가까이 있으면 양분과 수분이 부족해 시들어 죽고 마는데 가지가 연결되면 오히려 더 잘 자란다니 신기한 일이다.

　이것이 서로 다른 환경에서 자란 남녀가 서로 만나 가족을 이루고 잘사는 모습을 보여주는 부부의 도를 보여준다. 사랑이라는 것도 서로가 다른 모습이지만 진정으로 합쳐진다면 훌륭한 모습이 되는 것이 아닐까? 세상의 동반자들이여! 한쪽만 있는 날개에서 한쪽의 날개를 합쳐 비상하라! 훨훨~~ 날아가라!

웬만하면 주지 그려

예전에는 승려가 목탁을 치고 염불을 하며 탁발을 하는 모습을 자주 보았다. 그러나 어찌 된 일인지 탁발하는 승려들의 모습들이 점점 보이지 않게 되었다. 부처님께서는 깨달음을 얻었음에도 탁발을 하셨다.

탁발은 하심을 하는 행위이며, 불과를 얻는데 중요한 수행이다. 깨달음을 얻은 분을 붓다라 하고 부처님에게는 열 가지 명호가 있는데 이것을 여래십호라 한다. 열 가지 명호는 여래, 응공, 정변지, 명행족, 선서, 세간해, 무상사, 조어장부, 천인사, 불세존인데 응공 應供은 공양을 받을 만한 사람을 나타낸다.

남에게서 물질로나 정신적으로나 대접을 받을 만하다는 뜻이다. 중생의 복전이 될 수 있는 분이 어디 그리 흔한가? 그래서 응공의 넋이 없는 사가 중생의 공양을 받는 것은 춘원 이광수서사가 병원에서 쓴 응공이라는 수필에서 이 세상에 응공대학이 있으면 서울대보다도 훨씬 셀 것이라고 했다.

왜냐하면 응공은 남에게서 물질로나 정신적으로나 대접을 받을 자격이 있는 사람이니 쌀이며 돈을 들고 찾아오는 사람들이 줄을 설 지경이면 이런 대학에 왜 안가겠는가? 그런 이광수거사는 응공의 자격이 없는데도 글을 써서 밥을 먹고 있다는 자격지심을 발로 하고 있다.

이보다 앞서 22조 마라나존자의 정법안장을 받은 23조 학륵나존자는 항상 오백 마리의 학이 따라 다니면서 존자의 곁을 떠나지 않았다. 이에 학륵나존자는 스승께 묻기를 "저에게 어떤 인연이 있어서 학(鶴)의 무리가 따르는 것입니까?"라고 묻자,

존자께서 말씀하시기를, "네가 과거생(過去生)에 500명의 제자를 거느리고 있었는데 너는 용궁(龍宮)에 가서 공양을 대접받곤 했는데 너의 제자들은, 복(福)이 박(薄)하고 덕(德)이 미미(微微)하여 데리고 가지 않았다.

이에 제자들이 於法이 平等한데 於食이 平等하지 않냐고 불만을 표시하자 제자들을 데리고 용궁의 공양을 받았는데 제자들은 용궁의 공양을 받을만한 복이 없었기 때문에 죽어서 날개 있는 중생으로 떨어져서 5겁(劫)이 지난 지금에 와서야 학(鶴)의 몸을 받아 너의 주위를 떠나지 않는 것이니라." 하니,

학륵나존자가 다시 여쭈기를, "어찌하여야 저 학의 무리를 해탈시킬 수가 있겠습니까?", 마라나존자는 "심수만경전心隨萬境轉 전처실능유轉處悉能幽 수류인득성隨流認得性 무희역무우無喜

亦無憂 마음은 만 가지 경계 따라 움직이지만 바꿔지는 곳은 자기도 모르나니 이렇게 구르고 저렇게 구르다가도 자기를 알면 기쁨과 슬픔! 어디에 있을쏜가" 이에 학의 무리들이 울면서 날아갔다고 한다.

재가불자들은 승려의 탁발을 어떻게 생각하시는가? 어떤 승려가 어느 집 앞에서 탁발을 하고 있다. 목탁을 치면서 반야심경을 외웠으리라. 그런데 10분을 염불해도 대꾸가 없자 그 승려도 오기가 났나보다.

염불이 이상하다. "안 주면 가나봐라 안 주면 가나봐라" 안에서 그 소리를 들은 아주머니가 "그런다고 주나봐라 그런다고 주나봐라"을 외친다. 옆집에서 이상한 염불을 들은 이웃집 아주머니가 염불한다.

"웬만하면 주지 그려 웬만하면 주지 그려." 참! 신나게 염불하는 구려! 아하! 우리에게 응공은 어떤 분이신가? 추천으로 뽑는다면 어떤 분을 뽑을까? 뇌물은 주는 걸까? 받는 걸까?

천 개의 달

사람의 본성은 흐르는 물과 같아서 물길을 동으로 트면 동으로 흐르고 서쪽으로 트면 서쪽으로 흐른다. 나는 지금 어느 쪽으로 물길을 터놓고 어느 쪽으로 흘러가려고 하고 있는가?

어떤 사람이 사월초파일에 절에 와서 엉뚱한 질문을 했다. "스님! 서가모니부처님은 한 분이시지요?" "예!" "절은 많이 있지요?" "예!" "부처님이 탄생하셨다고 많은 절에서 사시 공양을 올리는데 부처님은 어느 절에서 공양을 드십니까? 이 절에서 드십니까? 아니면 저 절에서 드십니까?"

서가모니 부처님은 한 분이신데 과연 어느 절에서 공양을 드시냐? 하는 질문이었다. 넓고 깨끗한 절에서 드시는가? 아니면 초라한 절에서 드시는가? 친분이 있는 절에서? 권력이 센 절에서? 한분이 여러 곳에서는 공양을 못 드실 것이 아니냐? 대충 생각하면 배가 남산만한 것도 아닌데 전국의 사찰에서 부처님 오신 날 행사를 하면 부처님은 어디로 가시는가?의 문제를 들고 나온 것이다.

그때 주지 스님이 그 사람에게 말을 한다. "시주님! 지금은 바쁘니 저녁때 오십시오!" 그 사람은 알았다고 대답하곤 저녁에 다시 절로 와서 묻는다. "스님! 대답해주세요!" 그러자 스님은 씩하고 웃더니 그 사람에게 법당에서 청수물 그릇을 가지고 나오라고 한다.

크고 작은 그릇이 마당에 나와 있다. 그릇 속에 무엇이 들었냐고 묻자 아무것도 없다고 대답한다. 주지 스님은 물을 그릇 속에 채우라고 한다. 물을 그릇 속에 채우자 다시 물어본다.

그릇 속에 무엇이 들었냐고… 아~~ 물이 들어 있는 그릇 속에는 전부 달이 들어 있었다. 전국 어디에서건 물이라고 하는 인연이 있으면 언제나 달은 뜨는 것이다. 천강유수천강월千江有水千江月이다. 천 개의 강이 있으면 천 개의 달이 뜨는 것이다.

인연이 있는 곳에는 여자건, 남자건, 잘사는 사람이건, 못사는 사람이건, 잘생겼던, 못생겼던, 부처님은 항상 함께하신다.

동쪽에서 떠오르는 해는 서쪽 제일 높은 봉우리를 먼저 비추듯이…우는 아이에게 어머니가 먼저 젖을 주듯이 항상 기도하라! 그대에게 축복이 있나니!

풍남이와 곰순이

마당에서 풍남이가(풍산개 수컷) 짖는 것으로 보아 낯선 사람이 왔다 갔다 하는 것 같다. 괜히 몸집만 커서 사람들이 무서워하는데 정작 풍남이는 사람을 따르는 순둥이다. 놀아달라고 짖는 것을 우렁찬 목소리 때문에 무서워하고 피하는 것이다.

며칠 전 밤에 키우는 개 두 마리가 큰 소리로 짖어서 왜 그런가 하고 나가보니 내 눈에는 아무 것도 안 보이는데 한 곳을 주시하고 짖고 있었다. 가지고 있던 휴대폰에 전지 기능이 있어 짖는 방향으로 비추어 보았다.

웬 사람이 앉아 있는 모습을 발견하고 올라가 보니 술 냄새가 진동을 하고 혀 꼬부라진 목소리로 "기도를 하러 왔습니다. 스님! 기도를 하게 해주세요." 하고 나를 붙잡고 늘어지는데 괜히 불쌍한 마음이 번뜩 든다.

"지금은 술이 너무 취했으니 내일 날이 밝으면 오세요. 집은 어디십니까? 내가 데려다 주지요" 하니 "여기서 가까운 곳에 집이 있습니다. 다시 오겠습니다." 한다. 내가 부축을 하고 계단을 내려오는데 순순히 따라 내려오며 연신 인사를 한다.

집에 잘 갈 수 있을까는 생각하지 않는다. 술 취한 사람이 집은 굉장히 잘 찾아간다고 하지 않는가? 걸음걸이도 과히 비틀거리지 않고 잘 걸어 내려간다. 한참 동안 걸어가는 뒷모습을 쳐다보았다.

우리는 우리의 본성을 알고 있는가? 어느 땐가 묶어 논 개 목걸이가 풀려 개 두 마리가 다 없어진 적이 있다. 풍산개 수놈은 풍남이고 얼룩덜룩 호피모양을 한 개는 암놈이라 곰순이라 이름한다.

이 두 마리가 둘 다 목걸이가 풀어져서 없어졌다. 도량 구석구석을 뒤졌지만 보이지가 않는다. 동네도 나가 보았지만 도대체 어디를 갔는지 모르겠다. 그때는 초복 근처이기 때문에 별걱정이 다 드는 것이다. (이래 가지고 성불할 수 있겠는가?)

안타까운 마음마저 들었다. 이것 내가 왕생염불을 해야 하나 등등의 생각을 하는데 아침 8시쯤 개 두 마리가 절을 향해 걸어오는 것이다. 얼마나 기쁘고 즐겁던지… 웃고 있다가 머리에 망치를 맞은 것 같은 전율이 일어난다.

그래! 사람들은 자기가 키우는 개가 없어지면 누구나 애타게 찾는데 우리의 잃어버린 마음을 애타게 찾는 사람이 없구나! 마음을 잃어 버렸다는 생각조차 하지 못하고 있다. 배움의 목적이 무엇인가? 잘 먹고 잘 사는 데에 있는가? 잃어버린 마음을 찾는 것에 있는가? 지금도 시간은 흘러가고 있다.

다른 것과 틀린 것

사람이 이 세상을 살아가는데 논쟁을 피할 수가 없다. 아침부터 잔소리로 하루를 열면 밤까지 잔소리가 계속되며 다른 사람과의 대화에도 나쁜 영향을 끼칠 가능성이 농후한 것이고, 사랑의 말로 하루를 열면 사회에 나가서 설령 유쾌하지 않은 말을 들었다하더라도 아침의 좋은 기분으로 상대방과의 언쟁을 피할 가능성이 높다.

그래서 운전을 업으로 하시는 분들은 아침의 상태가 매우 중요하다. 그런 분들의 배우자는 특별히 신경을 써서 사랑의 말로 하루를 시작해야 한다. 사랑의 말을 잘 구사하려면 기도로 하루를 여는 자세가 필요한 것 같다.

어쩌란 말인가? 시시비비가 없는 세상은 성인들이 모여 사는 곳 뿐이 없을 것인데 우리는 번뇌 망상에 가려진 부처일 뿐 더 이상도 더 이하도 아닌 중생이 아닌가? 모습은 똑같아도 마음의 크기는 다른 것일까?

장자 소요유 편에 물이 깊지 않으면 큰 배를 띄울 수가 없고, 붕

새는 한 번 날면 여섯 달을 날아가서 쉰다고 하는데 매미와 비둘기는 그러한 사실을 모르기 때문에 붕새가 무엇 때문에 구만리를 날아가는가를 비웃고 있다.

한 식구가 한 달 먹을 양식을 준비하는 것과 만 명이 한 달을 먹을 양식은 차이가 있는 것인데, 세상을 보지 못한 사람들은 자기가 보지 못한 세상에 대해서는 이해를 구하기보다는 무조건 나는 그런 사실을 모르기 때문에 "당신은 틀린 것이다!"라고 말을 한다.

꼭 자기가 경험해서 아는 것만 인정하고 다른 것은 모르는 사실이라고 한다. 그래서 장자는 A와 B가 논쟁을 하고 있는데 A가 낫다면 A가 옳고 B는 틀리다는 것을 암시하는가? 반대로 B가 옳고 A가 낫다면 이것은 B가 옳고 A가 그르다는 것을 의미하는가?

우리는 하나는 꼭 옳고 하나는 꼭 그른 것인가? 아니라면 우리가 다 옳거나 그른 것은 아닐까? 그것은 알 수가 없는 것이라고 설파했다. 누가 옳고 누가 틀리는가? 어떠한 잣대로 보아야 하는가?

코이라는 비단잉어가 있다. 코이는 환경에 따라 크기가 다르다고 한다. 치어를 어항에 넣어 기르면 5㎝밖에 자라지 않지만 커다란 수족관이나 연못에 넣어 기르면 25㎝까지 자라고, 강물에 방류하면 1m까지 성장한다고 한다.

우리는 모두 코이 같다. 능력을 무시하면 어항속의 코이고, 능력을 인정하면 강물의 코이가 되는 것이다. 우리의 자질은 우리가 어떠한 포부를 가졌고 그 이상을 펼쳐나가느냐에 달려있다.

포부를 크게 하려면 성현의 말씀에 귀 기울이고 부지런히 책을 보아 미지의 세계를 여러 각도에서 이해한 분들의 사상을 간접 체험하는 것이다.

이것을 이해하는 사람은 아무리 나이가 들었어도 청년 같을 것이고, 이해를 못하면 나이가 적어도 사상이 찌들은 노인에 불과할 것이다. 자기의 틀에서 안주하지 말고 힘차게 도약하여 이사회가 바라는 선지자가 되시기를 축원한다. 자! 나가자! 벌떡 일어나자!
아자! 아자!

너는 너대로, 나는 나대로

나는 아버님의 뼈와 어머님의 피를 받아서 이 세상에 태어났다. 이 땅에 태어난 자는 누구를 막론하고 부모가 있을 것이고 스승님이 있을 것이다. 이제는 부모님도 스승님도 모두 떠나시고 삭막한 이 세상에 나 혼자만 덩그러니 남겨진 기분이다. 2014년 9월 20일 오후 3시 30분에 대전문학관 야외 공연장에서 제1회 금당 문학축전이 개최되었다.

아! 용봉대종사 은사스님!

스님께서 열반하신지 18년 만에 간행된 전집 그리고 전집을 간행한지 5주년이 지난 지금 문학축전의 막이 열렸다. 이 자리가 마련되기까지 헌신하신 전집간행위원회 회원님들과 유가족 여러분! 한국불교태고종 운산 전총무원장스님, 이동영 대전우송대학교 교수님, 송하섭 전단국대 부총장님, 최원규 충남대명예교수님, 강태근 문학마당주간이시며 전고려대학교교수님, 이름을 열거하지 못한 많은 교수님과 스님들 제자분들…… 감사의 말씀을 올립니다.

작시 이재복 작곡 지강훈의 시노래 '꽃밭'을 올리나이다.

꽃밭
노란 꽃은 노란 그대로
하얀 꽃은 하얀 그대로

피어나는 그대로가
얼마나 겨운 보람인가

제 모습 제 빛깔따라
어울리는 꽃밭이여.

꽃도 웃고 사람도 웃고
하늘도 웃음짓는

보아라, 이 한나절
다사로운 바람결에

뿌리를 한 땅에 묻고
살아가는 인연의 빛.

너는 물을 줘라
나는 모종을 하마

남남이 모인 뜰에

서로 도와 가꾸는 마음

나뉘인 슬픈 겨레여
이 길로만 나가자.

　대전문학관 정원의 자연석에 새겨진 스님의 대표적인 작품이다. 노란 꽃은 노란 그대로 하얀 꽃은 하얀 그대로 우리도 그대로 너는 너대로 나는 나대로… 선지가 번뜩이는 스님의 시세계 나는 그저 합장하고 나무아미타불을 부르리라. 나무아미타불!!!

높이 올라가야 멀리 보지

　종색자각 선사의 좌선의에 "자기만의 해탈은 참된 좌선이 아니다. 자기와 마찬가지로 다른 사람도 이로움이 있어야 수행도 원만하게 성취된다."라는 말이 있다.

　자미득도自未得道래도 선도타先度他한다는 사상이랄까? 내가 도를 얻지 못했어도 먼저 남을 제도한다는 것이니 생각을 바꾸어야 한다. 절집에서는 아무도 모르게 선행을 하는 경우가 종종 있다. 선행으로 다른 사람에게 불쾌감을 주거나 얼굴을 찌푸리게 하는 것은 삼가야한다. 세상 모든 사람들이 행복해지는 그날까지 힘써야한다.

　하루도 빠짐없이 오토바이에 포대자루를 싣고 국경을 넘어 다니는 노인이 있었다. 노인의 행동을 수상쩍게 여긴 국경의 세관원이 혹시 밀수꾼이 아닌가 싶어서 그를 붙잡고 묻는다.
　"할아버지, 이 포대 속엔 뭐가 들었죠?" "보면 몰라? 자갈이잖아, 자갈!"

세관원은 포대를 꼼꼼히 뒤져보았지만 노인의 말대로 자갈 외에는 든 것이 없었다. 이후에도 세관원은 여러 차례 오토바이를 세우로 불심검문을 해봤지만 그때마다 포대에서 나오는 것은 흙 묻은 자갈들뿐이었다.

그러기를 1년, 마침내 궁금증을 견디지 못한 세관원이 물었다. "할아버지, 밀수를 하신다고 해도 눈 감아 드릴 테니 제발 솔직히 말씀해 주세요. 뭔가 밀수를 하긴 하는 거죠?" 그러자 노인이 히죽 웃으며 대답한다. "사실은 말이지, 난 오토바이 밀수꾼이야."

생각을 바꾸면 무엇이든 볼 수가 있다. 생각하지도 못한 곳에서 기상천외한 발상이 나오는 것 같다. 내가 생각하지도 못한 일들이……

어제는 만수사 거홍 스님의 이임식이 있었다. 아무도 생각지 못했던 대웅전의 지붕높이기 공사를 기발한 착안으로 무리 없이 공사를 하시었다. 또한 우리들에게도 화합하는 정신을 말없는 행동으로 보여주시고 물심양면으로 도움을 주었다.

절집에서야 불만이 있을 수 없다. 불만이 있으면 스스로 그 자리를 떠나면 된다. 떠나는 사람을 붙잡는 법도 없고 배웅하는 사람도 없다. 또한 오는 사람을 막는 법도 없다. 그러나 약 2년의 짧은 시간이었지만 일을 통해서 신뢰를 쌓았고 정성을 보았다.

그런 스님이 더 좋은 곳으로 떠나는 모습이 마냥 좋을 수는 없다. 그러나 가야한다. 회자정리會者定離이기 때문이다. 하지만 헤어져도 반드시 만나는 이치도 있다.

우리가 이 세상에 살아 있는 한 만나고 헤어지는 것은 다반사다. 도를 배우려는 대장부는 무엇보다 그 뜻이 커야 한다.
사랑으로 세상을 관조하자!

내가 대신 꼽추가 되리

비밀이란 무엇일까? 사람들이 말을 하면서 "이것은 비밀이니까 너한테만 말하는 거야! 누구에게도 말하지마!" 이런 이야기를 들어보았는가? 하하하!!! 혼자만 알고 있는 것이 비밀이다.

내가 직접 눈으로 본 사실은 나만 말하지 않는다면 그 사람에 대한 비밀을 지켜주는 것이다. 그러나 내 입으로부터 나오는 것도 막지 못하는데 남의 입으로부터 나오는 말을 어떻게 막을 수 있겠는가?

내 입을 단속하는 것이 쉬운가? 남의 입을 단속하는 것이 쉬운가? 그러면 비밀은 과연 어디에 있는 것일까? 아주비구는 거위가 보석을 먹는 것을 보았지만 말하지 않음으로서 거위를 지켜주었다.

우리는 말하지 않음으로써 누구를 지켜줄 수 있는가? 사랑이라는 것은 어떻게 시작하는 것이며 프러포즈는 어떻게 하는가? 진실이라고 말하는 사랑의 정체는 어떻게 되는 것일까? 빅토르 위고는 인생에서 가장 행복할 때는 누군가에게 사랑받는다고 확신할 때이다. 라고 말했다.

베리 비셀/ 조이스 비셀의 사랑하는 사람을 사랑하는 방법에서… 독일의 유명한 작곡가 멘델스존의 할아버지 모세 멘델스존은 계몽주의 철학자로 알려져 있으며 잘생긴 것과는 거리가 멀었다. 체구도 작은데다가 기이한 모습의 꼽추였다.

어느 날 모세 멘델스존은 함부르크에 있는 한 상인의 집을 방문했다가 그 집의 아름다운 딸 프룸체를 보고 첫눈에 그녀를 향한 절망적인 사랑에 빠지고 말았다. 하지만 보기 흉한 그의 외모 때문에 프룸체는 그에게 눈길조차 주려고 하지 않았다.

집으로 돌아가야 할 시간이 다가왔을 때 모세 멘델스존은 프룸체의 방으로 들어가 몇 차례 대화를 시도했지만 프룸체는 대꾸조차 하지 않았다. 그러나 모세 멘델스존은 포기하지 않고 그녀에게 물었다.

"당신은 결혼할 배우자를 하늘이 정해 준다는 말을 믿나요?" 그녀는 여전히 창밖으로 고개를 돌린 채 차갑게 대답했다. "그래요. 그러는 당신도 그 말을 믿나요?"

모세 멘델스존이 말했다. "그렇습니다. 한 남자가 태어나는 순간, 하늘은 그에게 장차 그의 신부가 될 여자를 정해 주지요. 내가 태어날 때에도 내게 미래의 신부가 정해졌습니다. 그런데 신은 이렇게 덧붙이는 것이었습니다.

'하지만 너의 아내는 곱사등이일 것이다.' 나는 놀라서 신에게 소리쳤습니다. '안 됩니다, 신이여! 여인이 곱사등이 되는 것은 비극입니다. 차라리 나를 꼽추로 만드시고 나의 신부에게는 아름다움을 주십시오.' 그렇게 해서 나는 곱사등이로 태어나게 된 것입니다."

그 순간 프룸체는 고개를 돌려 모세 멘델스존의 눈을 바라보았다. 그 순수한 눈빛을 통해 어떤 희미한 기억이 떠오르는 듯했다. 프룸체는 그에게로 다가가 가만히 그의 손을 잡았다. 훗날 그녀는 모세 멘델스존의 헌신적인 아내가 되었다.

자이여락慈以與樂이요 비이발고悲以拔苦다.

꿈을 깨라

어제 충무공 김시민 장군의 탄생 460주년 기념식이 독립기념관내 밝은누리관에서 있었다. 충무공하면 성웅 이순신 장군만 연상되지만 충무공은 고려에서부터 따지면 12분이고 조선에서 9명이 있다.

무인으로서 나라에 큰 공을 세운 장군에게 내리는 최고의 시호가 '충무'이며 높여 부르는 말이 충무공이다. 김시민 장군이 8세때 길가에서 병정놀이를 하고 있었는데 이때 마침 천안 군수행차가 있어 수행원이 길을 비키라 하자

"한 고을 사또가 감히 진중을 통과할 수 있느냐"고 호령하였고, 군수는 말에서 내려 어린 김시민을 훌륭한 무인이 되겠다고 칭찬하였다고 한다. 어려서부터 담력이 크고 지도력이 있었던 것 같다.

임진왜란 중 3대 대첩(행주대첩 한산도대첩 진주대첩)의 하나인 진주성대첩은 3,800명의 병력으로 왜군 20,000명을 격퇴시켰다. 아! 장군이시여! 부상당하고 죽은 병력들 중 죽은 척하고 있던 왜군이 쏜 총탄이 이마를 적중시켰고 장군은 요양 중 전사하였다.

애석한 일이다. 성웅 이순신 장군도 적의 흉탄에 가시고 충무공 김시민장군도 그렇게 가셨다. 중상묘략을 많이 당했을 우리의 충무공김시민장군!! 세월을 거슬러 영원하시라!

얼마나 기막히고 한심한 일들이 예전부터 일어났다고 생각하면 통탄함을 금할 길 없다.

우리는 우리의 일상에서 가끔 이상한 일들이 어쩌다 일어나고 있는 것을 목격할 수 있다.

불로장생약을 판다고 떠벌이며 호객행위를 하던 떠돌이 약장수가 사기 혐의로 경찰에 잡혔다. 그런데 전산망을 통해 약장수의 신상기록을 살피던 경찰관이 갑자기 뭔가에 충격을 받은 표정으로 기절해 버렸다. 기록란에는 다음과 같은 내용이 적혀 있었다.

'위 인물은 1772년, 1829년, 그리고 1943년에 불로장생약을 팔다가 사기 혐의로 체포된 적이 있음.' 이것은 픽션이다. 하하! 이것이 사기인가? 우리는 끝없이 예측하고 살고 있다. 그렇지만 그 예측이 엉뚱한 방향으로 흘러가는 것을 종종 볼 수 있다.

왕창 올라간다는 부동산 값이 제자리걸음 내지는 떨어져서 그 충격으로 자살을 하거나 돌아버리는 경우도 가끔 있는 것 같다.

눈앞에 커다랗고 예쁜 호수가 보인다. 내 눈에만 보이는 호수인가? 그냥 가도 되는 것을 무엇인가 홀린 양 김유신의 말처럼 자기도 모르는 사이에 발길이 돌려지는… 그것은 꿈이다.

꿈을 깨라! 휘이! 휘이!

똥이나 핥아라

홍부는 마음씨 착한 동생이고 놀부는 심술궂은 형이다. 아버지가 남기신 재산을 욕심 많은 형이 독차지하고 동생은 벌거벗기다시피 하여 내몰았다. 마음씨 착한 홍부는 제비 다리를 고쳐주고 제비가 물어다 준 박씨를 심어 부자가 되었다.

이를 배 아프게 생각한 형도 홍부에게 어떻게 해서 부자가 되었는지 물어보고 자기도 똑같은 방법으로 일부러 제비 다리를 분질러 놓는다. 홍부와 마찬가지로 제비가 박씨를 물어다 주고 그 박으로 인하여 재산을 탕진한다는 이야기가 전개되고 있다.

죽음이라는 것은 마음씨 착한 홍부와 욕심쟁이 놀부에게도 예외가 없었던 모양인지 두 형제가 죽어서 염라대왕 앞에서 심판을 받는데 그곳에는 커다란 항아리가 두 개 있었다.

염라대왕이 말한다. "너희들은 잘 들어라, 여기에 두 개의 항아리가 있는데 하나는 꿀이 들어가 있고, 다른 항아리에는 똥이 들어있다. 누가 먼저 고르겠느냐?" 욕심쟁이인 형 놀부가 말한다. "제가 형이니까 먼저 고르겠습니다. 저는 저기 있는 꿀 항아리를 선택하겠습니다." 염라대왕은 그러라고 한 다음 흥부를 향하여 "너는 이 선택에 불만의 여지가 없느냐?" 하고 물어보았다.

흥부의 눈에서 뜨거운 눈물이 뚝뚝 떨어졌다. 그리고는 할 수 없는 듯이 고개를 끄떡였다. 그러자 염라대왕이 큰 소리로 명령하였다. "그러면 너희들은 선택한 항아리로 각자 들어가라!" 이러한 명령으로 놀부는 좋아라 하고 자신이 선택한 꿀 항아리 속으로 들어가고, 흥부는 눈물을 흘리며 어쩔 수 없이 선택한 똥항아리 속으로 들어갔다.

염라대왕은 두 사람을 항아리 속에서 나오라고 했다. 놀부의 몸에서는 향기로운 꿀 냄새가 나고 있었고 흥부의 몸에선 똥의 악취가 풍기고 있었다. 염라대왕은 흥부와 놀부를 둘러보며 말한다.

"너희 둘은 지금부터 서로 몸을 핥아라! 조금도 남기면 안 된다." 이리하여 흥부는 좋아라 하고 놀부의 꿀 묻은 몸뚱이를 핥으며 그 맛을 음미하는데, 놀부는 눈물을 흘리며 악취 나는 흥부의 똥 묻은 몸뚱아리를 핥기 시작하더라.

그러는 사이에 시간은 흐르고 서로의 몸뚱이는 깨끗하여졌다. 염라대왕이 다시 말하였다. "너희들은 서로의 몸을 깨끗이 핥았느냐?" "예" "그러면 또 다시 항아리로 들어가라. 지금도 너희들이 상의해서 꿀 항아리나 똥항아리를 선택해라" 놀부는 얼른 똥항아리 속으로 뛰어 들어 갔다. 흥부는 형의 눈치를 보다가 눈물을 뚝 뚝 흘리며 꿀 항아리 속으로 들어가는데 그 모습이 처량하였다.

 그런데 이번에는 시간이 길어 몇 달을 있었나 보다. 그럴수록 흥부의 마음은 착잡하기만 하다. 몇 달을 똥을 빨아야 하기 때문이다. 과연 염라대왕이 두 사람에게 명령한다. "너희 둘은 나와라." 놀부는 신이 나서 나오고 흥부는 풀죽은 모습으로 나온다. 이때 염라대왕이 무어라고 말했을까?

 "다시 박아라!"

 가사백천겁假使百千劫이라도 소작업불망所作業不亡이니
 인연회우시因緣會遇時에 과보환자수果報還自受니라
 "비록 백천 겁이 지나더라도 지은 업은 없어지지 않아서 인연을 마주할 때는 과보 또한 스스로 받게 된다." 하였다.

 고지故知! 삼계형벌三界刑罰이 영반살인縈絆殺人이니
 노력근수努力勤修하여 막공과일莫空過日하라.
 "그러므로 알지어다! 삼계의 형벌은 사람들을 바짝 얽어맬 것이니 노력하고 삼가 수행하여 헛된 나날을 보내지 말라."

나는 누구인가?

오늘 하루도 어떻게 지냈는지 모를 정도로 휙~ 하더니 쑥~ 하고 하루가 지나갔다. 새벽에 바라보는 세상은 한낮의 세상과 똑같은 세상인데도 생각의 차이라 그런지 어쩐지 다른 것이 있다.

그것은 첫째로 상쾌하다는 것이다. 몸이 날아갈 것 같은 청량감! 그런 것을 생각하면 수명이 길어질 것 같은 느낌이 온다. 그것과는 다르게 과학이 발전하고 의술이 발전해서 그러는지는 몰라도 우리의 수명이 늘어난 것 같다.

주위를 둘러보면 90넘은 할배, 할매가 수두룩하다. 경로당에 가서도 70먹은 할머니가 애들 취급받는다고 하는 우스갯소리가 있다. 그러나 아무리 그래도 나이는 나이다. 세월의 흐름을 어떻게 이길 수 있단 말인가?

나이가 들을수록 욕심은 늘어가고 힘은 점점 빠진다. 노인재득 老人在得이라 했다. 득이라는 말은 탐貪과 동격이다. 돈을 좋아해서 한 번 잡은 돈은 절대로 놓을 줄 모른다. 오래 사는 것을 좋아한다.

무자화두로 유명한 조주 스님도 60에 출가하여 60년을 불법하고 노셨으니 120살을 사신 것이다. 그것도 건강하고 씩씩하게… 오래 살수록 치매에 걸리지 않도록 열심히 기도하고 염불해야 한다.

후기 인상파처럼 얼굴에 주름을 팍팍 잡는 고뇌의 빛보다는 환한 얼굴을 하고 밝게 웃어야 한다. 지금부터 웃는 연습을 하자! 웃읍시다. 하하하하하하하!!!

시골에 사는 어리석은 사람이 도시에 와서 찜질방에 들어가서 하룻밤을 자는데. 많은 사람들로 북적이고 있었다. 그런데 막상 잠을 자려니까, 잠이 들었다가 깨어났을 때 저 수 많은 사람들 속에서 자기 자신을 찾지 못하면 어쩌나 싶었다.

그래서 궁리 끝에 자신의 발목에 담뱃대 하나를 매달았다. 자기 자신을 표시하기 위해서… 그런데 어떤 짓궂은 사람이 이것을 보고, 그 사람이 잠들기를 기다렸다가 그의 발목에서 담뱃대를 떼어 자신의 발목에 매달았다.

아침에 먼저 잠잔 사람이 잠에서 깨어나 담뱃대를 찾았다. 그런데 내 발목이 아닌 다른 사람의 발목에 담뱃대가 매달려 있는 것이다. 어리석은 사람은 처음에 그 사람이 자기라고 생각했다. 그러다가 갑자기 큰 소리로 외치기 시작했다.

"네가 나라면, 나는 누구인가……. 대체 나는 누구란 말인가?"
우리는 지금도 외친다. 나는 누구인가? 어디 있지? 어디로 토꼈지? 남의 허물만 보는 사람과의 사귐은 오래가지 못하고,

자기에게 관대한 사람은 허물을 고치지 못한다는데 나는 어느 쪽인가?

도망가는 쪽인가? 감추는 쪽인가?

사랑은 서로 이해하는 것

　우리들 인생에서 큰일이 무엇이 있을까? 생각하기 따라서 큰일은 많이 있을 것 같다. 사업을 하다가 잘못되어서 그길로 세상과 남남이 되어버린 사람도 있고 연애하다가 시련을 당하여 그것을 비관하고 세상을 하직하는 사람도 있으니 말이다. 이 세상은 넓고 사람도 많이 살고 직업도 가지가지니 겪는 일도 다양할 것이리라. 그러나 누구에게나 큰일이 세 가지가 있으니 첫째는 이 세상에 태어나는 일이다. 태어나는 사람들은 누구나 시대의 사명을 간직한 채 태어나고 있다. 둘째는 태어난 자는 결혼을 해서 가정을 이루고 또한 자식을 낳아서 이 세상의 후계자를 만들어야 한다. 우리 불교의 삼존불 사상이 이와 같은 것이다. 부처님 양옆의 좌우보처는 일생보처인 것이다. 세 번째는 죽는 것이 큰일이다. 인생은 나그네길 어디서 왔다가 어디로 가는가? 노래가사에도 있지만 어디로 가기 전에 사람이 사는 세상에서 반려자를 잘 구하여서 행복하게 살아야 한다.
　윌리엄 J. 베네트의 글에 바늘을 만들어 파는 제침공에게 아름다운 딸이 있었는데 그 딸을 장안에서 제일 부자이며 높은 벼슬을 하는 집안에 아들이 어느 날 바늘장수의 딸을 우연히 보고 한눈에 반해버렸다. 총각은 시름에 빠져 있다가 결국 부모님께 사실대로 말하고 바늘장수의 딸과 결혼하게 해달라고 간곡히 청하였다. 처음에는 가문의 수치라고 맹렬히 반대하던 부모도 아들의 상사병이 너무 깊어 하는 수 없이 허락하였다. 그리고 바늘장수의 딸에게 청혼했다. 그러나 바늘장수는 예상 밖으로, 한마디로 청혼을 거절했다.

"제 사위가 될 사람은 저 같은 신분이거나 제 직업을 깊이 이해해줄 수 있는 사람이어야 합니다. 저는 신분이나 돈 따위가 제 딸의 행복의 조건은 아니라고 생각합니다."

그의 거절에, 청년의 부모는 청년에게 결혼을 단념하라고 했다. 그러나 청년은 그 처녀를 단념할 수가 없었다. 청년은 아무도 모르게 바늘을 만드는 기술을 연마하였다. 각고의 노력 끝에 청년은 훌륭한 바늘을 만드는 기술을 터득하게 되었다. 그는 바늘장수 집 앞에서 '내가 만든 바늘이 최고'라고 외치며 바늘을 팔기 시작하였다. 바늘장수는 자기보다 더 좋은 바늘을 만들었다고 자랑하는 바늘장수를 불렀다. "정말 가장 훌륭한 바늘인지 시험해보자!" 바늘장수는 청년이 만든 바늘을 물 담은 바가지 속에 떨어뜨렸다. 바늘은 가라앉지 않고 물 위에 둥둥 떠 있었다. 바늘장수는 청년의 기술에 감탄하였다. 드디어 청년은 바늘장수 딸에게 청혼하였다. 바늘장수는 뒤 이을 젊은이를 만났다고 기뻐하면서 청년의 청혼을 기쁘게 받아들였다. 이렇게 부인을 이해하고 결혼을 하면 이혼을 하는 사태가 벌어지겠는가? 이해를 하지 못하기 때문에 간격이 벌어지고 회복하지 못하는 지경으로 치달리는 것이다. 부부는 이해를 하고 살아야 한다. 참고 이해하면 사랑과 행복이 자연히 찾아오는 것이다.

아, 유관순 열사!

　며칠 전 지인의 사무실 이전 개소식이 있었다. 날짜를 내가 잡아 주었는데 고사를 지내는 시간부터 비가 내린다. 주위에 있는 사람들은 불안하여 왔다 갔다 한다. 그러나 나는 기분이 좋다. 비가 오면 사업이 대박난다는 속설이 있지 않은가? 인디언들은 고사를 지낼 때는 비가 오는 날을 좋아한다. 항상 비오는 날에 고사를 지낸다. 왜? 비가 올 때까지 하니까 비가 안 올수가 없다. 어느 정치인이 선거를 몇 번 떨어지고 한 번 붙었다. 그 분하는 말이 언젠가 될 줄 알았어! 왜? 안되면 될 때까지 도전할 것이니까!!! 인생은 자기 자신이 연출하는 것이다. 주눅 들어서 살 것 없다. 어깨를 쭉 펴고 당당하게 걸음을 걸으라. 모든 사람들의 시선이 나에게 집중되어 있다. 자신감 있는 인생에게 모든 초점이 맞추어 지는 것이다.
　어제(9월 28일) 10시에 병천에 있는 유관순열사유적지에서 유관순 열사 순국94주기 추모제 기념식이 있었다. 이날은 독립운동가 유관순열사님이 옥중에서 19세의 나이로 고문에 의한 잔혹한 죽음을 당한 날이다. 말로 할 수없는 참혹한 시신… 머리 몸통 사지가 따로따로 잘려져서 여섯 토막으로 나뉘어졌고 코와 귀가 잘려나가고 손톱 발톱이 뽑혀진 참혹한…우리가 어찌 이러한 사실을 잊을 수 있겠는가?

  유관순 열사의 마지막 유언은 "내 손톱이 빠져나가고, 내 귀와 코가 잘리고, 내 손과 다리가 부러져도 그 고통은 이길 수 있사오나, 나라를 잃어버린 그 고통만은 견딜 수가 없습니다.

  나라에 바칠 목숨이 오직 하나밖에 없는 것이 이소녀의 유일한 슬픔입니다" 조국을 사랑하는 일념이 너무 간절하다 못하여 가슴이 아린다. 님이시여! 사랑하는 우리의 님이시여!

  우리의 횃불이시여! 3월 하늘 가만히 우러러 보면 유관순 누나를 생각합니다. 옥 속에 갇혔어도 만세 부르다 푸른 하늘 그리며 숨이 졌대요. 어릴 때 누구나 불렀던 노래 한 소절이다. 유관순 열사님을 생각하면 저절로 나오는 노래! 이 노래를 흥얼거리며 광주행 버스에 몸을 싣는다. 지인 어머님의 죽음! 죽음이라는 단어는 신비하게도 우리를 엄숙하게 한다. 아직 가보지 않아서인가? 그럴테지! 안 가보았는데 알 턱이 없지! 그러나 나는 광명진언을 외우리!

  옴 아모카 바이로차나 마하무드라 마니 파드마 쯔바라 프라바틀 타야 훔.

포기하지 말라

　인생에서 감투가 높으면 높아질수록, 돈이 많으면 많아질수록, 일거수일투족을 감시하는 사람들이 늘어나는 법이다. 북한에서 핵폭탄을 만들면 하나하나의 사건들이 신문과 tv로 생중계되듯이 내가 무슨 일을 하는지 세상에 다 노출되어 있다. 사람들이 내가 하는 일을 어떻게 알지? 하고 물을 필요 없다. 그것을 아는 순간 그대는 유명인이다. 유명인은 좋은 점도 있지만 펜들의 눈초리가 cctv로 관찰하듯이 눈을 크게 뜨고 보고 있다. 나의 사생활이 전부 노출되었다. 노출이 안 된 우리들은 행복한 것이다. 나의 사생활이 전부 노출되었다고 생각 드는 순간 인생은 엿장수 맘대로가 안 된다. 길거리 노숙자들은 역전에서 잠을 자건 술이 취해 비틀거리며 아무 곳에다 오줌을 누고 바닥에 누워 자더라도 아무도 시비하는 자가 없다. 누구하나 얼굴을 아는 사람도 없고 관심을 갖는 사람도 없다. 유명인이 아니어서 그렇다. 서울역이나 전국 각 지역에는 노숙자들이 생각보다 엄청난 숫자다. 그들은 노숙자가 되고 싶어서 일부러 노숙자 생활을 하는 사람은 없다. 사업에 실패하고 집에 들어갈 면목이 없어서 거리를 배회하는 사람도 있고 일을 하고자하나 하면은 실패하고 허탈한 심정으로 일거리를 찾으나 만만한 일거리가 없다. 막노동판으로 전전해 보지만 내가 잘할 수 있는 일이 없다. 일을 못한다고 욕만 먹고 따가운 눈초리 때문에 막노동도 제대로 안되고 하니 얻어먹는 사람으로 전락하고 만다. 이런 사람들이 노숙자들의 거의 절반을 차지하고 있는 현실이다. 그러나 문제점도 있을 것 같다. 인생의 길을 쉽게 포기한다는 단점도 가지고 있다. 인생은 절대로 포기해서는 안 된다. 영국의 뛰어난 정치가 윈스턴 처칠이 어느 대학에서 졸업식 축사를 하게 되었는데 그는 위엄 있는 차림으로 담배를 입에 물고 식장에 나타났다. 그리고 나서 청중들을 바라보며 입을 열었다. "포기하지 마라!(Never give up)" 그는 힘 있는 목소리로 첫마디를 뗐다. 그리고 다시 "절대로 포기하지 마라!(Never never give up)" 이 말을 끝으로 더 이상 아무 말도 하지 않고 다시 모자를 쓰고는 연단을 걸어 내려왔다. 그것이 졸업식 축사의 전부였다. 그대가 유명해져서 감시를 받거나 뉴스의 초점이 되는 운명과, 노숙자의 운명은 그대들이 알아서 할 수밖에 없다. 가정에서 가족들과 지지고 볶고 싸움을 하는 것도 그대고 사랑으로 감싸 안는 것도 그대다. 모든 생활의 주체는 그대가 아닌가? 간섭할 것도 없다. 밥상은 차려져 있으니 먹고 안 먹고는 그대들의 몫이다. 세상은 강요가 없기 때문이다.

우리나라 좋은 나라!

대한민국은 참 좋은 나라다. 평균 수명이 마구마구 늘어나서 1960년대에 50세가 평균 수명이었는데 2012년 기준으로 남자 79세 여자 83세라고 한다. 앞으로 의학이 점점 발달할 것을 감안하면 평균 수명은 더욱 늘어날 것이다. 그리고 만 65세 이상이면 지하철이 무료이고 고궁 국 공립박물관은 무료입장 기차도 무궁화호는 30프로 할인 등 많은 혜택이 주어지는 것으로 알고 있다. 특히 전철은 무료이고 전철에 들어가면 차량 양 끝에 노약자석도 마련되어 있다. 노인을 우대하는 우리사회의 훈훈한 정을 느낄 수 있다. 그래서 그런지 노인 분들이 서울에서 내가 사는 천안으로 여행을 많이들 오신다. 천안에는 독립기념관과 천안삼거리 등이 있고 전국적으로 이름난 병천 순대국밥 집이 포진한 도시다. 주머니에 만원만 가지면 서울에서 지하철로 천안에 오셔서 순환버스를 타고 병천에 내려 순대국밥을 드시고 서울로 가시면 하루를 보낼 수 있는 시간이 소요된다는 것이다. 또한 이웃 도시로 아산이 있다. 아산도 지하철이 개통되어서 아산온천을 즐기고 점심 드시고 서울로 올라가시는 분들도 많다고 한다. 그런데 천안은 서울과 가깝기 때문에 통근을 하는 회사원과 통학하는 학생들이 참 많은 도시인 것이다. 출퇴근 시간을 피하여서 전철을 타는 것도 어른들이 생각해 보셔야 될 것 같다. 서울서부터 노인 분들로 만원이 돼서 내려오는 전철로 인하여 출퇴근하는 분들이 전철을 타지 못하고 아우성하는 모습을 본적이 많다. 씁쓸한 미소가 나온다. 우리가 조금만 늦게 움직이면 아무 문제가 없겠구나 라는 생각을 해보았다. 노인들이 많아지는 사회가 되다보니 노인 문제가 사회적으로 심각하게 대두되고 있다. 돈이 있는 분들은 그래도 대접을 받는데 돈도 없고 힘도 없고 병까지 얻으면 문제가 커진다. 핵가족인 우리사회는 세계에서도 아기 안 낳기로 유명한 나라가 되었다. 이유는 육아부담 및 경제적 불안감 때문이라고 한다. 그러니 맞벌이를 하지 않으면 살기가 힘들다고 하고 부부가 다 직장에 나가기 때문에 부모를 모시기가 힘들다. 긴병에 효자 없다는 말도 있지 않은가? 어느 부부가 나이 드신 어머니를 모시고 있었는데 하루는 어머니를 모시고 쇼핑을 하는데 그만 어머니를 잃어버렸다. 전화도 없고 집 전화 아들전화도 모르는 이 어머니 택시를 탔는데 어느 아파트인지 까마득히 모른다. 택시기사가 묻는다. 어디로 갈까요? 어머니는 깜깜하다. 영어로 된 아파트라 알 길이 없다. 그래서 입에서 투덜거리는 목소리로 '이런씨발!' 했더니 기사가 예! 하더니 아파트로 데려다 줬는데 야~ 자기 아들이 사는 아파트였다. 거기서는 잘 아는 지형이라 집을 찾아들어 갔다나…. 그 아파트 이름이 리젠시빌이라던가? 이런 씁쓸한 이야깃거리가 돌아다니는 현실이다. 세상의 부모들이여! 정신 차리고 아프지 마시라! 치매 예방운동에 적극 참여하고 지금부터 돈을 모아 자식에게 손을 안 벌리는 운동을 해야 한다. 돈을 안 벌고 싶은 사람이 어디 있겠는가? 마는…

힘이 없으면 모아서 하라

원효스님의 발심장에 파거불행破車不行이요 노인불수老人不修라는 대목이 나온다. 깨진 수레는 구르지 못하고 노인이 되면 닦을 수 없다는 뜻이다. 봉사하는 사람들은 온전한 두 바퀴를 굴리는 사람들이며, 한쪽 날개가 아닌 두 날개를 창공에 퍼덕이는 것과 같다.

아무도 모르는 사람들이 있다고 하여 서먹해 하거나 다 아는 사람들이라고 우쭐할 필요가 없다. 나를 필요로 하는 곳이라면 어느 곳이든 달려가야 한다. 어느 때 또 어느 장소에서나 나를 적응시키고 나의 봉사의 손을 필요로 한다면 동참하는 것이 마음의 평화요 대승보살의 정신이다.

우리는 너무 남의 이목에 민감해 있다. 남들이 보는 데서는 잘해야지! 안보는 데서야 누가 알 것이냐? 나의 얼굴을 알리는 데에만 온 신경을 쓰고 있다. 조그만 선행을 크게 확대하는데 모두 일가견을 갖고 있다.

나라고 하는 것을 너무 내세우면 부딪치는 것이 많이 있고 시기와 질투도 따르게 되어 시시비비가 끊임없이 이어지게 된다. 보지 못했는가? 산속에서 계곡물이 흐르는데 급한 경사에서는 물이 빨리 흐르고 경사가 완만한 곳에서는 물이 느리게 흐르며 가장자리는 물이 쉬기도 하고 낙엽이 정체 되어 있다.

또한 물이 가지도 못하고 빙빙 도는 경우도 있다. 이것이 인생이 아닐까? 배가 고프다고 밥을 허겁지겁 먹으면 체하기가 쉽고 쉬운 일이라고 겯 넘으면 큰 코 다치는 수가 있다.

이해득실에 민감해지지 말자. 칭찬에 헤헤거리고 욕설에 얼굴 붉히지 말자. 이렇게 다짐을 해보지만 쉽지만은 않다.

〈채근담〉에서 "편안할 때와 어려울 때 가득차고 번성한 가운데 쇠퇴함이 잠복해 있고, 떨어지는 낙엽 속에 이듬해 움틀 새싹이 있다 그러므로 편안할 때 다가올 우환을 막고, 번영을 지속시키기 위해서 마음을 한 곳에 모아야 하며 어려움을 당하면 참을성을 가지고 견디며 일을 이루기를 도모하여야 한다."

모든 키는 내가 갖고 있다. 어떤 패를 던질 것인지를 스스로 판단하라! 인생은 내가 그림을 그리는 것이지 다른이가 내 인생에 그림을 그려주는 것은 아니다. 각성하라.
힘을 내자!

찢어진 눈으로 자세히 보라

인도에는 설산이 있다. 일 년 내내 눈이 녹지 않아서 설산이다. 설산에는 전설의 힐단새가 사는데 목소리가 청아하고 놀기를 좋아한다고 한다. 이 새는 집이 없다. 히말라야의 정상이 얼마나 춥겠는가?

밤에 잠을 잘 때는 자기의 보금자리가 없기 때문에 오돌오돌 떨면서 내일이 오면 반듯이 집을 짓겠다고 결심을 수도 없이 한다고 한다. 지금도 말한다. 집을 짓겠다고……

그러나 날이 밝아 따뜻한 햇볕이 비치면 어젯밤의 추위는 까마득히 잊고는 푸른 창공을 날아다니며 즐거운 노래를 부르며 신나게 놀다가 해가 떨어지면 또 다시 내일은 꼭 집을 짓겠다고 울부짖는다. 밤에는 집을 짓겠다고 결심하고 낮에는 까맣게 잊어버리는 힐단새!

우리의 인생은 매일같이 계획하고 매일 같이 포기하는 악순환의 연속인 것 같다. 그러면서도 자신이 아는 지식이 최고인냥 하늘위에 하늘이 또 있는지 알지 못한다. 내가하는 일이 최고라고 생각하고, 내가 하는 학문만이 정통인냥 다른 이의 사상은 묵살해 버리는 경향이 지배적이다.

신찬神贊 선사가 백장회해百丈懷海 선사 회상에서 공부를 성취한 뒤 은사 계현戒賢 스님이 계신 절로 돌아왔다. 어느 날 스승과 함께 목욕을 하면서 상좌가 스승의 등을 밀어드렸는데 문득 등을 어루만지면서

"법당은 참 좋다마는 부처님이 영험이 없도다."라고 한마디를 던졌다. (호개불전好箇佛殿이여 이불무영而佛無靈이로다) 그러자 스승은 무슨 소리인가 하고 고개를 돌려 보니 상좌인 고령신찬 선사는 다시 말하였다. "부처님이 비록 영험은 없으나 또한 능히 방광은 할 줄 아는구나.(불수무영佛雖無靈이나 역능방광亦能放光이로다)"라고 하였다.

그 스승이 또 하루는 밝은 창문 밑에서 경을 읽고 있었는데 마침 벌이 들어와서 창문을 두드리면서 밖으로 나가려고 하는데 문을 찾지 못하고 헤매고 있을 때 고령신찬 선사가 그것을 보고 말하였다.

공문불긍출空門不肯出하고 투창야대치投窓也大癡로다
백년찬고지百年鑽故紙한들 하일출두기何日出頭期리요.

문 열린 곳으로 나가지 않고 창에다 몸을 부딪치니 어리석기 짝이 없네. 백년을 낡은 종이 뚫은들 어느 날에 생사 벗어나길 기약하리. 은사계현스님은 상좌신찬이 깨달음을 얻은 줄 알고는 법상

을 준비하고 신찬은 법문을 한다.

영광독요靈光獨耀 형탈근진逈脫根塵
체로진상體露眞相 불구문자不拘文字
심성무염心性無染 본자원성本自圓成
단리망연但離妄緣 즉시여래卽是如來

신령한 빛이 홀로 빛나 인식의 세계를 벗어났으니 참모습 드러나 문자에 걸림이 없도다.
마음은 물들지 않아 본래 뚜렷하니 망령된 인연만 여의면 곧 부처이다.

법상아래에서 상좌의 법문을 듣고 있던 계현스님은 감격의 눈물을 흘리며 "늘그막에 이러한 지극한 설법을 들을 줄 누가 알았겠는가." 계현스님은 달을 가리키는 손가락만 보다가 진짜 달을 보게 되었다.

아! 이것이 우리인생이다. 열린 창문을 찾지 못하고 막힌 곳만 부딪치고 있다. 터진 눈으로 볼 수 있는 것이 많지 않다. 자기 사상과 다르면 무조건 아니라는 똥고집만 갖고 있다. 이것을 불교에서는 아만이라고 한다.

한 등불이 능히 천년의 어둠을 없애고(일등능제천년암一燈能除千年闇) 한 지혜가 능히 만년의 어리석음을 없센다(일지능멸만년우一智能滅萬年愚).

천안 삼거리 흥!

천안에서는 지금 천안의 대표적인 축제인 천안흥타령 춤축제가 한창이다. 9월 30일부터 10월 5일까지 천안 삼거리공원 일원에서 세계 각국의 민속춤의 향연으로 펼쳐진다.

옛부터 삼남(충청도, 전라도, 경상도)의 길목이었던 천안삼거리는 민요 '흥타령' 천안삼거리 흥!~으로 널리 알려지고 천안하면 천안명물호도과자를 빼놓을 수 없다. 천안삼거리는 전라도 선비 박현수와 여인능소와의 애틋한 사랑의 전설이 있는 곳이다.

남원에 성춘향과 이도령이 있다면 천안엔 능소가 있다. 연극 마당극 '능소전'은 춘향전과 심청전을 포괄하는 듯한 내용으로 천안삼거리를 배경으로 스토리가 전개된다.

경상도에 사는 퇴직무관 유봉서가 오랑캐의 침입에 전장으로 떠나며 어린 딸 능소를 천안삼거리 주막에 맡겨놓고 능소에게 이 나무가 무성히 자라면 다시 너와 내가 이곳에서 만나게 될 것이다. 라며 버들지팡이를 땅에 꽂은 뒤 눈물을 흘리며 떠난다.

세월이 흘러 능소는 심성 고운 처녀로 성장하고, 한양으로 과거 보러가던 박현수가 주막에 머물며, 두 사람의 짧은 만남이 사랑으로 발전한다. 박현수는 과거에 급제해 다시 오겠다는 약속을 남기고 한양으로 떠난다.

그사이 고을 이방이 능소를 소유하기 위해 곤경에 빠뜨리지만 박현수가 어사가 되어 나타난다. 이곳에서 능소와 다시 상봉하자 흥이 난 능소가 ♪천안삼거리♬ 흥! ♬능소야 ♪버들은 ♪흥! 하고 춤을 추며 기뻐했다고 한다.

이어 변방의 군사로 나갔던 능소의 아버지 유봉서도 다시 돌아와 잔치가 벌어지고 이곳에서 천안삼거리 흥타령 민요의 발원지가 되었다.

천안삼거리의 버드나무가 많은 것은 능소와 헤어질 때 능소 아버지가 꽂았던 지팡이가 자라서 퍼진 것으로 능소버들 또는 능수버들이라 부르게 되었다.

문화의 힘은 대단한 것 같다. 세계적인 기업인 삼성 현대 LG등의 기업들이 세계에 이름을 내기까지 얼마나 많은 돈과 노력을 경주하였는가?

그러나 가수 싸이는 강남스타일 말춤 하나로 대한민국의 이름을 전 세계에 드날렸다. 현재 춤을 추고 노래를 부르는 청소년들이 많은 것으로 알고 있다. 우리 기성세대들은 대부분 내 자식만 아니면 된다. 라는 표현을 쓴다.

   그리고 춤과 노래를 부르는 청소년들이 비행청소년이란 말도 서슴없이 하는 부모들이 계시다. 천안삼거리 흥타령 춤 축제를 보면서 다시 한 번 문화를 생각하는 시간을 가져야 되겠다.

   유일물有一物이 어차於次호대
   종본이래從本以來로 소소영영昭昭靈靈하야
   불회생不會生 불회멸不會滅하며
   명부득名不得 상부득狀不得이로다.
                                -〈禪家龜鑑〉中

   여기에 한 물건이 있으니, 본래부터 가이없이 밝고 신령하여, 일찍이 나지도 않고 죽지도 않으며, 이름 지을 수 없고, 모양 그릴 수 없도다.

어디로 가시나요?

인생은 나 좋은 멋에 살아간다. 세상에 해를 끼치지 않으면 내가 좋아하는 일 눈치 안 보고 누리면서 살아가고 싶다. 내 멋에 산다지만 미워죽겠네 하고 부르는 노래가 생각난다.

이것도 또한 어리석은 탓에 저질러지는 한마당의 꿈이 아닌가? 어떤 지인의 글에서 설악산에서도 신선들이 아니면 살지 못한다는 공룡능선에서 똥을 두 번씩이나 싸는 불경을 저질렀다고 썼다.

그 똥은 죽을 똥! 살 똥! 이라고… 우리는 인생을 그렇게 힘들게 살아가는데 눈앞의 일을 보지 못하니 한심하기 짝이 없다.

옛날 어느 마을에 만석꾼의 큰 부자가 살았다. 농사를 많이 지니 일꾼들이 몇 명 있었고 그중에 돌쇠란 머슴이 있었는데 힘은 천하장사이나 머리가 조금 부족한, 사람들이 말하는 바보였다.

얼마큼 바보냐 하면 주인이 저녁에 "돌쇠야! 내일 아침 일찍 시장에 갈 것이니 채비해라!" 하고 다음날 아침에 돌쇠를 찾으면 돌쇠가 없는 것이다. 이곳을 찾아도 없고 저곳을 찾아도 없다. 주인은 화가 나고 씩씩거리지만 안 보이는 돌쇠를 어디에서 찾을 것인가?

그러는 중에 오후 3~4시 쯤 돼서 돌쇠가 집으로 들어온다. 주인이 소리친다. "야 이놈 돌쇠야! 어디 갔다 오냐?" "예. 주인님 시장에 갔다 옵니다." "아니 이놈아! 오늘 아침에 너를 소마처럼 부릴려고 시장에 같이 가자고 했는데 너 먼저 같다와?

그래 시장 가서 뭘하고 왔느냐?" "예! 저도 시장에 가서 이곳저곳을 하루 종일 돌아다녔는데 내가 시장에 왜 왔는지를 몰라서 지금 주인님께 다시 물어보려고 온 것입니다." 대답이 이런 사람에게 주인이 어떻게 화를 낼 수 있겠는가? 기가 막힐 뿐이다.

주인이 한마디 한다. "옛다 이놈아! 내가 너에게 상장을 주겠다." 상장이란 말에 귀가 솔깃한 돌쇠! "상장이라뇨?" "그래! 이것 받아라." 하면서 지팡이를 준다. "너보다 더 어리석은 사람이 있을 때 그것을 그 사람에게 주거라."

하하하 돌쇠는 치욕적인 상장인 지팡이를 받고 자기보다 더 어리석은 사람을 찾아보았지만 자기보다 더 어리석은 사람은 없는 것 같아서 그 지팡이를 장롱 깊숙한 곳에다 넣어두고 까맣게 잊고 산다.

몇 년이 지난 어느 날 돌쇠가 산에서 나무를 한 짐하고 집에 왔는데 집안에서 사람들이 웅성거리고 왔다 갔다 분주하다. 돌쇠는 아무나 붙잡고 물어보았다.

"왜 이렇게 소란스러운가요?" "응, 주인님이 가려고 하시나 봐." 깜짝 놀란 돌쇠가 부지런히 주인님한테 뛰어간다.

"영감님! 왜 이러십니까?" "응 내가 가려나보다." "어디로 가십니까? 부산입니까? 서울입니까?" "며칠 있다 오십니까?" "모르겠다." "노자는 얼마 같고 가십니까?" "모르겠다." 돌쇠가 물어보는 대로 주인은 모른다였다.

돌쇠는 갑자기 일어서서 자기 방으로 뛰어가 장롱 깊숙이 감쳐두었던 지팡이를 꺼내 주인영감께 주니 영감이 묻는다. "이게 뭐냐?" "영감님이 나한테 주신 상장입니다. 나보다 더 어리석은 사람이 나타나면 그 사람 주라면서요.

나는 어디 가면 집에 올 줄 아는데 영감님은 가신다면서 어디로 가는지, 며칠 있다 오는지, 노자는 몇 푼 드는지, 아무 것도 모르니 나보다 더 바보네요! 이 지팡이 의지해서 가세요." 하면서 지팡이를 영감께 엥기더라.

어디로 가십니까? 지금 어디로 가시냐구요. 가시는 길은 아시지요?

누구를 선택하는지

　희망이 있는 삶은 무엇일까? 무엇을 위하여 우리는 두 주먹을 불끈 쥐고 열심히 노력하며, 잘 먹고 잘살기 위하여 땀을 흘리고 나를 찾으려 헤매고, 날마다 사네 못사네, 좋네 싫네, 각가지 말들이 난무하는 인생의 소용돌이 속에서 두 주먹을 꽉 잡고 살아가고 있는가?

　모든 것은 나를 위하여 살아가고 있는 것이 아닌가? 나보다 소중한 것은 찾을 수가 없다.
　밴드에 올라온 글에 대학교 수업 중에 어느 교수께서 결혼한 한 여학생에게 좋아하는 사람 20명의 이름을 칠판에 써보라는 대목이 있다. 그 학생은 친구, 가족, 회사 동료들의 이름을 하나하나 적어 나갔다. 그런 후 교수는 학생에게 그 중에서 별로 중요하지 않은 사람 하나 씩 하나 씩 지우라 했다.

　교수의 요구에 따라 계속 사람들의 이름을 지워서 결국 칠판 위에는 그녀의 부모님과 남편, 그리고 아이, 네 사람만 남았다. 교수가 조용히 말했다. 또 하나를 지우라고……

그녀는 망설이다가 아버님의 이름을 지웠다. "다시 한 명…!" 그녀는 자신을 낳아주신 어머니의 이름을 지우자, 또 다시 교수가 말했다. 한명을 더 지우라고…

한참동안 멍하니 있던 그녀는 아이의 이름을 지우면서 눈물을 흘리기 시작했다.
한참 후에 눈물을 그친 학생에게 교수는 물었다.

"자네를 낳아준 부모와 자네가 낳은 자식을 왜 지웠으며, 피 한 방울도 섞이지 않았고, 마음만 먹으면 다시 구할 수가 있는 남편을 가장 소중한 사람으로 남겼는가?"
그녀는 천천히 말했다.

"시간이 흐르면 부모는 먼저 돌아가실 것이고, 아이는 다 자라면 품을 떠날 것이 분명합니다. 생각해보면 평생 옆에서 저의 동반자가 될 사람은 남편밖에 없어요."
그러면 남편과 나중 하나를 지우라면 누구를 선택하겠는가?

잔인한 선택도 아니다. 답은 정해져 있다.
사람의 생각은 어디로나 갈 수 있다. 그러나 어디로 가든 자기보다 더 소중한 것은 찾아볼 수 없다. 그와 같이 다른 사람에게도 자기는 더 없이 소중하다. 그러기에 자기의 소중함을 아는 사람은 다른 사람을 害해서는 안 된다.

밤이 오면 모든 별님들이 고개를 내밀며 안녕! 이란 말을 하는데 나는 아무 말 못한다.

　아침이 와서 해님이 나에게 안녕! 하며 무얼 할 거냐고 물어도 역시 대답 못한다.

사랑은 붙어 있다

저쪽 언덕으로 가려 하는가, 내 가슴이여.
여행자도 길도 없는데…
삶의 율동이, 영혼의 휴식이 저 언덕 어디에 있단 말이냐.
강물도 나룻배도 그리고 뱃사공도 없는데,
줄도 넉넉지 않고, 줄잡을 사람도 없는데,
건너가야 할 언덕도 그리고 강물도 없는데,
땅도, 하늘도, 그리고 시간도, 그 아무것도 없는데…
영혼이여, 도대체 어느 곳을 아직도 갈망하고 있는가.
저 〈텅 빈 곳〉 속에는 아무 것도 없는데…
용기를 내라, 그리고 그대 자신의 육체 속으로 돌아오라.
반석은 절대로 흔들리지 않는다.
가슴이여, 내 가슴이여.
이제부터는 어느 곳으로도 가지 말라.
까비르는 말한다.
'모든 관념을 멀리하라. 그리고 어서 그대 자신과 마주서라.'

까비르의 시세계는 있는 것 자체가 축복이며, 모든 대상이 경외

자체인 것 같다.

있는 그대로를 사랑한 인생의 찬미주의자인 것 같다.

육조 혜능스님이 글자를 모르고도 깨달음의 말씀을 마음과 마음으로 전했듯이 진리의 세계는 지식으로 되는 것은 극히 드물고 마음이 서로 계합하는 가운데 그 마음과 마음을 통하여 깨달음을 연출하는 것이 아닌가?

까비르는 일생을 옷감을 짜는 베틀직공이었으며 가난한 부모 밑에 태어나 학교를 다닌 적이 없어 글을 알지 못했고 노동자로 평생을 살았다. 그러나 그의 시는 지식이 아닌 지혜에서 일상생활의 느낌이 그대로 표출되어 우리들을 삶의 현장으로 나오게 하였다.

마음이 생각하지 않으면 모든 생각이 일시에 멈추어버린다. 깨닫고 안 깨닫고가 문제가 아니고 배우고 안 배우고가 문제가 아니다. 숨을 멈추면 바로 내세로 넘어가는 것이다. 이치로 따질 문제는 하나도 없다. 나를 찾으면 기다릴 필요가 없다. 즉시 나를 볼 것이기 때문이다.

부처님을 뵙는 것이 멀리 있는 것이 아니다. 눈앞에 바로 있고, 사랑하는 사람이 멀리 있는 것이 아니다. 눈을 뜨면 바로 앞에서 환한 미소로 다가오는 것이 아니냐! 무엇을 멀리서 찾는가? 사랑이 바로 앞에 있고 행복은 나와 팔짱을 끼고 있다. 사랑하라! 행복하라!

변하는 것은 내 탓

회남에서 심은 귤나무의 귤은 무척 달고 맛있는데 그 귤나무를 회북에 옮겨 놓으면 탱자가 된다고 하는 말은 환경이라고 하는 것이 중요하다는 것을 시사하는 것이다.

중국 제나라에 안영이라는 재상이 사신이 되어서 초나라 땅을 방문하였을 때 초나라왕은 사신과 만조백관을 모아 놓고 연회를 베풀어 그 연회가 무르익을 즈음 어느 군관이 도둑을 잡았다고 하는 기별이 있는데 공교롭게도 이 도둑이 제나라 사람이었다.

초나라왕은 이 기회에 말 잘한다는 안영을 골탕을 먹이자는 생각이 들어서 그에게 말했다. "안 재상, 당신의 나라는 살기가 힘들어서 도적이 많소이까?" 안영은 초나라왕의 말을 듣고 자리에서 일어나서 공손히 절하고 엎드려서 대답했다.

"폐하께서 들어 알고 계시다시피 귤나무가 회남에서 생장하면 매년 귤이 열리는데, 그것을 회북에다 옮겨다 심으면 탱자가 열립니다. 열매가 달리는 것은 비슷하지만 모양이나 맛은 틀려서 귤은 달지만 탱자는 시고 쓰지 않습니까? 그 이유를 말씀드리면 토양과 기후에서 그 원인이 있습니다."

초나라왕은 안영의 말을 이해하지 못했다. 그의 말을 듣고는 설명을 더 하라고 하였다. 안영은 다시 말했다.

"우리 제나라에서는 도둑을 찾으려 하여도 찾을 수가 없습니다." 그러자 왕이 말한다. "저 도둑이 제나라 사람인데 안 재상은 우스운 말을 하고 있습니다." 안영이 말하기를 "저자가 도둑이 된 것은 초나라에 온 다음의 일입니다. 저 자는 분명히 귀국의 사회 풍습에 물들여져 도둑이 된 것 임에 틀림없습니다." 하하하!

곡물이 환경따라 변하니 사람도 환경따라 변한다고 말을 하는 것이니 현대에 사는 우리들은 과연 어떻게 변해가야 하는 것인가? 대부분의 民草들은 바람 부는데로 흔들린다.

어느 사람이 두 아들을 두었는데 한 아들은 교도소를 밥 먹듯이 들락거리는 사람이고, 한 아들은 훌륭한 변호사이다. 그의 아버지는 술만 먹으면 어머니를 두들겨 패는 사람이었고, 남의 물건을 훔쳐서 살아가는 사람이었는데 두 아들의 생각은 달랐다.

교도소를 밥 먹듯이 가는 아들은 "이런 환경에서 자란 내가 달리 무엇을 할 수 있었겠는가?"였고 변호사인 아들도 "이런 환경에서 자란 내가 달리 무엇을 할 수 있었겠는가?"였다.

첫 번째는 자포자기하며 아버지의 삶을 답습했고, 두 번째 생각은 나는 저렇게 하지 말아야지를 생각하며 살았다.

곡물이라는 것은 환경 따라서 변하는 것은 확실한 것이다. 그러나 사람은 자기의 마음 따라서 인생이 바뀐다. 어떻게 변하시겠는가? 그것은 당신의 마음이다. 모든 것을 결정하는 것은 당신이기 때문이다.

경산 화상 행장

　매년 음력 9월 16일은 경산 노화상 다례일茶禮日이다. 1916년 11월 2일 천안 쌍룡에서 아버지 김현승 어머니 고성김씨 사이에서 탄생하셨다. 스님은 어려서부터 천성이 영민하고 자비심이 많으시고 부모님을 끔찍이 생각하고 봉양하신 효자이셨다.

　1928년 1월5일 수원용주사에서 완용 화상을 은사로 사미계를 수지하고 용주사 강원 대교과를 수료, 1940년 성덕사를 창건하셨다. 1945년 다시 천왕사를 창건하고 1948년 봉선화상을 법사로 입실건당하시고, 1953년 천안애육원장에 취임 10개년간 육영사업에 종사하셨다.

　1958년 반야회를 창립하여 20여년을 일요법회를 여시니 이곳을 반연하여 신심을 일으키고 부처님께 귀의하는 신도들의 양식이 되었다. 육영사업에 진력하셨던 스님은 보문학원의 이사로 재직하시면서 교육에도 힘쓰시었다.

　2001년 9월 17일 세연을 다하시고 원적에 드시니 세수 86 법랍

73세시다.

열반송은 만유제법萬有諸法이 종연기從緣起하니 성주괴공成住壞空은 일진상一眞相이라 불수생멸不隨生滅이 유일물唯一物하여 이차작반以此作伴으로 환본향還本鄕하노라

삼라만상 모든 존재는 인연 따라 생기나니, 성주괴공이 하나의 참다운 모습이다. 나고 없어짐을 따르지 않는 물건 하나 있으니 이것을 벗 삼아서 본래 고향으로 돌아가노라.

스님께서는 일생동안 염주를 잡고 관세음보살 주력에 힘쓰셨다. 염불은 입으로만 외우면 송불이니 마음으로 간절하게 관세음보살님을 생각하면서 염불하라고 누누이 말씀하시던 모습이 눈에 선하다.

은혜를 입었다면 항상 언젠가는 갚을 생각을 잊지 말라하시고 은혜를 갚는 것이 부처님의 말씀과 계합한다 하셨다. 인지락人之樂이면 신지락神之樂이고 신지락神之樂이라사 인지락人之樂이다. 하시고, 중생환희衆生歡喜가 제불환희諸佛歡喜고 제불환희諸佛歡喜가 중생환희衆生歡喜라 하셨다.

이 말씀은 사람들이 즐거워하면 모든 신장들이 즐거워하고 모든 신장들이 즐거워하면 사람들이 즐겁다고 하는 것이다. 중생들이 환희하면 제불이 환희하고 제불이 환희하시면 중생도 환희심이 난다는 말과 일맥상통하는 것이다.

손바닥도 마주쳐야 소리가 나듯 모두가 똑같은 불성을 지닌 존

재이지만 근본 번뇌인 미워하고 좋아하는 마음 때문에 업이 쌓인다고 하셨으니 우리 후학은 이 말씀을 명심하여 위로는 보리를 증득하려 노력하고 아래로는 중생제도에 힘써야 한다. *南無阿彌陀佛 觀世音菩薩* 원왕생!

여자의 미모는 무죄

여자의 아름다움은, 뛰어난 미모는 죽을 죄도 용서받는다. 우리들이 어릴 때 아름다운 미모의 여인과 고결한 선생님은 먹지도 않고 싸지도 않는다고 생각한 적이 있다. 남자들의 생각은 예쁜 여자는 고결하고 善하다는 편견을 가지고 있다.

"왜 외형적인 미를 갈망하는가?"라는 물음에 아리스토텔레스는 "장님이 아니라면 그런 바보같은 질문을 할 수 없다"라고 했다. 눈이 터진 자들이 어찌 아름다움에 눈을 질끈 감을 수가 있단 말인가? 그것은 말도 안 되는 소리다.

기원전 4세기에 아테네에 완벽한 몸매와 외모로 그리스를 들썩이게 한 '프리네'라는 고급 창녀가 있었는데 프리네는 지성과 아름다움을 겸비한 최고 수준이었다고 한다.

그 아름다움에 현혹된 남성들이 그녀를 차지하길 원했지만 자존심 강한 그녀는 눈길 한 번 주지 않았다. 이에 앙심을 품은 에우티아스가 그녀를 고발했다. 죄목은 신성모독죄. '엘리우시스의 신비극'을 하면서 전라로 출연해 신성을 모독했다는 것이다.

위기에 처한 그녀를 돕는 히페레이데스라는 유명한 변론가가 나서서, 최후의 순간, 그녀의 옷을 전부 벗겨 진정한 아름다움을 보여줌으로써 배심원들에게 호소하는 방법을 택하게 되는데, 배심원들의 경탄과 경악하는 그림이 통쾌하다. 이로써 그녀는 무죄를 받아낸다.

변론가는 "여신상만큼 아름다운 그녀를 죽여야겠는가, 그녀의 아름다움은 신의 의지로 받아들여야 할 정도로 완벽하다"고 외쳤다. 이에 넘어간 배심원들은 그녀 앞에서 "사람의 법은 효력이 없다"며 무죄를 선고한다.

그래서 나온 말이 '뛰어난 미모는 죽을죄도 용서받는다'이다. 여기서 옷을 벗는 모습은 신성한 아름다움을 의미하기도 하지만, 글자 그대로 '벗은 진실'을 의미하는 것으로도 생각된다. 온갖 고상한 척하면서도 뻗어가는 상상력을 가두지는 못할 배심원들이 마주치는 '진실'이 무엇이었을까?

아름다움은 사람들의 마음을 약하게 하고 이성을 흐리게 하기도 한다. 하지만 아름다움 때문에 죄를 용서받는 사회는 결국 혼란으로 치달을 것이다. '미인계' 때문에 역사가 바뀐 적이 얼마나 많은가.

월왕 구천이 오왕 부차에게 범려의 애첩 서시를 미인계로 보내는 대목이 있다. 범려와 서시는 피눈물을 흘렸으리라. 권모술수가 난무하는 우리의 현실! 결국은 미인계로 넘어가지 않은 사람이 거의 없다.

삼국지에서 동탁과 여포를 제거하기 위한 초선! 현종을 위해 죽음을 선택한 양귀비! 아름다운 여인은 아무 죄가 없다. 무엇이든 용서가 된다는 부분인데 미인계를 쓸 때의 생각은 어디에 머물 것인가?
또 하루가 시작되는 산뜻한 아침에 말이다.

틈

　인간관계는 묘한 것이 있다. 사람과 사람의 사이에 사랑이 싹트고 있다면 그것은 분명히 관심을 갖는 부분이 공통점이 있거나 자기 자신을 좋아하는지의 여부에 따라 달라질 수가 있다.

　사랑의 원리는 무엇인가? 추운 겨울에 사랑하는 사람이 떨고 있다면 자기의 외투를 벗어 사랑하는 이에게 입혀주는 것이며 비오는 날에 우산을 사랑하는 사람에게 씌워주며 자신의 어깨는 비를 맞는 것이다.

　그러다가 사람의 사이에서 대화의 단절도 있는 것이다. 어떻게 한 번도 안 싸우고 사랑의 관계를 지속적으로 이어나갈 수가 있을까? 그것은 불가능한 일이 아닐까? 사랑이란 유리와도 같다.

　이사를 갈 때 그릇을 옮길 때면 조심조심 포장을 정성스럽게 한다. 정성이 없으면 옮기는 와중에 물건을 깰 수가 있다. 사랑이라는 것도 포장이 잘 돼있지 않으면 놓치는 순간에 박살이 나는 것은 아닐까?

북부 아메리카에서만 발견되고 있는 유리 뱀은 유리로 만들어진 것이 아닐 뿐더러 더욱이 뱀도 아니다. 그런데 유리뱀이라고 부르는 이유는 조금만 건드려도 금세 부서지는 속성을 가지고 있기 때문이다.

유리뱀은 도마뱀이라고 한다. 유리뱀의 습성은 적의 공격을 알아차리면 유리뱀은 대단한 힘으로 꼬리 근육을 수축시키는데 이때 몸뚱이가 산산이 부서진다고 한다. 그리고 나뭇가지에 약간만 스치게 되더라도 유리뱀의 몸은 종종 부서지게 된다.

이렇듯이 인간관계도 조금의 틈이 생기면 금방 서먹하게 된다. 이러한 기운이 오래가면 유리뱀처럼 몸이 산산이 부서질 것이다. 사람들의 인간관계도 그와 비슷할 것이 아니겠는가? 괜히 입으로는 웃고 있지만 가슴에 시퍼런 비수를 품고 있다면 그들도 마찬가지로 유리뱀처럼 산산조각이 나는 것이 아닐까?

프랑스의 우화 소설가 장 드 라 퐁텐느 '까마귀와 여우'에서
위대하다고 말하는 사람들은 대부분 가면을 쓰고 있다. 그들은 사람들로 하여금 자신들의 모습에 대해 천박한 숭배를 강요한다.

바보는 눈에 보이는 것만 믿는다. 하지만 여우는 그 반대다. 모든 것을 계산한 후 그들의 진실한 모습을 본다. 웅대하고 경애심을 불러일으키는 영웅의 동상을 보고 여우는 조각가의 훌륭한 솜씨를 칭송했다. "훌륭한 작품이야!" 그리고 한마디 한다. "동상은 멋진데 골은 비어 있군…

우리의 인생도 훌륭한데 설마 골은 비어 있지 않은지 궁금하다. 여인의 아름다움은 어떠한 잘못도 용서받는다는데 설마 빈 머리도 용서를 받을 것인가?

아름다운 장미꽃! 그 속에 있는 가시! 아름다움과 가시는 항상 존재하는 것인가? 아름다움이여 가시를 숨겨라! 떨어뜨려도 깨지지 않는 덕목을 갖추어라!

틀렸다고 하지 마라

내 속에 무엇이 있을까? 나? 내 속에도 내가 너무 많아 미치겠네… 툭하면 심술부리고, 욕심내고, 미워하고, 사랑하고, 놀고 싶고, 간절히 보고 싶고, 먹고 싶고, 입고 싶고, 큰 소리로 욕하고 싶고, 정처없이 떠나고 싶은 내가 여럿 있다.

숨 쉬는 것도 귀찮을 때가 있고 어느 때는 뜬 눈으로 밤을 하얗게 지새우는 날도 있다. 어떠한 목적이 있으면 누구나가 쉴 곳 몰라 방황하는 영혼이 되기도 한다.

오늘은 날이 비를 토할 것 같은 침침한 분위기 속에서 차 볶는 내음이 바람결에 솔솔 스며든다. 내가 너무 많다. 내 속에 내가 왜 이렇게 많을까?

이 세상의 모든 부부들이 비익조比翼鳥같이 연리지連理枝같이 둘이 없어서는 안 될 사랑을 영위하여야 하는데 이혼하는 부부는 더욱 많아지는 세상이 되어 가는데 어찌된 영문인가?

법정에서 남자에게 계속 불평하고 있었던 한 여자의 이야기가 있다.

판사가 물었다.

"계속해서 당신은 이 남자가 당신을 겁탈했다고 말했다. 언제 그가 당신을 겁탈했습니까?"

여자가 말했다.

"언제요? 1월, 2월, 3월……일 년 내내 겁탈했습니다."

판사는 깜짝 놀랐다.

"어떻게 그가 당신을 일 년 내내 겁탈할 수 있었습니까?"

"그는 내 남편입니다."

"그런데 왜 당신은 그것을 겁탈이라 부르는가? 법적으로 겁탈이 아니오."

그녀는 계속 우겨댔다.

"틀림없는 겁탈이에요. 그는 나를 사랑하지 않았습니다."

당신이 그녀를 사랑하지 않는다면 당신의 부인이라 할지라도 그것은 겁탈일 수 있다. 사랑함으로써의 육체적 행위나 겁탈하는 행위 그 자체는 같다. 그러나 그 속사정의 이면은 다르다.

—오쇼라즈니쉬—

인생이라는 것을 계획대로 살아 갈 수가 있는가? 우리는 계획된 삶을 살아가고 있는 것일까? 사랑하지도 않고 이 인생에서 사랑의 행위를 하는 것은 어떻게 생각하는가? 둥근 그릇에 물을 담으면 둥글게, 각자의 그릇대로 모양이 나오겠지.

너는 너대로 나는 나대로 살아가는 것이 인생인 것 같다. 틀렸다고 말하지 말라! 인생의 길이 하나만 있는 것이 아니다. 눈뜬 봉사들이 하나의 길만 있는 줄 알고 웃기고 있다. 하기야 웃는 것은 좋은 일이다. 막 웃자!!

동기감응

　가을을 타는가? 개가 짖는다. 어스름한 하늘에 인기척이 언뜻 나면 어디를 보고 짖는지 합창으로 짖는다. 하나가 짖으면 한 울타리에 사는 것을 보여줌인지 나머지 개도 따라 짖는다.

　집단이라고 하는 것은 좋기도 하면서 상당한 모순점도 갖고 있다고 봐야한다. 무조건 같이 움직이기 때문이다. 묘한 일이다. 한 울타리 라든지 동료라든지, 특히 가족이라는 것! 사랑이라는 것! 또는 정치라는 것! 이것은 어떻게 해볼 도리가 없는 것일까?

　풍수에 보면 동기감응이 나온다. 중국 한나라 때 미앙궁에 커다란 구리로 만든 종이 있었는데 어느 날 누가 이종을 건들이지 않았는데 저절로 울렸다.

　임금이 괴이하게 생각해 신하에게 종이 울린 연유를 묻는데 신하가 "서쪽에 있는 구리광산이 붕괴되었습니다."라고 대답하고 과연 얼마 되지 않아 서쪽에 있는 구리광산이 붕괴되었다는 보고가 들어왔는데, 산이 무너질 때 바로 궁궐의 종이 울린 시각과 일치하였다고 한다.

　임금이 그런 사실을 어떻게 알았냐고 묻자 신하가 "이 종은 서쪽의 구리 광산에서 캐어낸 동으로 만들었기 때문에 동질의 氣끼리 서로 감응을 일으켜 발생한 일입니다."라는 말을 함으로서 황제의 찬탄을 받아 낸다.

　"이처럼 미천한 물질도 서로 감응을 일으키는데 하물며 인간에 있어서랴." 하였다는 내용이다. 이러한 동기감응의 원리는 인체의 구성 물질중 방사성 동위원소가 존재한다는 데서 출발한다고 한다.

　그러나 풍수학은 현대에 들어 미신으로 취급받는 경향이 있다. 하지만 서구의 과학과 합리라는 잣대역시 많은 모순에 쌓여있기는 마찬가지다. 그래도 우리는 우리 것을 인정하지 못한다.

　예부터 미제는 똥도 좋다! 라는 말이 있지 않은가? 어째서 우리의 변은 냄새가 많이 나는데 미제똥은 그래도 미제일까? 같이 동패를 잡았다고 하면 무조건 밀어주기 하는 것이 우리의 현실인데 우리는 지금 같은 편인가? 적군인가?

　까비르가 말한 것이 위로가 될까? "물속의 고기가 목말라한다는 말을 듣고 나는 웃었다. 진리는 그대 집안에 있다. 그러나 그대 자신은 이를 잘 모르고 있다. 이 숲 저 숲 쉴새없이 헤매고 있다. 가라, 가고 싶은 대로 가 보라. 베니레스로 마투라로, 그러나 그대 영혼을 발견하지 못한다면 이 세계 전체가 환영에 지나지 않을 것이다."

영혼이 숨을 쉬며 다가와 한 마디를 한다. 고맙다고… 이것이 옳고 저것이 그르다고 말을 하면 머리만 아플 뿐이다. 어차피 우리는 물속에 살면서 목이 마르다고 투정하며, 공기 속에 살면서 숨이 막힌다고 앙탈부린다.

모두가 자기가 한 일만이 옳다고 지랄하는 세상이다. 지랄은 너무했고 주장으로 고친다. 주장이다! 어떠한 일이든 믿고 믿지 않는 것은 당신에게 달려있고 나에게 달려 있을 뿐이다.

당신과 나는 이세상의 주체다. 믿든지 말든지… 소식을 자주 접하는 사람에게서 연락이 없으면 무슨 일이 생겼나 궁금해진다. 이것이 인생인가보다.

요구하지 말라

    매주 수요일 토요일은 무료급식을 시행하는 사찰들이 있어서 마음이 뿌듯하다. 내 배가 먼저 부른 것 같은 착각이 일어난다. 우리들의 인생은 만족할 줄 모르기 때문에 끊임없는 욕망을 향하여 가고 있다.

    쇼펜하우어가 사람은 욕망과 희망을 왔다 갔다 하는 시계추와 같다고 했는가? 우리는 무엇을 발원할 때 마음가짐을 어떻게 써야 하는가?

    한 여인이 바알 셈에게 자식을 낳기 원했다. "당신이 나를 축복해 주면 무슨 일이든지 가능합니다. 부디 나를 축복해 주세요. 나에게 자식 하나를 점지해 주세요."

    "나의 어머니 역시 자식을 낳지 못했었다. 그래서 어머니는 날마다 애원했다. 자기에게 축복을 내려서 자식을 낳게 해달라고. 마침내 랍비는 어머니에게 먼저 예쁜 모자를 하나 선물하라고 말했다.
    어머니는 예쁜 모자를 만들어서 랍비에게 선물했다." 그리고 그의 어머니는 "저는 어떤 보상도 원치 않습니다. 이 멋진 모자를 쓰고 계신 랍비님을 바라보는 것만으로도 기쁩니다. 오히려 제가 당신에게 감사를 느낍니다."

"그 길로 집에 돌아온 어머니는 임신을 하게 되었고, 그래서 내가 태어난 것이다."
"그렇군요. 그렇다면 내일 저도 멋진 모자를 갖고 오겠습니다."
다음날 여인은 아주 멋진 모자를 바알 셈에게 선물했고 바알 셈은 그 모자를 받긴 했지만 감사하다는 말조차 하지 않았다. 여인이 물었다.

"이제 아이를 낳을 수 있는가요?"
"아이에 대해선 잊어버려라. 이 모자는 정말 멋지긴 하지만 그대는 내가 들려준 이야기를 잊었는가? 나의 어머니는 랍비에게 모자를 선물한 대가로 어떤 것도 원하지 않았다.

그 결과 임신을 하게 되었고 나 같은 아이를 낳은 것이다. 그러나 그대는 무엇을 얻겠다는 욕망을 갖고 왔다. 이 모자를 선물하는 대가로 바알 셈 같은 아이를 얻을 수 있다고 생각하는가? 아이에 대해선 잊으라. 그리고 다시는 이곳을 찾아오지 마라."

바알 셈은 아주 근본적인 진리를 말하고 있다.
"요구하지 말라, 그러면 수어질 것이다." 요구하지 말라. 이것이 근본 조건이다.

중국의 양무제는 절을 많이 짖고 수천의 탑을 쌓았는데… 달마

대사를 만나서

"절과 탑을 많이 세웠는데 내 공덕이 얼마나 됩니까?" 하고 물으니 "소무공덕小無功德"이라고 했다. 조그만 공덕도 없다는 것이다. 이것은 화두의 하나다.

생각하실 분은 생각해 보시라. 이런 첨예한 문제는 스스로 알아야 한다. 누가 알려주는 것이 아니다

무료한 삶이더냐? 모든 책임을 자신으로 돌리지 말라. 그냥 물이 흐르듯 살아가는 것이 행복을 영위하는 하나의 방법인 것이다.

사랑을 느낄 때는 순수한 감정으로 마음껏 느끼거라.
이 세상에 예쁜 아이들이 얼마나 많은가? 우는 아이들…… 뛰는 아이들…… 발을 동동 구르는 아이들…… 아무튼 한바탕 전쟁을 치르고 밥을 먹는데 하하!!! 그 일도 전쟁! 아! 전쟁 아닌 일이 없구나~

바알 셈은 "요구하지 말라, 그러면 주어질 것이다."라고 말을 했지만, 금강경에서도 "응무소주應無所住 이생기심而生其心" 주한 바 없이 그 마음을 내라고 했으니 너도 주한 바가 없으면 커다란 행복과 사랑이 충만하리. 아이들은 사회에서 꼭 필요한 사람이 되리라.

천왕사에는 은행 열매가 노랗고 기쁨이라는 것은 마음에 충만하다. 사랑하는 사람들이여!
행복하시기를.……

엄마의 가슴으로 사는 것

　사랑이라는 것은 사람들을 황홀하게 만들며 거룩한 희생을 스스로 아무 조건없이 내던지는 것이다. 10월 11일 부산 어느 한아파트에서 일어난 화재소식을 접하면서 어머니의 사랑에 대해 생각한다. 생사를 넘나드는 와중에도 어린 자녀를 끌어안고 숨진 어머니! 어린 두 자녀를 구하려고 베란다로 피신을 했지만 세상은 그들을 구해주지 못했다. 무서운 기세로 덮치는 화마로부터 어린 자녀를 끌어 앉고 그 불길이 아이들에게 오지 않게 할려고 발버둥을 친 모정, 약한 자는 여자지만 어머니는 불굴의 용기를 보여주셨다. 눈물이 앞을 가린다. 인생이 이렇게 귀하고 사는 것이 축복인데 어찌 화마가 그들의 축복을 거두어 갔는가? 그것이 그들의 운명인가? 염불일성복증무량念佛一聲福增無量이다. 부처님을 생각하는 염불 한소리가 무량한 복을 짓는 것이다. 영가님의 왕생극락을 축원한다. 南無阿彌陀佛!
　문을 열면 눈앞에 보이는 감나무에는 빨갛게 익은 감이 주렁주렁 달려있다. 종자가 작은 감이고 영양 상태가 좋지 않아서 빨리 떨어진다. 그래도 감은 달려있고 가을의 품격을 높여준다. 바로 옆에는 은행나무가 큰 위용을 자랑하고 있다. 엄청나게 달리는 은행!

그 무게를 감당하지 못하고 가끔 가지가 찢어지는 불상사도 일어난다.

－엄마는 커피 우리는 코코아 中－에서 이런 대목이 있다.

"초가집에 사는 여인이 재롱둥이 꼬아 아이를 툇마루에서 혼자 소꿉장난을 하며 놀고 있게 하고, 엄마는 지붕에 올라가 고추를 널고 있다. 한참 일을 하다가 문득 아이가 있는 툇마루를 내려다보니 아이가 보이지 않았다. 조금 전까지도 거기에서 놀고 있었는데… 엄마는 덜컹 가슴이 내려앉아 다듬던 고추를 놔두고 지붕에서 내려가려고 사다리가 놓여 있는 쪽으로 조심하여 가고 있는데, 아차! 젖먹이 아이가 사다리를 타고 지붕으로 올라온다. 아이는 벌써 지붕으로 발을 막 디뎌 올리고 있었다. 아찔한 순간, 이때 엄마는 얼른 옷고름을 풀어 가슴을 열고 젖먹이를 불렀다. 혼자 놀다가 젖이 먹고 싶었던지 아이는 엄마의 젖을 보더니 성큼성큼 기어 올라온다. 그리고 얼른 엄마에게 다가와 가슴으로 파고든다. 아이에게 젖을 물리며 엄마는 아이를 꼭 끌어안았다."

세상을 살다보면 돌발적인 사태가 일어나는 것을 누구보다도 이 세상을 살아가는 사람들이 가장 먼저 알고 있는 사실이다. 아침도 잘 먹고 멀쩡하던 사람이 점심에 불귀의 객이 될 수도 있다. 이것은 지위가 높고 낮고의 문제도, 돈이 많고 적음의 문제도, 남과 여, 젊음과 노인의 문제도 아니다. 누구에게나 올 수 있는 상황인 것이다. 밤에 잠을 자고 아침의 인사가 밤새 안녕하셨습니까? 아닌가? 사랑을 할 수 있을 때 사랑을 하여야 한다. 시간이 지나가면 사랑하고 싶어도 사랑할 수 없다. 지금 막혀있는 부분을 뚫어 펑! 을 쓰더라도 뚫고 소통하자. 시간은 나를 기다리지 않고 있다. 봐라! 내 인생! 한일도 없이 괜히 시간만 조졌다. 시간이 나한테만 가나? 당신도 예외가 없다!

눈을 굴리면 커진다

　사람 사는 곳에서 대화를 하다 보면 일어난 일을 조금씩 붙여서 말하는 사람이 있다. 거짓말이란 눈덩이와 같은 것이다. 주먹만하게 눈덩어리를 만들어서 자꾸 굴리다 보면 커다란 눈사람이 되지 않는가? 처음에는 아주 작고 사소한 거짓말이 나중에는 불고 불어서 집채만 한 거짓말이 된다. 거짓말이 이렇게 자꾸 불어나는 것은 거짓을 진실로 위장하려는 거짓말 때문이다. 진실은 많은 말이 필요 없다. 눈빛만 보아도 그것이 진실인지 아닌지 쉽게 판명이 난다. 그러나 거짓은 그것이 거짓이기 때문에, 더 많은 또 다른 거짓말을 필요로 한다. 서울을 가지 않고도 갔다 왔다고 거짓말을 하려면 서울 가서 보지 않았던 것도 보았다고 말해야 한다. 그러다가 그것이 탄로 날 것 같으면, 또 다른 거짓말로 진실을 위장해야 한다. 이렇게 하다 보면 거짓말은 끝이 없다. 옛 사람들이 '거짓말도 자꾸 하면 는다.'고 한 것은 사실이다.
　거짓말도 거짓말이지만 남자나 여자가 연애를 하는 것은 어쩔 수가 없는 모양이다. 모양이 다르니 그것을 말릴 명분이 하나도 없다. 그냥 도덕적인 명분을 가지고 밀어붙일 뿐이다. 남녀칠세부동석 이라고 말을 했지만 지금은 남녀칠세지남철 이란다. 옛날 엄마가 아들을 데리고 목욕탕에 갈 때 초등학교 전이면 아들도 여탕에 들어가서 펄쩍뛰고 수영도 하면서 여기 저기 왔다 갔다 하면서 동네아낙들 몸매를 다 감상하지 않았는가? 안한 사람도 있겠지만… 난 그때 눈이 나빠서 잘 못 봤다! 참으로 억울한 일이지… 이렇게 시간이 지나서 어른이 되면 여인을 좋아하는 사람들이 수두룩하게 생긴다. 별별사건이 다 있지만 교묘하게 바람피우는 사람들이 억수로 많았나 보다. 바람 못 피운 사람들은 억울해하지 말기 바란다. 불교에서 말하는 도산지옥이 있는데 이곳은 바람 많이 피운 남녀가 가는 지옥이란다. 염라대왕의 심판을 받아서 천당 지옥을 분류하면 분류된 사람들끼리 모여서 길을 가는데 길 양옆으로 나무들이 쭉 있는데 나무위에는 절세미녀가 실오라기 하나 걸치지 않고 앉아 있다. 그리고는 꾀꼬리 같은 목소리로 노래를 한다. 즉 홀리는 노래다. 그러면 바람을 잘 못 피운 사람들은 그냥 지나가는데 오입쟁이들은 눈이 돌아가서 환장을 하고 미녀가 있는 나무위로 허겁지겁 올라가는데 그 미녀는 어느새 나무 아래로 내려와서 손짓을 한다. 이리오라고…

　이렇게 나무 위를 왔다갔다 오르내리는데 그 나무가 시퍼런 칼로 된 나무다. 그 나무를 오르내리면서 살이 베어지고 잘려져서 만 번 죽고 만 번 사는 고통을 받게 된다는 것이다. (여자는 미남이 그러고 있다하더라) 그런 일이 있다는 것이다. 선택은 여러분들이 해야 하는 것이니 나한테 묻지 말고 알아서하시라. 나는 모르겠다. 그래도 죽어보지 않아서 모르겠다고? 나도 안 죽어봤는데? 꼭 죽어야지만 아나?

　정신차리자.

　정신!

너나 잘 하세요

어떤 사람은 대화를 하면 흥분부터 하는 사람이 있다. 흥분하지 마라. 작은 목소리가 힘이 있는 경우가 있다. 사람들은 어떠한 논쟁이 있으면 그저 큰소리치는 사람이 이기는 것으로 알고 있고, 상대자는 똥이 무서워서 피하냐! 더러워서 피하지! 하면서 자기의 주장을 슬며시 포기한다.

교통사고의 문제도 그렇다. 서로 약간의 접촉사고가 일어났을 때 험악한 얼굴을 하며 처음부터 삿대질을 하며 나오는 사람은 어떻게 처리를 해야 하는지 아는 사람이 없는 것 같다. 학교 교과서에 넣으라고? 피해볼 때 대처하는 방법? 부처님은 대기설법을 하셨다는데 지금은 2500여 년 전 일이기 때문에 까마득하게 멀어진 호랑이 담배피던 시절 이야기가 되어 버렸다. 법은 멀리 있고 입은 바로 앞에 있다. 험상궂은 얼굴과 주먹과 함께…

사람들은 그런다. 달콤한 말을 지향하고 가슴에 팍! 파고드는 말을 하라고…
내가 하고 싶은 말보다는 상대방이 듣고 싶은 말을 하라고…

누구나 그렇게 말하고 싶지, 대화를 하면서 큰 소리로 험상궂게 얘기하는 것을 좋아할 사람이 어디 있겠는가?

어느 스님이 길을 가다가 쟁기질을 열심히 하며 헐떡이고 있는 소를 향해
"너는 전생에 소가될 인연을 만들어서 지금 소의 과보를 받느라 힘이 드는 것이니 발보리심해라" 하였는데 소가 말하기를 "너나!" 했다나. 너나 잘하라는 말이다.

젊은 사람들에게 이것은 틀렸다. 저것도 틀렸다. 이렇게 해라! 저렇게 해라! 공자왈 맹자왈 하나님 부처님 모든 성인의 말씀을 대신해서…지가 그분들도 아니면서 혼자 유식하고 말투마다 너는 그러면 안 돼! 하며 자기의 말만이 세상에서 가장 훌륭한 말인 것 같은 유식한 인간들이 말하는 교훈을, 가만히 귀기우려 들어보니까 듣는 사람들이 이구동성으로 하는 말이 무엇인지 아시는가?
그것은 "너나 잘해!"더라.

저런! 그럼 어떻게 살아야 잘사는 것인가? 그걸 알려면 난 벌써 도를 통해서 발이 땅바닥을 밟지 않고도 잘 살고 있을 것이다. 다만 어떤 수치는 조금 알고 있다.
사람이 80년을 기준으로 볼 때 잠자는데 26년 일하는데 21년 밥먹는데 6년 사람을 기다리는데 6년 나머지는 그냥 사는 것! 중요한 것은 웃음은 하루도 안 웃었다는 것이다.
웃고 살자. 무슨 세상에 얼마나 살겠다고 얼굴 찌푸리고 온갖 똥폼 다잡고 사는가? 배웠으면 얼마나 배웠나? 공자도 맹자도 다갔

행복이란 321

다. 숟가락 딱 놓고 천장 쳐다보면 인생 종친거다. 괜히 거들먹거리며 난 너와 달라! 인생 그렇게 살지마! 하면서 폼잡을 것 없다. 니 할 일 니가 하고 내 할 일 내가하면 될 것 아닌가? 웃기는 일이 있으면 배를 잡고 웃고, 슬픈 일 있으면 펑펑 울어라. 그런 것은 체면 차릴 것 없다.

파격적인 인생

　날씨가 본격적으로 추워지기 시작한다. 이제 여름옷은 보이지 않는다. 차곡차곡 쌓아서 두고 두툼한 옷들이 나오기 시작한다. 환절기에 어쩌다 보면 옷을 사야 돼는 경우가 있는데 스님들의 옷값도 만만치가 않다. 다 시물로 옷을 사는데 옷값이 너무 비싸니 옷을 걸치는 것도 부담스럽다. 금생今生에 미명심未明心하면 적수滴水도 야난소也難消라. 금생에 마음을 밝히지 못하면 일적수의 물도 소화시키기가 어렵다 했는데 나는 시물을 녹일만한 일이 없으니 지옥 한자리는 분명히 예약한 상태인데 어떻게 모면할까의 생각은 못하고 지옥가면 고통이 너무 심하여 다른 생각을 못하는 것에 대한 근심이 있으니 떨어져도 한참 떨어진 생각으로 산다. 신도의 시물이라는 게 참 무서운 것이다. 그걸 알고 있으면서도 태연한 것을 보면 인생에서 많이 닳고 달은 얼굴에 철판을 깔고 사는 내 모습이 절로 한심스럽다.

　홍도비구는 거진 성불을 하였다는데 한 번 성을 내는 바람에 뱀의 보를 받았다고 하지 않았는가? 일기진심수사보一起嗔心受蛇報는 지금도 회자되어 내려오는 구절이다. 우리는 지옥을 어떻게 생각하며 살고 있는가?

　인생을 잘산 사람이 죽어서 염라대왕 앞으로 갔다. 염라대왕이 "너는 인생을 잘 살았구나 천당으로 가거라." 착한 사람이 대답한다. "천당에 가기 전에 지옥 구경 좀 하면 안 되겠습니까?" 염라대왕이 흔쾌히 승낙했다. 이 사람이 옥졸을 앞세우고 지옥 구경을 가는데 마침 점심시간인데 상다리가 휘어질 만큼 음식이 차려져있는데 산해진미였다. 지옥에 산해진미가 차려져있어? 자신의 눈을 의심한 착한 사람이 자기 몸을 꼬집어봐도 아픈 것이 사실이었다. 그런데 이상한 점은 숟가락과 젓가락 길이가 1m가 넘어 보였는데 지옥 중생들이 양쪽으로 벌려 앉아서 식사시간 종을 기다린다. 이윽고 종이 땡하고 쳐지니까 음식을 먹으려고 숟가락 젓가락을 잡고 반찬을 집어서 자기 입으로 넣으려니까 입에 숟가락이 안 들어간다. 음식은 먹으려고 하고 입에는 들어가지 않으니 아수라장이 되었다. 음식이 엎어지고 상이 완전히 개판이 되었다. 일정한 시간이 되니까 땡! 소리가 나고 식사시간이 끝났다. 여기 지옥중생들은 음식을 먹은 사람이 없다. 싸움만 하다가 끝이 났다. 아! 이곳이 지옥이구나. 저런 좋은 음식도 먹을 수가 없구나. 혼자만 먹으려고 발버둥 치니 먹을 수가 있겠는가? 생각하고 천당이라는 곳을 가보았다. 마침 그곳도 식사를 준비하고 있는데 지옥과 조건이 똑같았다. 사람들이 식사종소리를 기다리고 종이 울리자 밥을 먹는데 긴 숟가락과 젓가락으로 음식을 집어서 상대편 사람에게 주는 것이다. 서로서로 맛있는 음식을 상대하게 먹여주니 화기애애하고 즐겁게 식사를 하더라!! 이것이 지옥과 천당의 차이점이다. 그것을 판단하는 것은 당신뿐이 없다. 내가 술을 먹어야 취기가 오르는 것이고,

내가 밥을 먹어야 내배가 부른 것 아닌가? 인생은 당신이 책임지는 것이니 당신 마음대로 하라! 하란다고 아무것이나 막 하지 말고…….

태조산공원에서 로타리 천안지역합동체육대회가 열렸다. 유량동 일대가 차량 혼잡으로 정신이 없었다. 응원들도 열심히 하고 곡차도 열심히 마시고 한쪽에서는 색소폰 연주가 구성지고… 10월의 행복한 어느 날이다. 응원이란, 이기라고 하는 것이 아니라 힘을 내라고 하는 것이다. 알게 모르게 당신을 응원하는 사람들이 있다는 것을 알아야 한다. 그러기에 열심히 살아야할 이유가 있는 것이다. 지는 것을 두려워하지 말고 실패를 두려워하지 말라. 현대 기업의 아버지라고 불리는 '톰 피터스'는 "멋진 실패에 상을 주고, 평범한 성공에 벌을 내리라"고 했다. 파격적인 생각이 필요한 때이다. 안주하지 말라!

놓친 고기가 크더라

69회 경찰의 날 기념식장에 참석하였다.

1948년 10월 21일 미군정으로부터 경찰의 운영권을 이양받아 경찰권 회복을 기념하기 위해 정한 날이다. 경찰은 민중의 지팡이다.

경찰이 튼튼해야 우리의 삶이 윤택한 것이다.

우리 경찰은 열악한 환경에서 임무를 수행하고 있다.

임무 수행이 원활하도록 국민들이 적극 지지하고 응원해야 한다.

어느덧 69회를 맞이한 것을 보면 시간이라는 것은 가만히 놓아두어도 지나가는 것인가 보다. 경찰이라는 직업은 비누와 같다.

비누는 사용할 때마다 자기 살이 작아지면서 많이 쓰면 흔적도 없이 사라진다.

그러나 사라지는 것만큼 더러움이 없어진다.

만일 녹지 않는 비누가 있다면 그 비누는 쓸모가 없을 것이다.

자기희생을 통해 사회에 공헌할 줄 아는 사람은 좋은 비누고,

어떻게 해서든 자기 것을 아끼려는 사람은 물에 녹지 않는 비누와 같다.

걸레도 마찬가지이다.

방을 닦고 마루를 닦는 걸레는 더러운 때를 자기 몸으로 닦아야
바닥이 깨끗해지는 이치를 갖고 있다.

생각해보면 경찰들은 종교가적인 삶을 살아가고 있는 것 같다.
자기의 희생으로 사회를 지키고 국가를 지키는 것이다.
신이라고 하는 것은 신이 있기 때문에 믿는 것이 아니고
믿기 때문에 신이 있는 것이 아닐까?
경찰들의 삶도 우리 국민들이 믿어주고 응원한다면
다시 큰 힘으로 태어날 수 있다.

집착에서 벗어나지 못하는 우리들을
낚시꾼과 노름꾼 같다고 하는 것이다.
낚시꾼들이 잡았다 놓친 물고기는 실제보다
몇 배나 크게 생각하여
한평생 그 환상을 쫓아 헤맨다.

노름꾼들도 땄다가 잃은 돈을
모두 자신의 돈이라 생각하는 습성이 있다고 한다.

잡았다 놓친 물고기의 환영을 쫓는 낚시꾼!
남의 돈을 자신의 돈이라 여기는 노름꾼!
그것은 쉽게 벗어 던지지 못하는 함정이다.

똥통 속에서 있는 똥파리는 그 속의 세상이
최고라는 착각에 빠져서 다른 세계를

이해하지 못하며 살아가고 있다.
다른 세상을 못 보았기에 그것만이 살아가는 양식이고
진리인 줄 착각하고 살고 있다.

장자가 과수원 주변을 거닐다가 과일 나무 위에 있는 까치를 보았는데 심각하게 보여서 자세히 보니 사마귀를 잡기 위해 사마귀를 노려보고 있다.
사마귀도 까치가 노려보고 있는 줄 모르고 매미를 노리고 있었다.
순간 깨달은 장자는 도망갔다.
과수원 주인은 도둑인 줄 알고 소리를 지른다.

아~ 우리의 인생이여! 나는 나도 모르게 노출되어 있다.
민중의 지팡이를 바로 세우려는 부류도 있고
그렇지 않은 부류들이 있다.
그러나 모든 이들이 業의 바다에서 모든 옷을 벗어버린
발가벗은 얼라가 되었다.

고수는 인생을 바꾼다

사람들은 일상생활에 있어서 처음 볼 때의 인상이 중요하다고 한다.
누가 말했는지는 모르지만
"좋은 첫인상을 남기려면 반드시 '4분 규칙'을 기억하라"고 했다.
어떤 만남이든 첫 4분 동안은 자기의 행동을 의식적으로 통제하라는 것이다.
처음에 어떤 말과 표정과 행동으로 상대의 마음을 사로잡느냐에 따라 만남의 결과가 180도로 달라질 수 있다는 뜻이다.

스코틀랜드 출신의 경험론자 데이비드 흄이 말하기를
"내게 필연성의 관념을 주는 것은 인상印象 즉 결정이다."
이럴까 저럴까 망설였지만 사실은 인상 자체가 결정이었다.
처음 보는 순간에 이미 모든 것이 결정되었다는 것이다.
우리가 이렇게 된 것은 필연적인 일이다.
우연이 아닌 필연
잘 되고 못되고는 이제 우리들의 사고에 달려있다.

부처님께서도 오안五眼을 말씀하셨지만
바로 보고 잘 듣는 것은 인생을 성공으로 이끄는 덕목이 되었다.
정신과의사들은 환자의 모든 소리를 들어주기만 하는 분들이다.
환자가 말하는 내용을 통해 원인을 분석하고 처방을 한다.
상대의 이야기를 잘 들어주는 사람은 주변으로부터 인정받고 있는 사람들이다. 막무가내로 자기말만 하는 사람은
주변에서 손가락질 받고 있다고 보면 무방하다.

상대의 말을 경청하자.
'말 배우는데 2년, 침묵을 배우는데 60년이 걸린다'는 말이 있다.
고수란 남의 패를 잘 읽는 사람, 베팅을 잘하는 사람,
포커페이스에 능한 사람, 손재주가 탁월한 사람,
이러한 기술을 다 갖춘 사람이지만……
모든 것을 갖추었다고 끝나는 것은 아니다.

진정한 고수란 재능과 실력 외에 한 가지 요소를 더 겸비한 사람이다.
자신의 운명을 스스로 만들어 내는 힘,
또는 운명을 바꾸는 힘,
꼭 필요한 순간에 원하는 패를 뜨게 하는 힘!
그것이 바로 고수이다.
자신이 원하는 패를 만들어 내야 한다.

나도 내가 원하는 패를 만들어야 한다.
그것이 고수며, 그것이 운명을 바꾸는 것이 아닐까?

늙은 조개가 진주를 토한다

하루를 시작하는 오늘은 내 사랑을 어떻게 전할까?
찬물로 얼굴을 씻고 밖에 나가 차가운 공기를 들이마신다.

반가운 님이 오시는 듯, 까치는 울어댈 것이고
새들도 저곳에서 이곳으로 날아와 나를 축복해주겠지

지금 생각해 보면 나는 그대를 제대로 사랑하지 못했나보다
사랑을 받기만 했지 뭐 하나 뜨거운 가슴을 전한 게 없다.

생각해 보건대 많은 일들이 지나가고 있지만
그대를 사랑하는 것은 축복이다.

그러한 축복을 어찌 이리도 담담하게 쓰고 있는가?
나의 영혼을 불태우리라
하루가 마무리 될 때는
내 사랑을 전한 마음을 남기리라

웃음을 머금고 입가에 미소를 흘리며
입으로 크게 웃을 수 있는 하루가 시작 된다.

모든 사람들이 산 속에 들어가 도를 닦고자 하는 마음은
굴뚝같은데 현실의 생활은 동떨어져 있다.
사랑도 이와 같아서
사랑을 피하는 법을 배우지 말고
사랑을 발견하는 방법을 배워야 할 것이다.
최선을 다하여 살아야 할 방법을 찾아야 한다.

화엄경에서 말하듯이
우리는 그림을 그리는 화가와 같아서
흰 도화지 위에 그림을 그리고 있다.
어떤 그림을 그리든지 자기의 모습을 표출하는 것이다.

인생이라는 무대도 마찬가지 아닐까?
내가 생각하는 대로, 그 모습으로 살아가는 것이다.
나의 모습을 바꾸면
행복이 보장되며, 우리는 행복하게 살 수 있다.

경주의 300년 12대 동안 만석꾼이었던
최부자 집의 가정교육 원리에 육연六然이 있다.

첫째는 스스로 초연하라. 자처초연自處超然
둘째는 남에게 온화하라. 대인애연對人靄然

셋째는 없을 때는 맑게 지내라. 무사징연無事澄然
넷째는 유사시에는 용감하게 대처하라. 유사감연有史敢然
다섯째는 잘나갈 때도 담담하게 행동하라. 득의담연得意淡然
여섯째는 어떤 일이 실패했다고 해서 절망하지 말라.
    실의태연失意泰然

노방출주老蚌出珠를 외치지만 공허한 메아리구나

착각 속에서 사는 것

누가 가을은 낙엽과 시와 사랑이 함께 살고 있는 계절이라고 말했는가?
왜 사람들은 가을이 오면 누구나 센치해지고 시인이 된다고 믿고 있으며 그중 10월은 가장 멋있고 아름답다고 하는가?
10월 어느 날만 들어가도 사람들은 열광하고, 10월의 마지막 날은 항상 이벤트로 바쁘다.

사랑을 하면 시인이 된다고 하지만 가을이 되어도 시인이 되는 조건이 많이 있다.
낙엽이 구르는 것만 보고도, 낙엽이 나무에서 떨어지는 것만 보고도, 사람들은 열광하며 누구나 한 편의 시를 쓴다.
시라고 하는 것은 어떤 감정으로 이루어져 있으며 사람들에게 꼭 필요한 것일까?

산은 산으로 보고 물은 물로 보는 간결하면서도 정갈한 감정이 좋다.
시시콜콜하게 이리 재고 저리 재고 자기의 틀을 정해 놓고 그 틀

속에서 벗어나면 무조건적으로 틀렸다고 하며 상대방을 공격하며, 날카로운 이빨을 들어 내 보이는 것은 자제하는 것이 좋을 것 같다.

어느 사람이 시인과 철학자를 비교하는데,
진리를 음흉한 눈초리로 째려보는 자가 철학자이고,
오답마저 음탕하게 희롱하는 자들이 시인이라는 대목을 읽은 것 같다.

왜? 싸우는 것일까. 어렸을 때 싸우면 키가 큰다고 했는데,
무엇 때문에 그러는 것일까?
거울을 통하여 나를 보면 나의 진면목이 고스란히 나온다.
거울이 나와 친하다고 나를 더 멋있게 보여주지 않으며
나와 친하지 않다고 나를 바보로 만들지 않는다.
있는 그대로를 보여줄 뿐이다. 거짓으로 치장된 우리 인생을…

생각해 보면 서로가 잘났다고 싸우는 것과 같다.
혼자 잘난 척 하지 말라. 세상에 공 없는 것은 하나도 없다.
한 방울의 물에도 하늘과 땅의 은혜가 스며 있다고 하거늘
조그만 일을 하였다고 으스댈 것은 하나도 없다.
세상은 모두가 필요하다는 것을 우리는 느끼고 살아야 할 것이다.
눈에 보이지 않는 공기마저…

남이 반갑게 인사한다고 해서 나를 훌륭하게 여기기 때문이라고 생각하는가?
남이 자기의 말에 참으며 반대하지 않고 그대로 따른다고 해서

나를 존경하기 때문이라고 생각하는가?
깊어가는 가을 아침에 문득 거울을 본다.
그곳에 타인이 서 있는 것 같다. 나는 어디 있는가?

입을 벌리면 사랑이 오는데

목에는 한 알에 100만 원이 넘는 진주 목걸이를 걸고,
손가락에는 몇 캐럿이 나간다는 다이아몬드 반지를 끼고,
귀에는 에메랄드인가 사파이어인가 큰 것을 달았다.
머리에는 머리핀도 무지 비싼 것이고, 가방도 명품이라고 툭하면 천만 원!
옷이라는 것도 명품 옷을 걸치고, 손목에는 로렉스? 구두는 ???
속옷도 명품, 옷치장 하는데 얼마가 들었는지도 모른다.

그대가 몸에 걸치고 있는 물건값은 얼마가 되는가?
부처님은 경전에서 남편은 철따라 부인에게 옷이며 보석류를 사주라고 했는데
이것을 실천하는 세상의 남편은 몇 명이나 되는가? 다 하신다구요?
그렇구나. 다들하고 있다는데 나만 입이 아프네……

온 시대를 통틀어 가장 비싼 옷이 있다고 한다.
프랑스의 왕비 마리 드 메디시스는 전시대를 통틀어 가장 비싸고

무거운 옷을 입었다고 하는데…
그 옷에는 23kg이나 되는 39,000개의 동양산 진주와
3,000개의 다이아몬드가 박혀 있었고
그 옷에 달린 백합들은 진주를 깎아 만들었다고 한다.
그리고 그 옷값은 시가 19,000,000달러에 달했다고 한다.

그러나 그녀는 1606년 9월 14일 아들의 세례식 때
단 한 번 그 옷을 입었다고 한다.
당신에게도 그보다 더 비싼 보배의 옷이 있다.
그 옷은 사랑으로 무장되어 있으며, 기쁨으로 장식 되었고,
항상 행복이 같이하는 훌륭한 옷이기 때문이다.
아! 사랑이여! 그것은 어찌 형체도 없고 소리도 없는가?
나의 사랑의 소리를 들려주어야 하는데……

사랑은 어디에 있는 것일까?
분명이 있는 사랑의 본질!
그렇지만, 보이지 않고, 말로 설명이 안되는구나!
어떻게 말로 표현 할 수가 있을까?
나를 어떻게 보여줄 수가 있을까?
가슴만 두근두근 거린다.
눈으로 보고만 있어도 힘이 나고
생각만으로도 행복한 것을……

자나 깨나 '감사합니다!'를 반복한 말기암환자가 한 순간 암세포가 사라졌다.

소리 색깔이 변하면 운세도 변한다.
당신과 나! 표정관리를 하자. 행복이 묻어온다.
정성을 다하면 모든 것을 이루리…
화내지 말자. 밝게 웃자. 자~ 입을 벌리고 웃자!
사랑이 옆에서 춤추고 있네……
저런!

입만 열면 거짓말

어떤 사람이 유명한 스님을 찾아가 물었다
"스님, 한 말씀만 여쭈겠습니다."
"뭐를?"
"일천삼백만 불자가 있는데 그 불자들에게 한 말씀만."
"한 말씀만? 내 말에 속지마라. 자신의 말에 속지 마라."
"내 말?"
"내 말 말이여. 내 말한테 속지 말어. 나는 늘 거짓말만 하니까."
"무슨 말씀인지 잘 알겠습니다."
"내 말에 속지 마라, 그 말이여."

일생동안 남녀의 무리를 속여서
하늘을 넘치는 죄업은 수미산을 지나친다.
산채로 무간지옥에 떨어져서 그 한이 만갈래나 되는지라
둥근 한 수레바퀴 붉음을 내뿜으며 푸른 산에 걸렸도다
위에 말씀은 성철스님의 이야기다.

우리의 인생은 평생을 속여서 먹고 살고 있는 것이다.

그럴듯한 이야기로 세상을 속이고 사람을 속이고…
속일 것이 없으면 또 누구를 속여서 먹고 살 것인가?

어느 스님이 법상에 올라서 법문을 시작하려는데
느닷없이 방귀가 나왔다.
뽕! 뿌웅~ 픽!
주장자를 들고 거룩한 법문을 하려고 하는 판이니
사람들이 모두 숙연한 자세로 경청하는 법석인데,
방귀 한 방에 법당은 아수라장이 되어버렸다.
여기저기서 웃음소리가 흘러나온다.
깔깔깔~ 낄낄낄~ 호호호~ 하하하~ 킥킥킥~.

이때 주장자 한소리가 터져 나왔다.
쿵! 쿵!! 쿵!!!
다시 법석은 조용해졌다. 이어서 게송을 읊는데
방귀일성放貴一聲이 변삼천遍三千하니
사마외도邪魔外道가 파뇌열破腦裂이로다
방귀 한 소리가 삼천대천세계에 퍼지니
삿된 무리와 외도들의 뇌가 깨져 벌어지도다.

내 방귀 소리만 가지고도 사마외도의 머리가 깨질 판인데
하물며 법문까지 하면 어떻게 될까?
대단한 입담이다.
누구는 말에 속지마라 하고
누구는 방귀 일성에도 뇌가 깨진다고 소리치고 있다.

마음대로 소리치고 마음대로 떠들어라
우리는 지혜로 자본을 삼고
사상의 자유로 법칙을 삼고
진리로 목적을 삼고 살아갈 것이다.
할 테면 해봐라! 니 맘대로!

가다가 멈추는 곳

인생을 살아가면서 거짓말도 하고, 사기도 당하고,
욕도 해보고, 욕도 먹고, 괜한 일로 싸움도 하고,
웃기도 하고, 울기도 하며, 지금껏 살아가고 있다.

부처님은 일국의 왕자로 태어났지만 그 나라가 조그만 나라다 보니 이쪽에서 치이고 저쪽에서 때리는 형세로 스트레스를 얼마나 받았을까?

서울에 가면 경복궁이 있다. 태고종총무원과 가까운 거리에 있어서 여러 번 구경 간 적이 있다.

다니는 곳마다 잘 꾸며져 있고 웬 놈의 방이 그렇게 많을까?

그런 곳이 다 궁녀들 방이라했다. 궁녀들과 풍류를 즐기는 연못 위에 정자!

좋다! 밤이면 임금을 애타게 기다리는
궁녀들이 가슴에 부적도 품고 온갖 비방이라는 비방은 다 했겠지.

그래서 내시의 힘이 엄청 셌다는 것이 아니냐!

행복이란 343

임금이 내시에게 어느 곳으로 가면 좋겠냐? 하고 물으면 내시는
자기에게 뇌물을 준 궁녀의 방으로 먼저 간다는 것이다.
그 뇌물은 참으로 쓰이는 곳이 많은가 보다.

어느 때는 여섯 마리가 끄는 양수레에 올라타고
양이 가다가 쉬는 곳에 궁녀 방이 있으면 그곳에 들어가서
하룻밤을 보내기도 했다는 것이다.
요즈음 점심때면 회사원들 사이에 사다리 타기를 해서
점심 내기하는 사람들이 많다는데
이것이 왕들이 만들어 낸 유행 아닐까?

싯달타 태자도 이러한 일들을 겪었을 것이다.
안으로는 궁녀들의 미소 가득한 웃음이 태자 옆에 있었을 것이고
밖으로는 나라와 나라의 외교문제도 심각했으리라.
조그만 나라 국가에 태어난 것을 자책했는지도 모를 일이다.

쾌락이라고 하는 것은 일단은 신나는 것이다.
얼마나 신나는 일이길래 쾌락일까? 快樂!
그런데 종교가들은 쾌락을 멈추라고 이야기한다.
자기들은 멈추지 못하면서 왜? 타인에게는 쾌락을 멈추라고 하는가?
부처님도 여인들과의 쾌락을 즐기다가 실증? 나신 것은 아니실 테고……
괜히 꼭 해봐야 알겠냐? 안 해보고도 아는 것이 아니냐?
바닷물이 쓰고 짠지 한 바가지 퍼먹어야 아냐?

손가락으로 찍어 먹어 봐도 아는데 등의 말은 필요 없다.

자기가 경험한 것을 사람들도 경험하게 두어야 한다.
안 해 본 것에 대한 동경심은 의외로 큰 것이기 때문에
궁금증으로 인하여 그것에 대한 동경심으로
범죄행위가 더 나온다는 것이다. 믿거나 말거나

무엇인가를 안 해본 사람이 해본 사람보다
궁금증이 많은 것은 사실이지 않은가?
너무 닦달하지 않았으면 좋겠다.
인생 경험이 있는 사람이 어려운 문제를 잘 풀 수 있는 것이다.
어찌 총각이 결혼 생활의 오묘한 점을 알겠으며
부부간의 미묘한 갈등과 사랑!
어린이의 수시로 변하는 순박한 숨바꼭질의 세계를
이야기할 수 있는가?

생떽쥐베리의 〈어린 왕자〉에서
"그때는 아무 것도 알지 못했어
행동을 보고 판단했어야 했어.
말을 가지고 판단해서는 안 되는 거였는데"처럼
일단은 경험을 해본 사람이 무엇이든 잘 한다는 것이다.

싯달타도 경험에 의하여 정진하시고
인류의 빛이 되지 않으셨는가?
경험이라는 것은 인류를 살리는 보약이며, 신비한 힘이다.

니 맘대로 해

야간열차를 타고 내려오는 풍경이 도시를 지날 때와
한가한 시골을 지날 때가 확연히 다르다.
땅값이 비싼 서울의 야경은 화려하기 그지없는데
그 나머지는 밋밋하기만 하다.

우리 인생의 종착역은 어디쯤 될까?
직통으로 가는 길은 없을까?
어차피 죽음에서 벗어날 수 없는 것이 인생의 길이라면
죽어줄 만한 상대가 있을 때 인생은 행복한 것이 아닐까?

이 세상은 넓고도 넓어서 우리가 이 세상을 살아가면서
몇 명이나 만나고 살며, 몇 명하고 마음을 터놓고 얘기할 수 있으며,
몇 명이나 알고 지낼 수가 있을까…
대화 속에 인생을 논하고, 실상을 말하는 것이 얼마나 되겠는가?
술을 먹는 사람들은 대체 어느 종류의 사람들하고
평생 술을 먹을까?

나를 이해해 주는 친구가 한 명 쯤 있다면
인생을 실패한 것일까? 아니면 두 명 쯤 있다면.
세 명? 네 명?…

직장을 다니는 사람들은 그곳을 그만 둘 때까지
거의 모든 시간을 직장동료들에게 할애한다.
일반 친구들과의 만남은 고작 한 달에 한두 번 정도일 뿐이다.
만나는 멤버는 매일 그 수준이다.
우리 인생은 개미가 쳇바퀴를 돌듯이 매일 그 자리를 맴돌고 있다.
벗어날 기약이 없다.
왜? 이렇게 창조했을까? 쌈빡하게 하지!

성이라는 것도 참으로 예측불허다.
창조주가 모든 동물들에게 한 달에 한 번이나 두 번
내지는 여러 번의 성교행위를 지시했는데,
제일 뒤에서 두 번째에 있는 호랑이 차례에서,
호랑이가 "나는 한 달에 몇 번요?" 하고 물으니 "너는 한 번"
이 소리에 호랑이는 화가 나서 창조주한테 달려든다.

"어흥!!" 혼비백산魂飛魄散!한 창조주는 어마 뜨거워하고 도망가는데,
이때 호랑이 뒤에서 이제나 저제나 언제 끝나려나 기다린 인간!
도망가는 창조주를 따라 가며 묻는다.
"나는 몇 번요?"
"너는 니 마음대로 하거라!!!"(이쪽의 주장~)

도망가는 창조주가 이것저것 따질 것이 어디 있어!
도망가기 바쁜데~~~
"너도 니 마음대로 하거라."
재미도 없는 글이 시간도 많이 간다.

종착역이란 것을 왜 따지고,
친구가 많고 적음을 왜 논하는가?
아서라 그냥 살어라 그것도 인생인 것을……

내 자식은 그러지 않겠지

어느 고장을 가도 그렇지만 천안에는 땅값이 올랐는지 부자들이 제법 있는 것 같다고 한다.
어디에는 없을까봐 괜히 얘기해서 빈축사겠네~
인구도 자꾸만 늘어서 어느덧 65만 명이나 된다고 한다. 그 사람들이 대부분 하는 말이 자신은 자수성가하여 일가를 이루었다는 말을 한다.

다이 호우잉의 '사람아 아, 사람아'을 읽다 보면 이러한 대목이 있다.
'별은 자기를 받쳐 주는 것이 없어도 하늘에 있고
인간 역시 손잡아 줄 사람이 없어도 이 세상에서 살아갈 수 있는 것이다.'
그렇다 우리는 철저하게 혼자인 셈이다.
얼마나 많은 것을 겪어보았는가? 누구든지 겪어본 사람은
그러한 사실을 눈을 감고도 뻔히 알 수 있는 것이다.

그러나 세상은 어떻게 되었든지 돈을 벌려고 하는 사람들이 만

연하게 되었다.

그것은 저승사자도 돈을 주면 마다하지 않는다는
황금만능주의의 사상이 사람마다 팽배해지고 있기 때문이리라.
그리고 나서는 그 자손들은 돈의 노예로 전락해 버리는 일들을
우리는 많이 알고 있지 않은가?

그리고는 말한다. '내 자식만은 절대로 그렇지 않다'
'다른 사람은 설혹 그렇다고 하더라도 이처럼 순진한 내 자식이 설마 그럴려고?'
그래서 옛날부터 '부자 3대를 못 간다.'라는 유행어가 있다.
잘 사는 집이 망하면 그 자손이 세 번 변한다는 말이 있다.
잘 살던 양반 집이 망하면 자식이 변변치 못하여 생계를 유지할 수 없으니
세 번 변하게 된다는 것이다.

첫째는 스스로 살기가 어려우니 부모가 장만해놓은 땅을 팔아서
    생계를 유지하고
둘째는 아버지가 평생 일구어 논 신용을 팔아서 돈벌이를 하게
    되고
셋째는 회사를 통째로 인수받아 월급주기가 힘이 드니 직원을
    점점 줄이는 것이다.

이렇듯이 부잣집 자손은 심부름 같은 것도 제대로 하지 못하여
동사무소에서 제대로 등기부등본도 띠지 못하는 얼간이가 되어
간다고 하는데

실예로 이곳에서도 그러한 사실이 있었다.

어떤 부잣집 영감이 갑자기 세상을 하직하게 되자
그 집안 식구들은 당황하지 않을 수 없었다.
그러나 벌어 논 재산은 많으니까 이 재산으로 얼마의 시간은
떼울 수가 있었지만 결국은 이것도 팔아먹고 저것도 팔아먹어
나중에는 집까지도 팔아먹게 되었다.

나중에 그 집을 산 사람이 집 구조를 고치려고 벽을 헐었을 때
그 벽 속에서 황금이 쏟아져 나왔다고 하는 이야기가 있다.
그래서 종갓집이 망하면 신주보가 남는다는 말도 있고,
양반 집이 망해도 주독은 남고,
놀던 계집이 망해도 엉덩이짓은 남고,
남산골 샌님이 망해도 걸음 걷는 봇수는 남는다는
실로 우스우면서도 우습지가 않은 이야기가 지금도
세간에 심심치 않게 퍼져 있는 것 아니겠는가?

이런 말, 저런 말, 말들은 많이 있다.
말 때문에 심심치 않게 싸움도 많이 나며 원수도 생기게 된다.
그리고는 자기의 처신을 생각하며 후회를 하는 사람이 있다.
그것은 어리석은 짓이다. 자기가 한 말과 행동은 활 떠난 화살과 같은 것이다.
휙!!!

공짜 좋아하지 말라니까

세상에서는 공짜를 좋아하는 사람들과 외상을 좋아하는 사람들이 참으로 많다.

'공짜라면 양잿물도 먹는다.'라는 말과 또 외상이라면 소도 잡아먹는다. 라는 말이 있다. 외상과 공짜!

참 환상적인 궁합이다.

탈세문제로 사회에서 지탄을 받는 사람이 자신의 문제가 해결되기만 하면 집을 팔아서 그 돈을 모두 가난한 사람들에게 나눠 주겠다고 선언하였다. 어떻게 해서 문제가 해결되자, 그는 자신의 선언을 이행하게 되었다. 그러나 누가 그 많은 돈을 선뜻 내놓고 싶겠는가. 그래서 그는 한 가지 묘안을 생각해 냈다.

그는 자기 집을 은전 한 냥에 내놓고, 그 집과 함께 사는 조건으로 고양이를 만 냥에 내놓았던 것이다. 결국 그 집은 한 냥에, 고양이는 만 냥에 팔렸다.

그는 은전 한 냥만 가난한 사람들에게 주고, 속으로 이렇게 외쳤다.

"만세!"
이 말은 〈동냥 그릇〉에서 나온 말이다.

이 사람이 공짜를 좋아하는 사람인가?
외상을 좋아하는 사람인가?
이 사람은 사람들을 속이는 사람이다.

또 하나의 일을 소개한다.
가의賈誼의 〈신서新書〉 [심미審微]편의 －한해의 보리(一歲之麥]－를 소개하면
　－복자가 선보 지방을 다스렸는데,
제나라가 노나라를 공격하면서 그곳을 통과하게 되었다.
처음에 노인이 청했다. "보리가 이미 익었습니다.
그런데 지금 제나라 도둑들이 들이 닥쳤으니
백성들에게 밭에 있는 보리들을 베어가게 한다면
먹고 사는데도 도움이 되고, 또 도둑에게 주지 않아도 됩니다."

세 차례나 청했으나 복자는 듣지 않았다.
조금 후에 보리는 모두 제나라 도둑이 가져갔다.
계손이 그 소식을 듣고는 노하여 사람을 시켜 복자에게 말했다.
"불쌍하도다, 백성들이! 추위와 더위 속에서 농사를 지었는데
먹을 수가 없었다니. 모르고서 그리했다면 모르지만,
남이 일러 주었는데도 그대는 따르지 않았도다."

복자는 걱정스레 말했다.

"금년에 보리가 없으면 내년에 다시 심으면 됩니다.
그러나 농사도 안 짓고 먹을 수 있게 한다면
또다시 도둑이 오기를 바라게 됩니다.
또 한 해의 보리로는 노나라를 강하게도 하지 못하고,
또 잃는다고 해서 약해지지도 않습니다.
가령 백성들이 맘대로 취하는 마음을 갖게 된다면,
그 상처는 반드시 몇 년이 지나도 낫지 않을 것입니다."

이것은 공짜의 폐단을 말한 것이다. 어떻게 생각하시는가?
일을 하지 않고 남들의 도움을 받았던 사람들이 정치를 하게 되면
주변사람들의 압박을 받지 않겠는가?
도와준 사람들의 은혜가 있기 때문에 그것을 갚는 것이 인사다.
인사를 한 인물이 또 그 주변 사람들을 인사하기 때문에
이 문제는 쉽게 해결되는 것이 아닐 것 같다.
정치라는 것은 오묘한 것이니 만큼 우리들의 밝은 눈이 필요하다.
눈을 떠라. 번쩍! 쭉 째졌구나!

희한한 인생

일체유심조
염불 못하는 중을 뭐라 부르는지 아시는가?
땡초? 땡추?

조선시대에 산속 절에 노스님이 혼자 살고 있었다.
시자도 없이 혼자 밥하고 빨래하고 나무하고
염불하고, 신도 관리하고 살았는데…
요즘 말로 하면 불경기가 찾아왔다.
IMF 정도 되는 불경기가 왔나보다.

사람들이 아우성이다. 공장은 문을 닫고 사람들은 굶어죽기 일보직전인데 인심도 흉흉하게 변하고 있었다.

어느 날 노스님이 출타를 준비하고 있는데 청년 한 사람이 찾아왔다.
"안녕하세요! 저는 아랫마을에 사는 청년1인데 제가 마을에서 소쿠리 장사를 했지요. 그런데 경기가 어려워서 망했습니다.

들으니 절에서는 참새가 3마리 굶어 죽으면 스님도 굶는다고 하여서 염치없지만 절에서 일좀 해주고 살면 안 되겠습니까?"
"안 될 것 없지! 나도 적적하던 판인데 우리 절에서 나무나 밥도 하면서 살도록 하세. 난 지금 시장을 가는 중이니까 여기서 절 좀 보고 있게." 하시며 총총히 내려간다. 이 청년1은 기분이 좋았다.

단 한 번에 허락을 얻어 낸 것이다.
절에서 1시간쯤 지났을까? 누가 소리를 친다.
"계세요?" "누구세요?"
"예, 저는 윗마을에 사는 종이장사를 하던 청년2인데 장사가 망해서 절로 왔습니다. 자비를 베푸셔서 저를 살게 해 주십시오."
청년1이 대답한다. "그럽시다. 제가 주지스님은 아니지만 부주지는 됩니다.
주지스님은 분명히 같이 살자고 할 것입니다." 하고는 둘이 이야기꽃을 피웠다.

약 1시간이 지났을까, '스님계세요' 하고 부르는 소리에
청년1.2가 대답을 하고 나가보니 보살님 한 분이 파란 보자기에 쌀과 초를 넣어가지고 불공하러 왔나보다.

청년1이 묻는다. 어떻게 오셨냐구⋯ 보살님이 불공하러 왔다고 한다. 큰일났다. 주지스님도 안계시고 염불도 못하고⋯
잽싸게 청년1이 물어본다. "그냥 가실겁니까?"
이것은 가져온 것을 다시 집으로 가져갈 것이냐를 묻는 것이다.
"아닙니다. 놓고 가야지요." 이 말에 청년1이 말한다.

"우리 법당에 올라가서 불공하시지요?" "예."

이렇게하여 세 명이 법당에 들어갔는데 아는 염불이 없었다.
나무아미타불도 모르고 관세음보살도 모른다.
이거 큰일났다. 청년1이 법당을 둘러보니 채독이 있다.
채독이란 대나무 껍질로 엮어서 독을 만든 것이다.
채독을 굴리며 염불을 하려는데 아는 염불이 없다.
얼른 자기가 소쿠리 장사를 했던 일이 생각나서 염불한다.

소쿠리~ 광주리~ 대바구니~
이것을 보고 있던 청년2 저런 염불이라면 나도 할 수 있다.
하고는 한쪽 옆에 있던 징을 들고 꾕~ 하고 울리며 종이장사의
이력을 말한다.
종이~ 창호지~ 문창호지~
절을 하고 있던 신도님! 가만히 듣고 있더니 기분이 좋아졌나
벌떡 일어나더니 춤을 추며 염불한다.
파란~ 보자기~ 내보자기~

예전에는 보자기가 굉장히 귀한 시절이 있었다.
시물은 주더라도 보자기는 가지고 가야 한다는 생각이다.
1시간가량 염불을 하다보니 땀이 흠뻑 났다.
속곳까지 다 젖었다. 그런데 영~ 기분이 꿀꿀하다.
무엇인가 1~2% 부족한 느낌이다.

법당을 나와 인사하고 일주문을 벗어나려는데

주지스님이 올라온다. "스님!" "보살님이 어쩐 일로 오셨나요?"

"불공드리려 왔지요." "그런데?" "절에 청년이 두 분 계시는데 그 분들이 불공해 주셨어요."

"두 분? 부처님의 자비로 또 하나가 늘었구만! 그런데?"

"예! 법당에서 채독을 굴리고 징을 치고 염불을 했습니다." "채독?" "예!"

주지스님의 얼굴빛이 변하는 것을 본 보살님은 불공이 잘못되었음을 직감했다.

"보살님! 얼마 가지고 왔어요?"

"예, 쌀 한 말하고 초와 향과 과일을 올렸어요."

"아니, 이놈들 그런데 채독을 굴려! 채독은 영산재를 할 때만 굴려주는건데…

채독을 굴려! 이놈들~~."

이 말을 들은 보살님이 입이 쭉 째진다. 오늘 땡잡았다.

뒤도 돌아보지 않고 뛰어나간다. 행복을 한아름 담고 뛰어간다.

일체유심조一切唯心造라고?

알으셨는가? 염불 못하는 중은 채독 굴리는 중이다.

40년 전 수기하네.

삶은 씨앗에서 꽃이 피네

깨와 소금을 섞으면 깨소금이다.
그렇다면 깨와 설탕을 섞으면 무엇일까?
설탕은 단맛이 나니 바로 "깨달음"이라고 한다.

깨달음이 있기 전에는 우리는 남의 것도 내 것이고
내 것도 내 것으로 생각하고 살아가고 있다.
우리 인생을 항아리에 비유하는 사람들이 있다.
각자가 가지고 있는 항아리.

거꾸로 된 항아리, 밑이 없는 항아리, 오물 항아리…
거꾸로 된 항아리는 무엇도 받아들이지 않고,
밑이 없는 항아리는 받아들이지만 곧 새고 말며
오물로 가득 채운 항아리는 받아들이는 순간 오염된다.

사람이 손가락 하나가 꼬부라져도 일하는 데는 아무 지장이 없다. 그러나 사람의 마음이 꼬부라져 있으면
　사람 구실을 제대로 하지 못한다.

어느 학교 선생님이 학생들에게 꽃씨를 나누어 주고는
예쁜 꽃을 키워서 가지고 오라는 숙제를 내었다.
약속한 기일이 되어서 학생들이 화분을 가지고 오는데
화려한 꽃들이 즐비하였다.

그런데 한 학생의 화분은 빈 화분이었다.
그는 학생들에게 놀림을 받았다.
숙제도 제대로 해오지 않는다고…
허나 선생님은 그 학생을 안아주고는 "네가 숙제를 가장 잘 해왔구나."
하고 칭찬을 했다. 선생이 학생들에게 나누어준 꽃씨는 삶은 꽃씨였다.
삶은 꽃씨를 받은 학생들이 예쁜 꽃을 피운 것이다.

지금은 삶은 꽃씨에서 아름다운 꽃을 피우는 세상이다.
현실이라는 것은 냉정하기 그지없다. 내가 싫은 상대는 관심도 끊는다.
아! 세상이여! 지독한 고독이여!

마음의 문이 닫히면 고생문이 열리고,
마음의 문을 열면 행복 문이 열린다.
마음의 문을 활짝 열라! 우리는 행복해져야한다.

어느 사람이 죄를 지어 처음으로 형무소에 들어가서
먼저 온 선배들에게 인사를 하였다. 그러자 그 사람들이

"우리는 이 감방에 오래 있어서 그런지 영양분이 부족해서
빈혈이 생길 지경이라 네 피 좀 먹어야겠다" 하고는
처음 들어 온 사람의 손을 잡더니 손목에 칼을 대고는 조금 찌르고
상처 부위에다가 물을 묻히니 과연 피가 흐르는 것 같다.
처음 들어 온 죄수가 깜짝 놀라 하는 말이
"피 조금만 빼요. 조금만 빼요." 하더니 조금 있다가
"점점 어지러워요."
하더니 3일간이나 정신을 차리지 못했다.

마음의 작용이라는 것이 이렇게 무섭다.
피를 빼지도 않고 피를 빼는 시늉만 했는데 어지러워지고
마침내 기절까지 하는 것이다.

무명이 어두움이라면 지혜는 빛이 되어서
단번에 어두움을 몰아낸다.
향 또한 그러하리라
빛이 어두움을 물리친다면 향은 더러운 냄새를 정화시켜준다.
한 점 빛이여!
하나의 향이여!
세상에 존재하기를……

도로아미타불

도로아미타불의 유래를 아시는가?
"보다 낫게 하려고 애쓴 일이 보람 없이
처음과 마찬가지로 되었음을 이르는 말"
"십 년 공부 도로 아미타불이 되었다."

여러 가지의 이야기가 있지만 대표적인 것은
'공부(工夫)'와 '도로(徒勞)'가 있는데
공부는 학문과 기술 등을 배우는 것이고

도로(徒勞)란 헛수고를 말한다.
보람없이 애만 쓰는 것을 도로라고 한다.
과대망상이나 신경과민도 도로에 포함된다.

신라시대의 큰스님으로 경흥(憬興)이라는 왕사(王師)가
심한 두통병에 걸렸다. 백약으로 고쳐도 치유가 힘들었다.
어느 날 노파가 나타나서 스님의 병을 '도로병(徒勞病)'이라고
진단했다.

쓸데없는 일에 골머리를 쓰기 때문에 머리가 아프다는 것이다.

도로병을 고치기 위해서는 실컷 웃으면 될 것이라며
노파는 얼굴을 여러 모습으로 바꾸며 경흥 스님을 웃겼다.
노파와 함께 실컷 웃은 다음부터
경흥 스님의 도로병은 완치되었다고 한다.

노파가 꾸며낸 11가지의 얼굴표정은
11면 관세음보살의 표정과 같았다고 한다.
노파는 관세음보살의 화신(化身)이었다고 전한다.
이 이야기는 '삼국유사'에 기록되어 있다.

해인사에도 한 가지 이야기가 전해온다.
어떤 젊은이가 노새를 끌고서 얼음이 언 낙동강을 건너고 있었는데,
얼음이 깨질까봐 무서워서 마음속으로
'나무아미타불'을 외우면서 강을 건넜다.

아미타불을 외워서 그런지 무사히 강을 건넜다는 생각이 들자,
무슨 아미타불인가? 내가 조심해서 건넜기 때문에 잘 온거지?
생각을 하고 돌아보니, 이게 웬일인가?

저쪽 언덕에 노새를 놓고 왔던 것이다.
긴장을 해서 노새의 고삐를 놓고서 혼자 건너온 것이다.
'나무아미타불'을 부정했지만 아미타불을 불러야 될 형편이라

도로아미타불을 부르며 건너갔다는 것이다.
자~ 불러보자 도로아미타불! 도로아미타불! 도로아미타불!

우리는 어떠한 일을 하는데 실패를 두려워하는 경향이 많다.
즉 도로아미타불이 될 것을 염려하는 사람들이 눈에 띠게
많아졌다는 것이다.

뜻을 세우는데 나이가 들어서 어렵다는 말을 하지 말라.
영국의 정치가인 볼드윈은 아버지 회사의 중역으로 근무하던 중
아버지가 돌아가셨다. 그 후 그는 아버지의 뒤를 이어 국회의원
에 입후보했다.
그때 나이 40세였는데 친구들이 40세면 너무 늦다고 만류하자
그는 위의 말을 했다. 그리고 멋지게 당선했다.

그리고도 세 번이나 수상의 자리에 앉았다.
뜻을 세우는 데 중요한 것은 나이가 아니다. 젊은 마음과 성취하려고
하는 강한 의지인 것이다.

말로만 하는 충고는 다시 생각해봐라!
노인의 충고는 겨울 태양과 같다.
그것은 밝기는 하지만 뜨겁지는 않다.
　　　　　－ 앙드레 모로와 〈젊은이에게 보내는 공개편지〉에서

여기서 말하는 노인의 개념은 생각이 고리타분하고

미지근한 사람들을 이야기한다.

도망갈 길을 만들어 놓고 일을 추진하는 것도 중요하다.
그러나 신념이 있고 나아갈 길이 바로보이면
똑바로 전진하자! 앞으로! 앞으로~~

말, 말, 말

연인 사이에 사랑한다는 말은 골백번 잘 하는데 어려운 일이 생기면 금방 모르는 척해버린다. 특히 자기가 곤경에 빠질 것 같으면 아예 얼굴색을 변화시키고 모르는 사람으로 변하는 것이다.

"내가 당신을 어떻게 알아! 난 당신 같은 사람 몰라!"

부부 사이에서도 잘살았을 때는 별문제가 없는데 어떠한 문제가 발생하여 이혼이라도 해야 할 문제가 생기면 각자의 태도가 돌변한다.

"왜? 진드기처럼 달라붙어! 너 행동했을 때 다 알아봤어!"

인생무상! 삶의 회의를 느낀다고 할까?
여러분들은 어떠신지? 그렇지 않다고요? 그렇지요.
우리 친구 분들은 그렇지 않지요!

백설공주가 백마 탄 왕자와 결혼하는 대목은 어린이들을 설레게 한다. 백설공주의 동화는 책으로 읽었든지 입을 통하여 전해 들었던지 누구나가 보고 들었으며 알고 있는 이야기이다.

그 동화 속에서 마귀할멈과 일곱 난쟁이가 등장하여 보고 듣는 사람들에게 재미를 더해주는데 일곱 난쟁이들이 백설공주를 보살피는 대목은 흥겹기까지 하다. 이 이야기를 재미있게 말을 잘하는 사람들이 각색을 했는데 소개한다.

일곱 난장이와 백설공주는 함께 살고 있었는데 마귀할멈이 백설공주를 노리는 것을 알고는 백설공주를 보호하는데 전심전력을 다하였다. 하루는 백설공주가 목욕을 한다고 하여 일곱 난쟁이가 보디가드로 따라갔다.

백설공주는 목욕탕에 들어가고 일곱 난쟁이들은 망을 보고 있기로 하였는데, 창이 너무 높기 때문에 일곱 난쟁이들은 무동을 타고 단 한 사람만이 공주의 목욕 장면을 볼 수가 있었다. 한사람밖에 볼 수 없으므로 처음 본 사람이 공주의 행동을 보고 말하면, 무동으로 연결된 여섯 난장이들은 그 말을 따라 하기로 했다.

이윽고 백설 공주가 목욕탕에 들어가서 옷을 벗자 제일 위에 있는 난쟁이가 소리 쳤다. 백설 공주가 옷을 벗었다! 하자 그 소리는 아래로 전달되었다.

"벗었다! 벗었다! 벗었다! 벗었다! 벗었다! 벗었다!"

백설공주는 옷을 벗고 그 다음 차례인 탕 속으로 들어갔다. 그것을 본 제일 위에 있는 난쟁이가 소리 쳤다. 백설 공주가 탕 속에 들어갔다! 하고 소리치자 그 소리는 아래로 전달된다.

"들어갔다! 들어갔다! 들어갔다! 들어갔다! 들어갔다! 들어갔다!"

탕 속으로 들어간 백설 공주는 얼마간의 시간이 지나자 탕 속에서 나와서 섰다. 이것을 본 제일 위에 있는 난쟁이가 소리쳐 외쳤다. 백설 공주가 탕 속에서 나와서 섰다! 그러자 층층이로 있는 난쟁이들이 외쳤다.

"나도! 나도! 나도! 나도! 나도! 나도!"

하여간 재미있는 언어 구사다. 섰으면 섰다! 할 것이지, 왜 나도!가 들어갈 것인가?

이런 이야기가 나왔으니 악처에 대한 이야기도 언급해보자.

소크라테스의 아내는 악처라고 한다. 소크라테스는 돈 버는 능력이 없었던 사람인가 보다. 돈 잘 벌어다 주고 서비스 좋으면 누가 남편을 괄시하겠는가? 집안일은 통 안 보고 이상한 이야기만 통통하니 마누라인들 좋다고 하겠는가?

하여간 어떤 사람이 소크라테스에게 물었다.

"어째서 저런 사람을 부인으로 맞이하셨소?"

소크라테스 曰

"마술을 익히고자 하는 사람은 사나운 말을 골라서 탄다.

사나운 말을 다룰 줄 알게 되면 다른 말을 다루기는 쉬운 일이다.
내가 이 여자를 견디기만 한다면 천하에 상대하기
어려운 사람은 없을 것이다."

라고 말했다.

"쉴 새 없는 부인의 투정을 용케 참습니다."
"물레방아가 돌아가는 소리도 귀에 익고 나면
듣기 싫은 줄 모른다."

이때 부인이 "입 닥쳐!" 하고 욕설을 퍼부은 뒤에 소크라테스 머리 위에 물을 뒤집어씌우자 소크라테스는 태연히

"천둥이 친 다음에는 큰 비가 쏟아지게 마련이지."

했다는 말은 지금도 유명하여 종종 인용구로 많이 쓰이는 말이다.

말!
용도가 어디 인가?
말!
자꾸 쓸지니 그 말로
천당, 극락 다 갈 것이다. 말로 천당 극락 다 갈 수 있다.
말로 천당 극락 다 가는 날에……

아직도 잔칫집에 있는가

폐문즉시심산閉門卽時深山이오
독서수처정토讀書隨處淨土로다
문을 닫은 즉 심심산골이요
글 읽는 곳은 바로 극락이로다.
명대의 문인 진계유陳繼儒의 서재에 써 붙인 서재련이다.

세상에 나왔다고 공부가 안 되는 것이 아니다.
저잣거리에 있는 조그마한 암자지만 나도 내 방에 들어가
문을 닫고 있으면 적막강산이다
문을 닫자마자 깊은 산중에 놓인 몸이 되는 것이다.

문을 닫는 것은 육근을 닫는 것이다.
안이비설신의를 닫는다는 뜻이다.
눈으로 보는 것, 귀로 듣는 것, 코로 냄새를 맡는 것,
혀로 맛보는 것, 몸으로 느끼는 것, 마음으로 생각하는 것을
일시에 닫아 버리면 어떻게 될까?

이제 다시 나의 시간이 되었다.
나의 시간은 몇 분에 한정된 것이 아니다.
그것은 1시간이 될 수도 있고, 2시간이 될 수도 있으며,
하루가 지나갈 수도 있다. 숫자라는 것을 초월할 수도 있다.
시간이 나를 구속할 순 없다.

백척간두진일보百尺竿頭進一步 라고 하지 않는가?
백척이나 하는 장대위에서 한걸음을 내딛는 것이다.
그것은 자살이 아니라 다른 세상에 대한 비약인 것이다.
시간과 공간을 초월한……

성현들의 가르침은 시간과 공간을 뛰어 넘으라는 메시지가 있지 않을까?

중국 송나라 때 대철학자로 이름 높은
정명도程明道, 정이천程伊川 형제는 어느 잔칫집에
초대를 받고 참석하였는데, 형은 고고한 학자의 기품을
다 잊은 듯 여자를 껴안고 입을 맞추며 추태를 부리는데,

동생 이천 선생은 시종 근엄하게 앉아 자세를 흐트러트리지 않고 형이 놀아나는 것을 실망스럽고 못마땅하게 바라보았으나, 그 자리에서는 말할 수 없고 하여 집에 돌아와서 밤에 말을 하려고 했지만 형이 너무 취해 있으므로 말하지 못하고 다음날 아침 형에게 찾아가 말씀드리기를

"형님, 어제는 군자로서의 행을 하지 않으셨습니다."
"하하! 이 사람 자네는 아직도 잔칫집에 있구만." 하고는

도통천지무형외道通天地無形外나
사입풍운변웅중思入風雲變熊中이라
"도는 천지의 형체없는 밖에까지 통한다 할지라도
생각은 풍운 변웅중에 들어 있나니
네가 도라는 것이 무엇인 줄 아느냐?
도를 통한 사람은 목석과 같은 줄 아느냐?
지옥이라 하는 것도 없다면 말 할 것도 없지마는
있다면 너 같은 소인배나 들어갈 곳이다." 하였다.

우리는 우리가 해야 할 일이 무엇인지 잘 모르고 있으며
우리의 마음이 얼마나 위대한지 잘 모르고 산다.

사랑은 이별의 시간이 오기까지는 그 깊이를 알지 못하는 것이다.
자식이 병들면 어미는 백배 천배 아프다는 것이 맞는 말 같다.

친구님들! 몸을 잘 간수하고 병이 오지 않게 단속하시오.
중생이 아프면 보살도 아프다고 하지 않소!
괜히 나도 아픈 것 같네.
엄살이라도 피워볼까?

사랑은 지독한 것

현대의학에서도 밝혀지지 않는 수많은 병들.
비만 오면 관절이 아프다는 환자들, 허리 어깨 팔 다리를
부여잡고 뒹굴어도 알 수 없는 병! 오죽하면 신경통일까?

아직도 병명을 모르고, 원인을 모르고, 치료 방법을 모르는 병들이 수두룩하다는 것을 우리는 알까? 그중에서도 사랑의 병을 우리는 모두 겪어보았지만, 지독하지 않은가?
해결책은 없는가?

정호승의 사랑에 대한 믿음中에
문어의 사랑 이야기가 있어 소개한다.

바다 속에서 참문어와 풀문어가 서로 사랑을 나누고 있었다.
사랑에 도취되어 어부의 그물 속에 있는 줄도 알지 못한다.
그들이 엉킨 다리를 풀고 서로 몸을 떼었을 때에는 햇살이 눈부신 부둣가였다.

"여기가 어디지?"
"육지야."
"왜 우리가 육지로 나오게 되었지?"
"어부한테 잡힌 거야."
"어떡하지?"
"걱정하지마. 무슨 좋은 방법이 있을 거야."

참문어가 풀문어를 위로한다.
어부는 곧 그들을 커다란 항아리 속에 집어넣었다.
우선 그들이 죽기를 기다렸다가 바람 잘 불고
햇볕 잘 드는 곳에서 말린 뒤, 겨울밤 술안주로 삼거나
제삿날 제상 위에 올려놓을 작정이었다.

항아리 속에 갇힌 참문어와 풀문어는 무서웠다.
순간 순간 몰려오는 죽음의 공포에 서로의 몸을 껴안고 떨었다.

"졸지마, 졸면 죽어!"

그들은 기진하여 쓰러지지 않도록 서로에게 용기를
불어넣어 주려고 애를 썼다. 시간이 쏜살같이 흘렀다.
몇 날 며칠이 지났는지 알 수 없었다.
그들은 배가 고파 견딜 수가 없었다.

"이거 먹어. 먹고 기운 차려. 죽으면 안 돼."

참문어는 풀문어에게 자기의 다리 하나를 잘라 주었다.
풀문어는 배가 고팠지만 차마 참문어의 다리를 먹을 수가 없었다.

"괜찮아, 먹어. 난 무엇이든지 줄 수가 있어."

참문어는 풀문어에게 자꾸 자기의 다리를 먹으라고 권했다.
그러나 풀문어는 먹지 않았다. 그 대신 자기의 다리를
잘라 참문어에게 주었다.

"이거 먹어. 너도 배고프잖아?"
참문어도 풀문어의 다리를 먹을 수가 없었다.
그들은 서로가 서로에게 다리를 먹이려고
둘 다 여덟 개나 되는 다리를 모두 잘랐다.

며칠 뒤, 어부가 항아리 뚜껑을 열어 보았을 때
그들은 둘 다 죽어 있었다. 그런데 참으로 이상한 일이었다.
다른 문어들은 단지 속에 갇히면 제가 제 다리를 뜯어먹으며
연명하다가 서서히 죽어 가는데, 그들은 다리를 잘랐으면서도
먹지 않고 그대로 굶어 죽어 있었다.
그들이 서로 사랑한 나머지, 서로 상대방에게
제 살을 먹이려고만 하다가 그만 그대로
굶어 죽은 줄을 어부는 알지 못했다.

아! 사랑이여,
고결한 희생이여!

사랑을 묻지를 마라!
사랑이라는 것은 혼자만 아는 행복감!
맛있는 음식을 먹고 난 뒤의 포만감!!!
어찌해야 좋을지 모르겠으면, 묻지를 마라!

장미에게 "왜?"라고 물을 수 있는가?
너는 왜 장미가 돼서 아름다운 꽃을 피느냐고?
겨울에는 안 피고 조건이 맞을 때만 꽃을 피우느냐고?
모든 사물에게 왜냐고 묻는 것은 무의미한 것이다.

너는 너대로 나는 나대로
사랑을 피운다. 활짝!!

죽비만 치면 왕생극락이네

바야흐로 춘추전국시대인가?
2014년에는 9월에 윤달이 들어 각 사찰마다
생전예수재를 봉행하느라 정신들이 없다.
재齋는 몸과 마음을 깨끗이 한다는 의미이다.

몸과 입과 마음으로 짓는 세 가지 업을 맑게 하여
악업을 짓지 않는다는 뜻이다.
삼보에 공양을 올리고 귀의하는 순수한 믿음을 표시하는
의식인 것이다.

생전예수재生前豫修齋는 죽은 조상을 천도하는 것이 아니라
산 사람을 위하여 재를 지내는 것이다.
살아 있는 동안 미리 재를 지내어 죽은 후에
극락왕생을 기원하는 것이다.

재의 내용도 살아 있을 때 지은 죄와
빚진 돈에 대한 것을 갚는 의식인데

경전을 읽어야 할 빚은 예수재를 지내며 갚고
돈으로 진 빚은 종이로 만든 돈을 명부전의 시왕들께
올리는 것으로 갚는다.

재를 올린 후 빚을 갚았다는 증표를 받아 한 조각은 불사르고
한 조각은 죽을 때 지니고 가서 명부의 시왕들께 보여
극락으로 왕생한다고 한다.

이런 의미에서 예수재는 살아 있는 동안 진 빚을
죽기 전에 갚아 청정한 몸과 마음으로 죽음을 대비하는
넓은 의미의 수행의식이다.

살아있을 때 잘하자는 것이다.
식물들 중에서도 희한한 식물이 많이 있지만

아프리카의 깊은 밀림 속에는 "우츠프라 카치야."
란 식물이 살고 있다. 그 식물은 공기 중에 흩어진
최소한의 공기와 햇빛만으로도
살 수 있는데 결벽증이 강하다고 한다.

무심코 지나가던 생명체가 '툭' 하고
그의 몸을 건드리면
그 식물은 즉시 생명 활동을 정지하고
시름시름 앓다가
그냥 그대로 죽고 말았다.

단지 툭 쳤는데 말이다.
그런데 어떤 학자가 그 꽃을 살리는 방법을
연구하였다.
다시 살리는 것은
그 꽃을 다시 건드려 주는 것이었다.

그의 몸을 건드렸던 사람이 계속해서
툭툭 건드려주면 살아난다.

툭 치면 죽고
툭툭 치면 되살아나는 식물 우츠프라 카치야

우리 인생에서의 죄업도 툭 치면 없어지게 하는
방법이 없을까?
선방에서는 죽비만 세 번 울려서 재를 마치는 수도 있다.
그것은 도력들이 계시니
북 광쇠나 목탁 요령을 흔들지 않고도
생각하는 것으로 영가를 극락으로 보내는 것이다.

배고픈 것도 죽비소리로 날려버리고
사랑에 굶주린 자, 원통해서 죽을려고 하는 자,
싸움 못해 환장해 하는 자, 등등 모두 나와라!
죽비 세 소리 탁! 탁!! 탁!!!
아이구 왕생이네!

꿔다 놓은 보릿자루

한마디 말도 못했다. 무엇을 알아야 말을 하든 참견을 하지.
체육관에 들어서자 날이 쌀쌀한데도 긴장감이 돈다.

초등학교 기계체조대회를 보러갔는데, 평소에 관심이 없던 운동인데다 초등학생들의 대회니 체조가 멋있다, 아름답다보다는 가냘프고 안쓰럽고 귀여운 생각과 잘못하면 다치겠구나하는 생각에 안절부절 못하지만 머리 깎은 체면에 젊잖게 보는 척만 한다.

'꿔다 놓은 보릿자루'가 되어 한쪽 구석에 푹 박혀 있는 것 같다.
'꿔다 놓은 보릿자루'의 유래를 아시는가?

연산군시절, 폭정으로 술과 놀이만 일삼던 임금이 백성을 돌보지 않자 나라는 점점 어지러워지고 민심은 흉흉하고 방귀깨나 뀌는 사람들도 언제 죽을지 전전긍긍하는데 뜻이 맞는 사람들끼리 모이게 되었다. 즉 반역모의다. 연산군을 몰아내고 나라를 바로 잡자고 사발통문을 보내 박원종 대감 집에서 비밀리에 모여서 내일의 일을 말하는데, 구석에 앉아 있는 사람이 아무 말도 하지 않은 채 입만 꾹 다물고 앉아 있었다.

비밀이 새어 나갈까봐 촛불도 켜지 않고 하는 회의라 누가 누군지 알아 볼 수도 없었는데 성희안은 가만히 모인 사람들을 세어보니 한 사람이 많았다.

"박 대감, 엄탐꾼이 들어와 있소."

그러나 아무리 살펴도 염탐꾼은 보이지 않았다.

"대체 누굴 보고 그러시오?"

성 대감은 말없이 한 사람을 손가락으로 가리켰다. 성희안이 가리키는 것을 바라보던 박원종은 껄껄 웃었다. "하하하! 성 대감, 그건 사람이 아니라 내가 내일 큰일을 위해서 꿔다 놓은 보릿자루요."

정말 자세히 보니 보릿자루다. 그런데 거기에 누군가 갓과 도포를 벗어 놓아 영락없이 사람으로 보였던 것이다

그 뒤로 어떤 자리에서 있는 둥 없는 둥 말없이 그저 듣고만 있는 사람을 가리켜 '꿔다 놓은 보릿자루' 같다고 했다.

내 인생이 '꿔다 놓은 보릿자루'와 같은 인생이다.
있으나 마나 말 한마디 못하고 평생을 우물쭈물 산 것 같다.
그렇다고 무슨 사상이 장하여서 참은 것도 아니고…
그냥 인생을 살다보니 참견보다는 무반응으로 살아온,

어리석은 사람의 표본으로 살았던 것이 부끄럽다.

웅변의 대항마인 침묵으로 살아간 것이 아니다.
처리하기가 어려운 일에 직면했을 때, 그것에 대한 생각을
해보았는가? 그저 다른 사람들이 대안을 내놓겠지 하며
입은 한일자로 다물고, 눈은 천둥이 쳐도 모르는 잠에 곯아떨어진 아이 같고, 다리는 태풍이 불어와도 꿈적 않을 바위처럼 요지부동한 나의 무능함이 '꿔다 놓은 보릿자루'같다.

침묵이라는 것을 어렸을 적부터 몸으로 익혔나?
그러면 벌써 성인됐게?
이제는 처방을 잘 배워야 된다. 한약방에서 약을
처방해줄 때 산삼, 녹용이라고 다 써주는 것은 아니지 않는가?

친절이라는 것, 남을 위해 배려한다는 것,
이러한 처방은 사랑으로 조제된 것이 아닌가?
처방을 잘해야겠다.
처방을 잘 하려면 잘 배워야겠지?
내 생각 대로면 돼는 일이 없다.

아!
여래시여! 如如히 오신이여!
'꿔다 놓은 보릿자루'가 안 되게 노력하겠나이다.
쓸데없는 번민과 고통을 바람에
날려버리고 여래의 생각으로 살겠나이다.

자신만이 아는구나!

어떤 자유분방한 청년이 아름다운 여인을 사랑하게 되었다.
둘은 서로 사랑을 하게 되었고 결혼을 하였다.
청년의 부모도 두 사람의 결혼을 축복해 주었고
처녀의 부모도 그들의 앞날을 축복해 주었다.

너무 행복한 결혼이었고 인생이 즐겁다고 노래를 부른다.
청년의 아버지는 자신의 사업장을 아들에게 주었다.
큰 꿈을 펼치라고……
사업장을 물려받은 아들은 열심히 뛰었다.

젊음이 있기에 남들보다 두 배의 노력을 하였고
젊은 나이에 돈과 명예를 잡은 행운아가 되었다.
부인은 예쁜 현모양처였다.

이들에게 10년의 세월이 숨 가쁘게 지나갔다.
가장이 된 청년에게는 고민들이 생기기 시작했다.
너무 일찍 아버지의 사업장을 물려받은 까닭에

동생들의 학비를 이 청년이 감당하고 있었고,

청년의 부모님들께도 생활비를 드려야 했고,
처가댁에게도 생활비를 드려야 했다.
모든 경비가 청년의 손을 거쳐서 지출하게 된 것이다.
아무리 돈을 벌어도 밑 빠진 독에 물 붓기였다.

젊은이는 점점 삶의 회의에 빠졌다.
인생무상을 느낀 것이다. 아무도 모르지만 이 젊은이는
우울증에 시달려야만 했고, 급기야는 자살이라는 것을
생각하게 된다.

내 인생은 어디에 있는 것인가?
나는 돈 버는 기계인가?
매일 폭음을 하고 자신의 몸을 자학하기 시작했다.
양가 집안에서 부모가 병이 들어도 모든 것을 책임져야 하는 위치……

어떻게 해야 할까?
사람들은 이들의 삶을 모른다. 외형적으로 비대해진 모습을
마냥 부럽게 바라보며 부모를 잘 만나서 행복하고,
예쁜 부인을 잘 만나서 인생이 아름다워졌다고
생각할 것이다.

아무도 이 사람의 고민을 고쳐줄 사람이 없다.

이것은 스스로 고쳐나가야 하리라.
스스로 깨달아 살아야 하는 몫이다.

우리들은 우리의 인생을 풍랑 속에 던져버리고
거짓말과 탐욕의 배를 타고 항해하고 있다.
속고 속이는 인생의 여정이 무대에 올려진
한여름 밤의 꿈처럼 화려하게 전개된다.

남을 속이는 빵장수와 버터 만들어 파는 농부이야기는
우리들을 가슴 아프게 하며
아무도 모를 것 같은 인생의 삶이
어느 때 자신으로부터 발견되는 결과를 낳는다는
평범한 진리를 이야기한다.

빵장수가 매일 빵을 만드는데 농부의 집에서 배달되는
버터의 양이 정량보다 모자라는 것을 알고
변상을 요구하며 법정에 고발했다.

법정에서 농부는 집에 저울이 없어서 빵장수가 만들어
놓은 빵의 무게에 맞추어서 버터를 만들었다고 말했다.

참으로 어이가 없는 세상이다.
빵장수가 무게를 속여 팔은 그 빵에다가 버터의 무게를 달아서
납품했다니 이것이 어찌 된 영문인가?

우리는 움직이고 쉼에 있어 절도가 있어야 하고
의심스러운 것은 삼가야할 것이다.
사람은 일체가 불성을 갖고 있다.
어떻게 업신여길 수가 있으며, 하늘을 속일 수 있겠는가?

검소하면 잃는 것이 적다했고,
사치하면 비방을 초래하는 것이 아닌가?
스스로 욕됨이 없이 살아야 할 것이다.
아~ 인생이여, 우리가 가는 길에 축복이 있기를……
당신에게도 축복이 있기를……

청개구리

회심곡에 보면 이러한 대목이 있다.
부모가 자식을 기를 때를 표현한 말이다.

진자리는 마른자리로 골라서 누이고
음식이라도 맛을 보고 단감같이도 다디단 것은
귀한 거라고 자식 먹이고 소태같이 쓰디 쓴 것은
불쌍하신 부모님께서 잡수시고

오뉴월이라 단월밤에 모기 빈대가 물을 새라
단잠을 못 주무시고 밤 새는 줄도 모르시며 부채질을 해주시고
동지섣달 설한풍에 추울세라 덮은 데다 또 덮어 주시고
그 자손이 잠 못 자고 칭얼거리면 왼팔 왼젖을 물려놓고
사랑에 겨워하시는 말씀

금자동아 은자동아 금을 준들 너를 사고
은을 준들 너를 사리 문전옥답이 많다한들
너하고야 바꿀 소냐 애지중지도 길렀건마는

그 자손은 저절로 자란 줄 알고 흥청대고 거드럭대며
부모 말씀을 거역하며 동으로 가라면 서로 가고
서로 가라면 동으로 가니 그 부모의 애간장을 다녹인다.

청개구리는 장마 때에 운다.
차디찬 비 맞은 나뭇잎에서 하늘을 원망하듯
쳐다보며 목이 터지도록 소리쳐 운다.

청개구리는 불효한 자식이었다.
엄마의 말을 한 번도 들은 적이 없었다.
엄마 청개구리가 '오늘은 산에 가서 놀아라!' 하면
그는 물에 가서 놀았고, 또, '물에 가서 놀아라' 하면
그는 기어이 산으로 가서 논다.

애태우던 엄마 청개구리가 이 세상을 다 살고
떠나려 할 때, 그의 시체를 산에 묻어 주기를 바랬다.
그리하여 모로만 가는 자식의 머리를 만지며
'내가 죽거든 강가에 묻어다고!' 하였다.

청개구리는 엄마의 죽음을 보았을 때 비로소 천지가 아득하였다.
그제서야 엄마의 생전에 한 번도 순종하지 않았던 것이 뼈아프게
뉘우쳐졌다.

청개구리는 조그만 가슴에 슬픔을 안고,
엄마의 마지막 부탁을 쫓아 물 맑은 강가에 시체를 묻고,

무덤 위에 쓰러져 발버둥치며 통곡하였다.

그 후로 장맛비가 올 때마다 엄마의 무덤을 생각한다.
강가에 범람하는 물길이 엄마의 무덤을 덮칠까봐
엄마의 무덤이 없어질까 염려한다.

청개구리는 장마 때에 운다.
엄마의 무덤을 생각하고는 먹을 줄도 모르고
자지도 않고 슬프게 목 놓아 운다.

나도 슬프게 운다.
엄마는 살고 남편과 두 아이를 화마로 잃었다.
살아남은 형제도 옆에서 힘들어하는 동생을 보고 있다.
난간을 붙잡고 안간힘을 써 보지만 힘이 딸린 동생은
손을 놓아버렸고 그것으로 이별이었다.

살아있는 사람들에게는 이 세상이 지옥이다.
그 사람들에게 기억은 너무 처연한 형벌이다.
우리는 이러한 사람들에게 손을 내밀어 붙잡아 줘야 한다.
희망을 잃지 않게 말이다.

활짝 웃고 있는 남매의 사신과
다정한 눈길로 자식을 바라보는 아빠의 사진이
크게 확대되어 눈앞을 감싼다
나무아미타불 나무관세음보살 나무대세지보살

날개가 있는 것은 추락한다

삼천갑자 동방삭을 아시는가?
모르시는 분이 안 계실거라고 믿는다.
동방삭은 육십년마다 한 번 씩 오는 갑자년을
삼천 번 맞이했으니 18만년을 산 것이 된다.

전설에 따르면 동방삭이 삼천갑자를 살았는데,
서왕모의 영생과인 천도복숭아를 훔쳐 먹어
죽지 않게 되었다고도 하고,

일찍 죽어서 염라대왕 앞으로 갔는데
인간들의 수명을 적은 책을 앞에 두고 졸고 있는 사이에
염라대왕 몰래 자기 이름을 지워버렸다.

염라대왕이 수명이 기록된 책을 보고 동방삭의 이름을
찾았으나 이름이 없자 더 살고 오라고 돌려보냈다.
죽을 날을 기록한 명부에 이름이 없으니 죽을 날이 없다.

나중에 이 사실을 안 염라대왕이 동방삭을 찾아 나서는데
복숭아밭에서 숨어있어 보이지가 않았다는 말도 있다.
우리도 혹 복숭아밭에서 살면 오래 살 수 있을까?

그러한 동방삭도 자기 꾀에 빠져 죽었다.
잡으려고 해도 잡히지 않는 동방삭이를 잡으려고
저승사자들을 사람으로 변장하여 산더미같은 숯을 쌓아놓고
그 숯을 매일 빨고 앉아 있다.

동방삭이 어느 날 그 광경을 목격하고 호기심이 발동하여
"여기서 오랫동안 무엇을 하시오?"
"보면 모르오? 숯이 시꺼멓게 보기 싫어 하얗게 세탁하는 중이요."
그러자 동방삭이
"이런 멍청한 놈들! 내가 삼천갑자를 살았지만
네 놈같이 멍청한 놈은 처음 본다."

염라대왕의 꾀에 빠져서 자기 자신을 노출시켰고
그 말이 끝나기 무섭게 동방삭은 결박당하여서
염부의 심판을 받게 되었다.

하하하
인생의 욕망에는 끝이 없으나
인간의 정력은 끝이 있다.
한계가 있는 정력으로 한계가 없는
욕망을 충족시키려 해서는 아무래도

지치지 않을 수가 없다.
결국
정력은 다 써버리고 죽음에 이르는 것이다.

삼천갑자 동방삭이가 삼천갑자를 버티어 온
노하우가 한 번의 실수로 나락으로 떨어져 버렸다.
우리들에게 어떠한 인생의 변화가 있을 것인가?

날개가 있는 것은 추락한다고 하듯이
우리의 생명은 무한하지 않고 유한하다.
오늘은 빼빼로데이!
빼빼로는 없지만 말로라도 드리고 싶다.
달콤한 빼빼로를 드시라고……

내 멋대로 사는 인생

진리라고 하는 것은 어디에 있을까?
불경 속에 진리가 있을까? 성경 속에 있을까?
훌륭한 책 속에 진리가 몽땅 들어 있을까?

보험상품을 파는 사람은 보험 속에서 진리를 찾는다.
아파트를 짓는 사람은 아파트에서 진리를 찾고
음식을 파는 사람들은 자기가 만든 음식에서 진리를 찾는다.

진리가 아닌 것이 하나도 없다.
그러나 사람들은 외쳐댄다. 내 말이 진리라고 부르짖는다.
아소조가 열매가 내 것이라고 절규하다 피를 토하고 죽듯이

법구경이 잘났고, 금강경이 잘났고,
선문염송도 잘났고, 창세기가 잘났고
누가복음, 마태복음, 논어, 맹자 등등 잘난 것 투성이다.

그것은 맞다. 나도 잘났고 너도 잘났다.

못난 것은 하나도 없다.
돈 많은 것도 잘났고, 돈 없는 것도 잘났다.

환공이 어느 날 서재의 창가에서 책을 읽고 있었다.
뜰에서 수레를 손질하던 늙은 일꾼이 그것을 보고
일손을 멈추고 환공에게 말을 걸었다.

"어르신이 읽고 계시는 것은 무슨 책입니까?"
"성인의 말씀이 적힌 책이다."
"그 성인은 지금 어디에 계십니까?"
"이미 오래 전에 죽었다."
"그러면 그 책에 쓰여 있는 것은 성인의 찌꺼기 같은 것이군요."

환공은 벌떡 일어서며 칼자루를 잡고 말했다.
"일꾼 주제에 무례한 말을 지껄이는구나.
잘 해명하지 못하면 네 목숨은 없을 줄 알아라."
그러자 늙은 일꾼은 담담하게 말했다.

"저는 제 자신의 경험에서 그렇게 생각했을 뿐입니다.
제가 만드는 수레바퀴는 너무 꼭 끼이게 하면
잘 돌아가지 않고, 너무 느슨하면 겉돕니다.
꼭 끼이지도 않고 너무 느슨하지도 않고,
손에도 마음에도 딱 맞는 그 정도를 맞추는 요령은
도저히 말로써는 표현할 수 없습니다.
그래서 제 아들 녀석에게도 가르칠 수가 없어

이 나이가 되도록 직접 수레바퀴를 만들고 있는 것입니다.
성인이라는 분도 진정한 것은 말하지 못하고
죽어 버린 게 아닐까 생각합니다. 그래서 그 책에 쓰여
있는 것은 성인의 찌꺼기 같은 것이라고 말한 것입니다."

'말로 표현할 수 없다.'
실상實相은 리언離言이요 진리眞理는 비동非動이다
실상은 말로써 표현할 수 없다.
진리는 왔다리 갔다리 움직이지 않는다.
움직일 수도 있는가? 아직 거기까지는 생각 못해봤다.

사랑은 말로 표현할 수 있는 것이 아닌가 보다
나타나 있는 현실을 말로 표현한다는 것도 어딘지 어색한 것 같다.

이 세상이 음성을 서로 통해야만이 그의 사상을 알게 되고,
그의 진심을 알게 된다고 하는데

수레 제조공이 '말로써는 표현할 수 없다'고 한 것은
많은 경험을 쌓은 뒤에 얻은 어려운 결정이 아니겠는가?

음식을 맛있게 하는 사람에게 그 비결을 물었다.
정성껏 만드는데 사랑이 양념이라고 했다.

아직도 인생이 무엇인지 알 수가 없다.
이것인가? 하면 다른 저것이 튀어나온다.

웃자고 하면서도 엉뚱한 일이 튀어나오면
오만상이 찌푸려지고 입은 댓발 나온다.
아직 멀었다. 갈 길은 멀은데 똥인지 된장인지 모르겠다.
애꿎은 나무아미타불 관세음보살만 찾는다.

우리의 인생! 아니 내 인생! 멋지게 살자!
나이가 무슨 상관이냐! 살아있는 동안은 내 인생인걸…

인생은 속임수

삼국지에서 적벽대전이 나온다. 굉장한 스케일과
셀 수 없이 많은 인물묘사, 대단한 사람이 삼국지를 썼으리라.
수호지, 금병매, 서유기, 삼국지는 중국의 4대 기서다.

모든 줄거리가 다 훌륭하지만 영화로도 나온 적벽대전은
우리를 열광시키기에 충분하였다.

조조와 유비는 필생의 적인가?
형주의 유비를 몰아낸 조조는 강동을 점령하려 하고
유비는 강동의 손권과 동맹을 맺기 위하여 제갈량을
사자로 보내는 대목이 있다.

우여곡절 끝에 유비와 손권은 동맹을 맺고
조조군과 대응하는데 제갈량과 주유가 함께 내세운
계략은 화공火攻이었다.

오늘 쓰고자 하는 것은 고육지계다.

오나라 장수 황개가 위에 투항하는 뜻의 서신을 보내고
조조를 믿게 하려고 위나라 밀사 앞에서 황개에게
태형을 내리는 장면이 있다. 영화를 보지 않고
책에서도 그의 고통이 느끼어진다.

불교설화에서 나오는 원수지간인 까마귀와 올빼미의
싸움에서도 고육지계가 있다.
옛날에 까마귀 떼와 올빼미 떼가 있었는데
그들은 서로 원수 사이였다.

낮에는 앞을 보지 못하는 올빼미들을 까마귀들이
공격하였고, 밤이면 까마귀들이 앞을 보지 못하는
것을 알고 올빼미들이 공격하여 죽였다.

이렇게 밤과 낮을 서로 두려워하면서 살고 있었다.
이때 까마귀 중에서 지혜 있는 놈이 나와서 이렇게 말했다.

"이렇게 죽이고 죽고 하다가는 결국 양쪽이 다
살아남을 수 없다. 무슨 방법을 쓰든지 올빼미들을
몽땅 없애 버려야만이 우리가 편하게 살 수 있다. 이렇게 길게
끌다간 결국 우리 쪽이 먼저 망하고 말 것이다."

이 말을 듣고 다른 까마귀들도 동조를 했다.
"네 말이 옳다. 그렇다면 저 올빼미들을 소탕할 수
있는 어떤 방법이 있는가?"

지혜 있는 까마귀가 말했다.
"내 몸을 털을 쪼아서 뽑아라. 그리고 머리도 쪼아서
상처를 내어라. 그 다음에는 내가 알아서
저놈들을 완전히 없애 버리겠다."

마침내 털이 다 뽑힌 까마귀는 올빼미들이
사는 굴 앞에 가서 구슬프게 울었다.
그 소리를 듣고 올빼미들이 나와서 물었다.

"너는 무슨 이유로 털이 뽑히고 머리에 피를
흘리면서 울고 있는가. 할 말이 있으면 해보라."

"여러 까마귀들이 나를 죽이려 하기 때문에
그들과 도저히 같이 살 수가 없다.
저 원수놈들을 피해 이곳으로 온 것이다."

까마귀의 말을 듣고 올빼미들은 의견이 갈렸다.
"저 족속들은 우리의 원수다. 가까이 할 수 없다.
무엇 때문에 원수를 보호하려 하는가?"
"지금 그는 우리를 믿고 죽음 직전에 피해 왔다.
저 가엾은 신세를 그냥 넘길 수는 없지 않은가?"

올빼미들은 결국 까마귀를 보호해 주자는 쪽으로
의견을 모았다. 그래서 까마귀는 올빼미들의 보호
아래 일정한 시간이 지나자 뽑혔던 털이 자라나게 되었다.

행복이란 399

까마귀는 이 고마운 은혜를 갚는 체하면서
마른 나뭇가지들을 올빼미들의 굴 앞에 쌓기 시작했다.

올빼미가 물었다.
"무엇하러 나뭇가지를 쌓는가?"
"이 굴속은 순전히 바위로 되어 있기 때문에 겨울의
찬바람을 막으려면 굴 앞에 나무를 쌓아야 한다."

올빼미들은 까마귀의 말이 그럴듯해서 속으로
고맙다는 생각까지 했다. 까마귀는 굴을 지키는
척하며 열심히 나뭇가지를 쌓아올렸다.

어느덧 겨울이 오고 심한 눈보라가 몰아치던 날이었다.
올빼미들은 까마귀에게 고맙다는 생각을 하며
모두 굴속으로 들어갔다. 까마귀는 올빼미들이
다 굴속으로 들어가자 목동들이 피워 놓았던
불씨를 물어다가 나뭇가지에 불을 질렀다.

올빼미들은 한꺼번에 모두 타 죽고 말았다.
이때 하늘의 천신들이 이러한 게송을 읊었다.

서로 의심이 가는 사이에서는
너무 상대방을 믿지 말라.
까마귀가 거짓으로 착한 체하여
올빼미를 태워 죽이는 것과 같은

행동을 할 수 있으리라.

굉장한 고육지계를 두 개나 보았다.
선가에서는 대분심이 있어야하고,
대의심이 있어야 한다고 가르친다.

우리는 지혜의 눈을 떠야한다.
의심하지 않고서는 깊이 믿을 수가 없다.

사람은 믿어야 할 것과 믿지 말아야 할 것에 대한
분별 있는 지혜와 감각에 있다.
믿는다는 것은 어렵고도 어렵다. 그럼에도 믿음을 강요한다.
그것은 믿음이 없는 종교는 사상누각이기 때문이다.

빽 가리고 하는 일

우리들에게는 든든한 **빽**이 하나 있다.
악어**빽**보다 질기고, 고래힘줄보다 질긴 **빽**이다.
그것은 지장보살이라고 하는 **빽**이다.

누구나 싫어하는 것이 지옥가는 일인데, 지장보살님은
악도에 떨어져 고통받는 중생들까지 모두 성불하기 전에는
결코 자신도 성불하지 않겠다는 대원을 세우신 분이다.

중생 제도를 앞세운 무한한 자비의 정신을
지장보살님이 손수 펼치신 것이다.

지장보살님에게 의지하면
자신이 지은 나쁜 업도 소멸되고,
업으로 맺은 과보도 면제받아서 평안을 얻을 수 있게 되는데,
이러한 일은 죽은 뒤뿐만 아니라 살아생전에도 똑같이 적용된다.

지장보살은 석가모니불의 열반 후 세상에 내려올 때까지

무불시대에 육도중생을 교화하겠다는 큰 서원을 세운 대비보살이다.

생명을 낳고 기르는 대지를 모태로 한다는 뜻이다.

지장보살의 두상은 초록색으로 수행자 즉 승려의
삭발머리를 하고 계신데 이것은 중생을 구제하는데
쉼없이 구제한다는 의미가 담긴 것이다.

지장보살님의 전생은 인도의 부자 집안에서
무남독녀로 태어났으며, 이때의 이름은 광목인데

가장 부끄러움이 많은 나이라고 할 수 있는
17세, 18세쯤 되던 추운 겨울 아침에 소녀가 대문 밖을
나갔는데 어린아이 하나가 엄동설한의 추운 날씨에
먹지도 입지도 못하여 헐벗고 굶주린 채로 쓰러져
동사 직전에 놓여 있는 것을 발견하게 되었고,
소녀는 재빨리 달려가 서슴지 않고 자신이 입고 있던 옷을
모두 벗어 어린아이에게 입혀주어 동사를 면할 수 있도록 하였다.

어린아이를 급히 살려야 되겠다는 생각에서
자신의 옷이 모두 벗겨진 채 알몸이었다는 것을
뒤늦게 깨달은 소녀는 어떻게 해야 좋을지를 모르고
안절부절 못하고 있었는데, 때마침 소녀의 착한 마음씨에
감동한 땅의 신(지신)이 신통력을 발휘하여,
땅에 구멍을 만들어 구멍 속에 소녀의 몸을 감출 수 있도록 해주

었다.

그리하여 '땅이 감추어 준다'라는 뜻으로 '지장地藏'이라는
이름이 생겨난 것이라고 전해지고 있다.

명부전의 주불인 지장보살님은 천상에서 지옥에
이르기까지 육도(지옥, 아귀, 축생, 아수라, 인간, 천상)의
모든 중생을 교화하여 성불시키고자 하는 역할을 스스로 감당하
는 것이다.

지장보살의 좌측에는 도명존자가 위치하고
우측에는 무독귀왕이 자리하고 있다.

일설에 도명존자는 저승에서 사람 수명을 관장하는
관리의 실수로 동명이인의 다른 사람 대신 저승에
잘못 끌려갔다는 것인데 그는 지옥에 가서 명부의
이곳저곳을 구경하다 지장보살을 만났다고 한다.

이승으로 돌아와 자신이 저승에서 본
지장보살의 모습을 그림으로 그렸는데 사찰에서 볼 수 있는
지장보살님과 지옥과 명부의 그림은 그때의 모습이라 한다.

무독귀왕은 무간지옥의 한 귀왕으로 있었는데
바라문의 딸(광목)이 그의 어머니가 삿된 것을 믿고
항상 삼보를 비방하여 온전한 믿음을 갖지 못한 채

죽어 무간지옥에 떨어졌다.

광목은 어머니를 지옥에서 건지기 위해
지극한 정성을 다하여 기도해 어머니가 떨어진
무간지옥으로 들어갔다. 그곳에서 무독귀왕을 만났는데
여기에서 무독귀왕이 여러 지옥에 대한 설명과 안내를
해준 인연으로 지장보살의 협시가 되었다.

인연이라는 것은 도처에서 발견할 수 있다.

치열했던 수능전쟁! 세상에 고3을 모시고 계시는
부모님들은 절로, 교회로, 성당으로, 여기로 저기로
왔다 갔다 하며 자식을 위하여 전력투구하는 것이
한국시리즈를 보는 것 같았다.

선수들의 실수에 팬들은 환희함과 비통함을
동시에 보낸다. 시험을 잘 보았다는 부모님의
얼굴과 못 보았다고 하는 부모의 얼굴은 틀리다.

'오는 사람 막지 말고 가는 사람 잡지 말라!'
라는 말이 있다.

좋은 인연은 어떻게 맺을 것인가?
당신은 지금 좋은 인연들과 함께하고 있는가?

희생으로 꽃 피시이다

지금 당신의 어머니는 어디에 계시는가?
우리에게 있어서 어머니의 존재는 어느 위치에 있는가?

명심보감에서
이애처자지용심以愛妻子之用心으로
사친즉곡진기효事親則曲盡其孝니라.
처와 자식을 사랑하는 마음으로 어버이를 모시면
간곡히 그 효를 다할 수가 있다고 했다.

효孝라고 하는 것은 순順이다. 순順이라는 것은 따른다라는 것이니
죽으라고 하면 죽는 시늉까지 하라는 가르치심 아닐까?
그러나 이 시대에서 順을 기대하는 것은 어려운 일이다.

부모은중경에서 다생부모십종대은多生父母十種大恩을 말씀하셨다.
부모에게는 열 가지 큰 은혜가 있다. 라는 것이니

첫 번째는 회탐수호은懷耽守護恩이다.
이 세상의 여자는 예쁘고, 밉고, 잘살고, 못살고,
빈부귀천을 떠나서 평등한 것은 모두가 임신을 한다는 사실이며,
아이가 자기 뱃속에 있다는 것을 안다고 하면
누구나 조심을 하기 마련이다.

이것은 본능적으로 행하여지기도 하며,
의식적으로 행하여지기도 한다. 특히 커피같은 음료,
즉 자극적인 음식을 피하는가 하면, 높은 곳에도 올라가지 않고,
과일도 예쁜 것만 골라 먹고, 좋은 소리만 들으려 노력하며,
싸움하는 곳에는 눈길도 주지 않으려 하고,
자기 몸에 감기가 들더라도 감기약이 아이에게 해가 될까봐
괴로운 몸일지라도 약을 입에 대지 않는다.

요사이 부모들은 음악을 듣더라도 좋은 음악을 듣고자 한다.
어느 누가 이러한 열정을 같고 인생을 살아갈까?
그것은 어머니이기에 가능한 것이다. 부처님은 이것을
첫 번째 은혜로 말씀하셨다.

두 번째는 임산수고은臨産受苦恩이다.
아픔이라는 것은 누구나 겪어서 익히 알 수 있는 것이다.
그것을 둘로 나누면 정신적인 고통과 육체적인 고통으로
나뉘어지는데 육체적인 아픔을 말하여 보면

여자가 애를 날 때의 아픔이 가장 크다고 한다.

그러나 아픔이라는 것도 사람에 따라서 유형을 달리하는데
어느 사람들의 대화를 들어보자.

사람1은 암을 앓고 있는 (이미 사형선고를 받은)
사람이기 때문에 고통이 심하다는 것은 모든 사람들이
알고 있으며, 사람2는 손톱 밑에 가시가 찔려서
고통스러워하고 있다. 이 둘은 우연히 만나서 대화를 하는데

사람1이 '나는 암에 걸려서 시한부 인생을 살고 있는데
고통스러운 것은 참기 힘들다.' 하고 말하니까
사람2가 하는 말이 '암이 아프다고 말은 들어 봤습니다만
아픈 것이 손톱 밑에 낀 가시만큼 아픕니까?'라는 비유법을 썼다.

이것이 우리 인생이다. 나의 아픔은 남과 비교할 수가 없다는 것이다.
이런 상황에서 우리들의 어머니는 자식을 낳으시는데
그 아픔을 마다하지 않으시니 너무나 고귀하시며 헌신적이 아니신가?

셋째는 생자망우은生子忘憂恩이다.
그렇다! 우리의 어머니는 나를 임신하고
나를 낳아 주시는 것으로서 어머니의 역할을
다 했다고 볼 수가 있는 것이지만, 우리 어머니의 근심은
여기서 끝나는 것이 아니고 당신이 낳은 자식을
당신의 눈으로 볼 때까지 걱정한다는 것이니

그 이유는 나의 자식이 혹 불구가 아닐까?
염려하는 마음이 마음 구석에 도사려 있는 것이니
당신이 낳은 그 자손을 눈으로 보고 만져보고
나서야 (아무 이상이 없다고 판단될 때까지)
겨우 근심하는 빛을 거두시는 은혜가 있는 것이다.

넷째는 연고토감은咽苦吐甘恩이다.
까마귀를 孝鳥라고 하는 이유는 어미가 새끼에게 60일 동안
먹이를 물어다 먹이는데 새끼도 어미가 사냥을 하는데
힘이 부치면 길러준 것을 잊지 않고 늙은 어미를 위하여
죽을 때까지 어미를 먹여 살린다고 하여
까마귀를 자오慈鳥 또는, 반포조反哺鳥라고 한다.

그렇듯이 우리의 어머니는 자식을 위하여
항상 모든 음식을 먼저 먹어보고 맛있는 것은
자손을 주어 먹게 하고 맛없는 것은 당신이 먹는 것을
말하는 것인데 우리들의 어머니는 자식의 안위를 위해서라면
무엇인들 하지 않았겠는가? 그리하여 먹는 것조차도
자식에게 정성을 다하시는 모습이 엿보이는 대목이다.

거룩하신 어머니

어머니! 우리를 이렇게 키워주셔서 감사합니다.
사회에서 한자리를 차지하게 하여주셔서 감사합니다.

다섯 번째는 회건취습은 廻乾就濕恩이다.
옛날에는 요에 지도를 많이 그렸다. 그 이유는 모르겠다.
그러면 어머님은 주무시다가도 벌떡 일어나셔서
당신은 젖은 쪽으로 아들은 마른요로 돌려주셔서
자식에게 편한 잠자리를 마련해주신다.

여섯 번째는 유포양육은 乳哺養育恩이다.
요사이 어머니들은 기차나 버스 속에서 젖을 꺼내
보채는 아이에게 젖을 빨리는 모습이 극히 드문 것 같다.

분유가 발달하고 우유통도 발전했기 때문에
그러한 모습을 볼 수 없으리라. 그러나 우리 어렸을 적의
어머니들은 나이가 많고 적고를 떠나서 기차나 버스 속에서
자기 아이가 배고파서 울면 가슴을 풀어헤치고

젖을 먹이는데 사람들이 많아도 그들의 눈을 의식하지 않고
오직 배고파 보채는 아이의 측은함만을 생각하고
선뜻 자신의 밑천을 아무 거리낌 없이 꺼내어
아이의 입에다 물려줄 때 그 아이가 평온한 모습을
띄는 것으로 즐거움을 삼았을 것이리라.

지금처럼 경제가 좋지 않아서 누구나 밭일을 하고
농사일에 고단한 몸일지라도, 피곤하여서 깊은 잠에 들었다
하더라도 그 자손이 뒤척거리며 응얼대는 소리를 들으면
그것이 새벽이건 깊은 밤이건 가리지 않으시고,
괴롭다는 말씀도 하지 않으시고 그 아이를 끌어다가
젖을 먹여 주신 은혜가 있다.

일곱 번째는 세탁부정은 洗濯不淨恩이다
하루에도 몇 번씩 옷을 더럽히는 자식이더래도
싫은 내색을 보이지 않으시고 세탁하여주신 은혜가 있다.

여덟 번째는 원행억념은 遠行憶念恩이니
출필곡 出必告 반필면 返必面 이란 말이 있듯
나갈 때는 반듯이 나간다고 말씀드리고 돌아오면은
반듯이 다녀왔다고 얼굴을 뵙고 인사를 드리라는 것이니

부모님들은 자식이 어디를 나갈 때에는
돌아올 때까지 걱정을 하시며 집 나간 자식을
기다리시는 것이다. 행여 그 자식이 돌아올 시간이

지났는데도 돌아오지 않을 때면 동구밖까지 나가서
서성거리며 그 자손을 기다리고 있음을 우리는 알고 있다.

지금은 험한 세상이 되어 버렸다.
어린애를 유괴하고 길가는 우리의 아들, 딸을 납치하여
이상한 곳으로 팔아넘기는 수도 있고
더욱이 한심한 일은 그들 스스로가 가출하고 인생을 즐기는
잘못된 가치관을 가지고 있다는 것이다.

우리의 자손들이 납치되거나, 유괴되거나,
스스로 가출하거나, 우리의 부모는 그 자손을 생각하느라고
밤잠도 설치며 반은 미쳐가는 것을 우리는 알고 있는가?

물론 부모는 부모 노릇을 하여야 하고 자식은
자식다운 행동을 해야 함에는 틀림없는 사실이지만
아무리 하여도 부모가 자식을 향하는 마음이
크다는 것은 동·서양의 진리이다.

아홉 번째는 위조악업은 爲造惡業恩이다.
자식을 위해서라면 살생의 죄가 크다고 하더라도
염소가 좋다면 염소를 잡고, 닭이 좋다면 닭을 잡는다.

지옥이라고 하는 곳이 고통이 심하다고 하지만은
우리는 지옥을 가야 한다. 우리는 부모이기 때문에
남들이 가기 싫어하는 지옥을 자식을 위해서라면

팔을 걷어붙치고 가야만 하는 이유가 여기에 있는 것이다

열 번째는 구경연민은 **究竟憐愍恩**이다.
팔십 먹은 부모가 육십 먹은 자식을 걱정하시니
아무리 나이가 많이 먹었다고 하더라도 부모에게는
한갓 젖먹이 어린애로 보여지는 것이다.

우리 부처님이 중생들을 당신의 자식으로 여기듯이
부모님들도 우리들이 아장 아장 걷던 때의 모습이
눈에 아른거리기 때문에 잠시도 걱정을 쉬지
못하시는 것이니 이것이 애틋한 감정이다.

산위에서 물이 솟아나는 이치(용출지리 **湧出之理**)와 같이
어머니의 정은 샘에서 물이 솟아나서 항시
그 우물을 채우듯이 자식들로 향한 그 마음은
변함이 없으시구나(모정지리 **母情之理**)
이러한 마음이 필경에도 자손을 염려하시는 부모님의
입장인 것을 우리는 알아야 될 것이다.

기나 긴 날들이 지나면 그리움은 더욱 사무치고
간밤에 빛을 발한 샛별에도 사랑이 물들어 가는데……

인생은 각본이 없네

계획적인 사랑이 있는가?
전략적으로 꼼꼼하게 다가와서 사랑을 고백하는
전략형의 연인들을 본 적이 있는가?

사랑한다는 것은 계획적으로 이루어지는 것이 아니다.
목표를 세워서 이런 사람과 만나고 훌륭한 사람과
사귀겠다는 것은 본인의 생각일지도 모른다.
각본에 의하여 사랑을 하는 사람을 보면 결국 살다가
성격이 안 맞든지 하는 이유로 이별이라는 슬픔을 만난다.

인생이라는 것은 큰 목표를 세우고 그곳으로 총매진하는
일은 있어도 사랑을 계획적으로 하는 사람들은 극히 드문 것이다.

희망을 세우고 살자. 사랑이 올 때 그 사랑을 잡아야 한다.
서로의 눈에 불꽃이 튀었다면 그대들은 그 사랑에
조건을 달아서는 안 된다. 이 인생은 그대들의 것이기 때문이다.

우리의 인생에서 혹독한 시련이 온다 할지라도
그것을 묵묵히 이겨나가는 것이 우리의 몫이다.
그래서 인생이 아름다운 것이다.
모든 역경을 이겨내고 한 송이 꽃을 피우는 것이
우리 인생이지 않은가?

시지프스는 본래 신이었는데
최고신의 명령에 따르지 않은 죄로 하늘에서 추방당했다.
그에게 내려진 벌은 큰 바위를 골짜기에서
산꼭대기로 옮기는 일이었다.

그런데 산꼭대기의 자리가 너무 비좁았기 때문에
바위가 굴러서 아래로 떨어지곤 했다.
그러면 시지프스는 다시 바위를 산 정상으로 옮겨야 했다.
이일은 끝없이 반복되는 무의미한 일이었다.

바위가 다시 굴러 떨어질 것을 잘 알고 있었지만
시지프스로선 어쩔 수 없는 노릇이었다.
이것이 모든 인간의 상황이다.
이것이 모든 인간이 처한 상황이며, 과거에도 그래 왔다.

나는 무엇을 하고 있는가?
너는 무엇을 하고 있는가?
바위를 정상까지 굴려 올라가지만
매번 더 깊은 골짜기로 굴러 떨어진다.

다음 날 아침 나는 다시 그것을 반복한다.
그리고 그대는 안다.
그것이 또다시 굴러 떨어지리라는 것을……
우리가 추구하는 행복에의 길!
그 속에 나타나는 시지프스의 벌!

어김없이 아침은 밝아오고 태양이 뜬다.
눈을 비비고 기지개를 하고 다짐을 한다.
나는 할 수 있다!
어떠한 상황에 처하더라도 이겨 나갈 수 있다고 소리친다.

우리의 눈은 사방으로 돌아가지 않는다.
오직 하나를 보면 하나뿐이 모른다. 하루살이가 하루만 알고
내일을 모르며, 메뚜기가 한철만 알지 내년을 모르고,
사람들이 이생만 알고 내세를 모르듯이.
내 머리의 한계에서만 생각하고 판단한다.

봄이 가면 여름이 오고 여름이 가면 가을이 온다.
가을이 가면 겨울이 오고 겨울이 가면 봄이 온다.
이렇듯이 우리의 몸도 생로병사를 어쩔 수 없다.
어제도 많은 사람들이 이승을 하직하고 저승으로 갔고
오늘도 내일도 줄지어서 갈 것이다.

오라는 사람도 없고 가라는 사람도 없다.
인연 따라 오고 갈 뿐이다. 여기에 묘미가 있다.

업을 바꾸자!
나에게 주어진 운명을 바꾸자!
물꼬를 좋은 쪽으로 바꾸어 인생을 즐기자!

자 웃자!!
얼마나 즐거운 인생인가?
활력의 아침
기운 백배! 행복 만땅!

일로(一蘆) 큰스님의

행복이란

초판 인쇄 2025년 5월 1일
초판 발행 2025년 5월 5일

지은이 일로(一蘆) 스님
펴낸이 강신용
펴낸곳 문경출판사
주 소 34623 대전광역시 동구 태전로 70-9 (삼성동)
전 화 (042) 221-9668~9, 254-9668
팩 스 (042) 256-6096
E-mail mun9668@hanmail.net
등록번호 제 사 113

ⓒ 일로(一蘆) 스님, 2025

ISBN 978-89-7846-869-5 03810

값 20,000원

* 무단 복제 복사를 금함
* 잘못된 책은 교환해드립니다.